휴먼이미지
& 커뮤니케이션

— 몸과 마음 그리고 소통의 심리학 —

임윤선 지음

창지사

머리말

필자는 예술치료라는 학문과 지도를 위한 교정에서 17년이라는 세월을 쌓아왔다. 이전에는 디자인을 전공하여 패션계통 광고기획과 디자인 일을 했었고 예술치료에 몸담고 일하기까지는 디자인의 창의적인 활동에 관심이 무척이나 많았다.

어언 17년 동안 20년 가까이 함께해 온 정신과 병원과 다양한 치료임상기관에서 학생들과 함께 연구하고 실습해 오면서 필자는 치료의 한계를 부딪치곤 했다.

그리고 한정된 치료대상과 틀 안에서 반복되는 한계를 벗어나지 못하는 까닭에 새로운 무언가에 대한 갈급함이 항상 있어 왔다.

한국 사회에서 '치료'라는 단어는 비정상의 환자로 인식되어 일반사람들은 매우 기피하는 경향이 있다.

석사학생들을 논문지도 해온 지도 10년이라는 세월이 다 되어가는 시점에서 책꽂이에 빼곡히 꽂혀 있는 논문들을 보면 거의 특정대상에 대한 비슷비슷한 분야의 주제들이다. "왜 대중적일 수는 없는 걸까? 수많은 이들이 마음 아파하고 고통스러워하는데..."

실상 한국은 OECD 국가 중 자살 1위국을 14년 이상 당당히 고수하고 있다.

어찌 보면 안타깝고도 수치스러운 일이 아닐 수 없다.

왜 이 지경이 되어야만 할까? 왜 예방하거나 조치를 취할 수는 없는 걸까?

한 개인으로서 너무나도 과잉적인 오지랖이라고 할 수도, 뜨거운 애국심일 수도 있다. 나라도 뭔가 해봐야겠다는 생각을 했다. 일개 개인인 나 한 사람이 시도하다 보면 한 명 두 명 뜻이 맞는 이들이 모이지 않을까 내심 희망도 가졌다.

암담하고 희망이 없는 지옥의 나라라는 '헬조선' 악명까지 붙은 대한민국이란 나라가 그래도 앞으로 빛이 나는 희망의 나라가 될 것이라는 소망을 가지고 있다. 예술치료라는 학문 자체는 인간을 변화시키고 자기치유의 힘을 지닌 멋진 치료의 학문이라고 알려져 있기도 하고 나 또한 경험한 사람 중 한 사람이다.

하지만 국내 어두운 상태와 굳게 닫힌 대중의 마음의 문을 열게 하기는 미흡한 부분이 다소 있다.

무엇이 대중을 도울 수 있는 걸까? 어떻게 하면 그들에게 다가갈 수 있을까?

새로운 연구를 하기 위해서는 일단 기본적으로 한국사회와 한국인에 대해 알아봐야 했다. 그래서 한국사회에 대한 동향과 한국인의 심리에 대해 알아보고 필자가 적을 둔 학회에서 연구한 바를 발표하고 게재하며 축적해 왔다.

한국인들은 외국에 대해 관심이 많고 외국인들에 대해 강한 동경심이 있지만 막상 자신들에 대해서는 무관심하다는 아이러니컬한 특성이 있다.

그래서인지 국내 학계에서 한국인의 심리에 대한 연구가 그리 많지 않아 아쉬웠다. 이 분야에서 꾸준히 연구해 온 분이 최상진 교수님이신데 최교수님은 올해 안타깝게 작고하셨다.

그분과는 안면도 없지만 자료를 늘 조사하고 책을 보면서 한국사회에 좋은 뜻을 두고 평생 연구해 오신 그분께 삼가 존경의 뜻을 늦게나마 표명하고 싶다.

한국사회와 한국인의 심리에 대해 연구하면서 새로운 분야를 개척해야겠다는 돈키호테 같은 발상이 들기 시작한 것은 2010년 말쯤부터였다.

그때 이런 의문과 생각을 했다.

'참으로 많은 것을 하고 여기까지 왔네. 디자인도 광고부터 시각디자인, 의류디자인, 뷰티디자인, 액세서리 디자인 등으로 패션으로까지… 이제는 예술치료니… 앞으로 또 다른 무언가를 할까? 아니면 여기서 멈출까?'

한국사회 속 대중은 마음에 상처가 많고 곪고 아프다.

하지만 그들은 막상 전문의를 찾아가거나 심리치료나 상담을 받으려 하지 않는다.

왜냐고? 집단중심사회이고 한국인은 타자 중심적 사고를 하는 특성을 지녔기 때문이다. 정신과를 가면 의료증거가 남게 되고 증빙서류를 떼면 꼬리표처럼 평생 달게 될 테니 비정상으로 오인받거나 낙인찍혀 사회생활을 할 수 없을 거라는 불안심리가 커지게 마련이고 결혼은 물론 연애조차도 할 수 없을 거라 판단한다.

그게 바로 한국사회이다.

그렇다면 상처받은 아픈 마음은 어떻게 다스릴까?

알고 보니, 결과가 흥미로웠다.

미용실에 가서 헤어스타일에 변화를 주거나 피부 마사지를 받아 대리 위안 받는 게 컸다. 또한 네일아트, 메이크업, 쇼핑으로 마음을 스스로 위로한다고 하는 이들이 대다수였다. 그밖에 점집을 찾는다거나 성형을 하거나 운동, 여행을 하는 경우도 많았다.

아! 사람들은 자기 스스로 치유하기를 바라는구나! 그리고 일석이조로 남에게 더 좋게 보이고 싶은 욕구가 강하다는 것을 알게 되었다.

그때부터 패션과 뷰티 쪽 분야를 연구하기 시작했다. 물론 매우 전문적으로 다가간 것은 아니다. 예술치료와 접목하면서 연구하는 것을 시초로 뜻 맞는 학생들과 함께 매체연구를 하기 시작했다. 수많은 시행착오와 오랜 시간들이 지나게 되었고 이제 휴먼이미지(Human Image)라는 인간상 중심의, 다양한 일상 자기치유로의 아름다움을 더한 연구에 박차를 가하게 되었다.

본 책은 필자가 과거에서부터 연구해온 부분들이 축적되어 정리된, 인간의 시각적 이미지로서 나타나는 휴먼이미지의 다양한 소통 즉, 커뮤니케이션에 관한 이론과 실제의 내용이 담겨 있다. 앞으로 인간의 외적 아름다움에 힘쓰고 있는 현장의 전문인들과 함께 내적 치유까지 도모할 수 있도록 하는 질 높은 상담의 스킬과 자세 그리고 방향과 방법들에 대한 학습과 훈련이 중심이 되도록 힘쓰는 데 이바지하는 시발점의 서적이 되기를 필자는 깊이 소망하는 바이다.

마지막으로 이 책을 끝까지 마무리할 수 있게 인도해 주신 사랑의 하나님께 감사드린다.

2016년 6월

임윤선

차례

1장 휴먼이미지 커뮤니케이션(Human Image & communication)의 이해 • 9

인류문명과 소통 ········ 10
인간의 발달과정과 특성 ········ 14
휴먼이미지와 커뮤니케이션 ········ 15
휴먼이미지와 커뮤니케이션의 실제 ········ 17
소셜아톰(Social Atom) ········ 21

2장 휴먼이미지 커뮤니케이션 : 언어학 • 27

사회란 무엇인가? ········ 28
사회적 존재로서의 인간이란? ········ 29
인간의 사회적 관계와 집단소속의 중요성 ········ 30
사회관계의 기본구조 - 언어 ········ 31
상호작용의 제도화 ········ 35
집단 내 조직적 무언의 의사소통에 관한 특성 ········ 37
'우리'라는 언어적 표현과 개념이 지니는 문화사회의 모호한 경계선 ········ 39
언어와 커뮤니케이션 : 한글과 소통 ········ 40
휴먼이미지 커뮤니케이션 실제: 한글 ········ 43

3장 휴먼감각과 심리의 활용 • 49

놀이와 예술 - 호모 루덴스(home ludens) ········ 50
인간과 예술 ········ 54
예술행위가 지니는 치유성 ········ 59
예술치료(Art Therapy)란 무엇인가? ········ 68

4장 휴먼이미지와 커뮤니케이션의 대상관계 • 77

관계의 심리학 ········· 81

관계이론의 대표이론 ········· 82

5장 휴먼이미지와 커뮤니케이션의 언어: 몸 • 117

아름다움에 대한 인식변화 ········· 125

몸을 바라보는 시각과 패션심리 ········· 134

6장 가시적 자기의 휴먼이미지와 커뮤니케이션 관리 • 139

'지금-여기'를 중요시하는 게슈탈트심리학 ········· 140

가시적 자기 ········· 145

한국사회의 특성과 가시적 자기로서 외적표현의 중요성 ········· 148

한국인의 문화사회심리 특성과 외모심리 ········· 149

한국사회와 우울증 ········· 164

7장 휴먼이미지 테라피(Human Image Therapy)의 이론과 실제 • 201

자존감과 외모 그리고 패션의 관계 ········· 202

자존감, 정체성 그리고 성형문제 ········· 204

외모와 성격의 관계 ········· 207

패션과 심리: 나를 알려주고 보여주는 언어 '패션' ········· 209

패션이 인상형성에 미치는 영향 ········· 215

무욕증 환자의 심리치료에서 나타난 패션의 변화 ········· 218

시각적 이미지 : 첫인상을 좌우하는 '가시적 자기' ········· 219

사회에서의 시각적 이미지 ········· 221

휴먼이미지의 에너지와 효과 ········· 222

휴먼이미지 - 패션에는 파워가 있다! ········· 224

셀프 휴먼이미지 테라피 - [Self Box] ········· 227

인간과 자기(Self) ········· 230

패션언어와 신체 장식설 …… 234
"새로움이야말로 패션을 매혹적으로 만든다"- 칸트(Kant, Immanuel)…… 237
자기 신뢰도 진단 - Self Reliance Inventory …… 238
셀프 휴먼이미지 테라피의 실제 …… 248
칭찬 거울 …… 248
메이크 오버 콜라주 …… 250
아니마/아니무스 콜라주 …… 253

8장 휴먼이미지 커뮤니케이션에서의 소통전달 피드백 • 255

소통이론의 이해 …… 256
의사소통 수단의 발달 과정 …… 257
의사소통의 방법: 경어법 …… 258
효과적인 소통의 방법론 …… 259
의사소통의 기술 …… 264
소통의 핵심키워드 "경청" …… 265
비효과적인 의사소통 …… 268

9장 휴먼이미지와 커뮤니케이션에서의 Self(자기) PR과 자기컨트롤 • 271

Self(자기) PR …… 272
커뮤니티의 실행 …… 273
휴먼이미지와 커뮤니케이션에서의 자기컨트롤 …… 279
성격과 커뮤니케이션 그리고 심리학 …… 281
자기컨트롤(Self control)의 방법론 : 반복의 중요성 …… 288
자기 통제와 절제 : 성공사례 …… 293
신체적 한계를 자신만의 방법으로 극복한 이들 …… 297

1장_휴먼이미지 커뮤니케이션 (Human Image & communication)의 이해

인류문명과 소통

휴먼이미지 커뮤니케이션Human Image communication이란 세상 속에서 이뤄지는 인간의 모든 시각적 교류와 소통의 의미를 두고 있다. 휴먼이미지Human Image는 말 뜻 그대로 인간상 즉, 인간이 행하는 모든 것을 담고 있는데, 인간이 행하는 모든 행위들로 타인과의 소통을 일궈내고 유지하는 사회적 존재로서의 큰 틀로서 휴먼이미지 커뮤니케이션이라고 칭하려 한다. 우리는 죽을 때까지 타인과 끝없는 소통과 관계를 이루고 살아가야 하는 필수불가결의 삶을 살게 되기 때문에 가장 핵심적인 것으로 원만한 소통과 관계 형성 그리고 유지를 꼽지 않을 수 없다. 이것은 동물들의 세계에서 생식하는 진화론과도 매우 밀접한 관계성을 지닌다. 가장 동물과 흡사했던 시절이 언제인가를 되돌이켜 보기 위해서라면 인간의 진화론적 흐름을 살펴보면 알 수 있다. 그를 통해 인간의 소통에 대한 흐름을 살펴보도록 하자.

인간끼리의 소통은 최초 언제부터 시작되었고 어떻게 발전되어졌을까?

인류는 약 200만 년 전으로 거슬러 올라 아프리카에 존재했다는 자료들을 쉽게 찾아볼 수 있다. 최초의 인류는 호모에렉투스라는 약 170~30만 년 전에 존재했던 화석인류를 꼽을 수 있는데 이들은 아프리카를 중심으로 아시아와 유럽을 포함하여 포괄적이면서 점진적으로 분포되어져 있다. 그 밖에 인종으로 보자면, 북경원인 그리고 하이델베르크인, 자바원인 등을 꼽을 수 있겠다. 대표적인 최초인류 종으로서 호모에렉투스Homo erectus의 정의로는 '똑바로 서있는 사람'이란 의미를 지니는데 이들에게 이와 같은 '직립인'이라는 서있다는 이름이 붙여진 이유는 직립 보행을 한 오스트랄로피테쿠스보다 먼저 발견되었기 때문이라고 인류학자들은 말하고 있다.

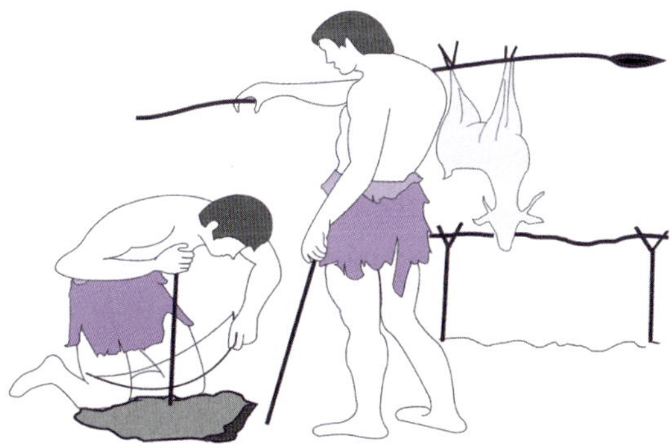

호모에렉투스가 불을 사용했다는 인류학의 증거자료들을 통해 그들이 온도가 낮은 지대의 온대지방까지 분포되어 있음을 추정하고 있다. 그리고 그들의 두개골 용량은 850～1200ml로서 평균 1100ml라고 하는데, 뇌의 부피는 1200~1600CC 정도이고 현생인류와 흡사한데 개중 그보다 약간 큰 것도 있다고 한다. 그 밖에 송곳니와 아래턱은 거의 없는 것으로 추정하며 딱 벌어진 체격을 지니고 일반 성인 남자의 평균 신장으로 보통 150㎝ 정도라 추정하고 있다. 주먹 도끼라는 손도끼와 같은 돌망치를 장비로서 사용한 흔적들이 있음을 알 수 있다. 그래서 그들을 석기 중기 시대에 출현된 화석인류라고 일컫고 있다.

게다가 호모에렉투스는 좀 더 폭넓게 나아가 북극과 같은 빙하지역에까지 삶의 범위를 넓혔을 것이라고 진화론 학자들은 말한다. 그리고 이들의 삶이 나타내는 특징으로 시체를 매장하고 시체를 채색하였음을 알 수 있었다. 이는 곧 최초 인간이 한 예술행위의 근간이 되는 중요한 자료로 볼 수 있고 휴먼이미지로서 나타내는 중요한 단서이기도 하다. 또한 그들은 주로 동굴거주를 하고 석기를 제작하는 최초 기술이 형성되면서 발달한 인종이라 볼 수 있다. 자료로서 박편석기원석에서 떼어낸 보다 정교한 석기가 사용되었고 돌칼, 돌송곳, 돌창도 사용되었음을 볼 수 있다.

그 다음으로 꼽히는 인류문명으로서 1859년 독일의 네안데르탈에서 발견된 네안데르탈인을 호모사피엔스의 일종으로 보고 있다. 이들은 3만 년 전부터 생존한 현재까지의 인류의 기반이다. 여기에는 상동인, 그리말디인Grimaldiman, 크로마뇽인Cro-Magnonman과 같은 화석인류와 현대인이 속한다. 이의 학명은 현대인의 학명과 동일한 호모사피엔스 사피엔스Homo Sapiens sapiens로 불리우고 있다.

마지막으로 1868년 프랑스 남부 크로마뇽 지방에서 화석이 발견된 '크로마뇽인'을 꼽을 수 있다. 이들은 현재 북부 유럽인과 두뇌의 크기나 외모가 매우 흡사한 인류라고 알려져 있다. 이들의 뇌의 크기는 1500~1600CC 정도로 특징은 타제석기 즉, 자연석을 인간이 인위적으로 부수고 만들어낸 석기를 사용하였으며 이전 인류문명보다도 석기의 양과 질을 월등히 향상시킨 인류이기도 하다. 그들은 창과 활 그리고 작살 등을 수렵 활동에 사용하여 식량 축적을 도모했다. 또한 이들은 최초 문명을 알려주는 라스코 동굴벽화를 남겨 이들의 주술적 의식과 인간의 예술적 감각을 엿볼 수 있다.

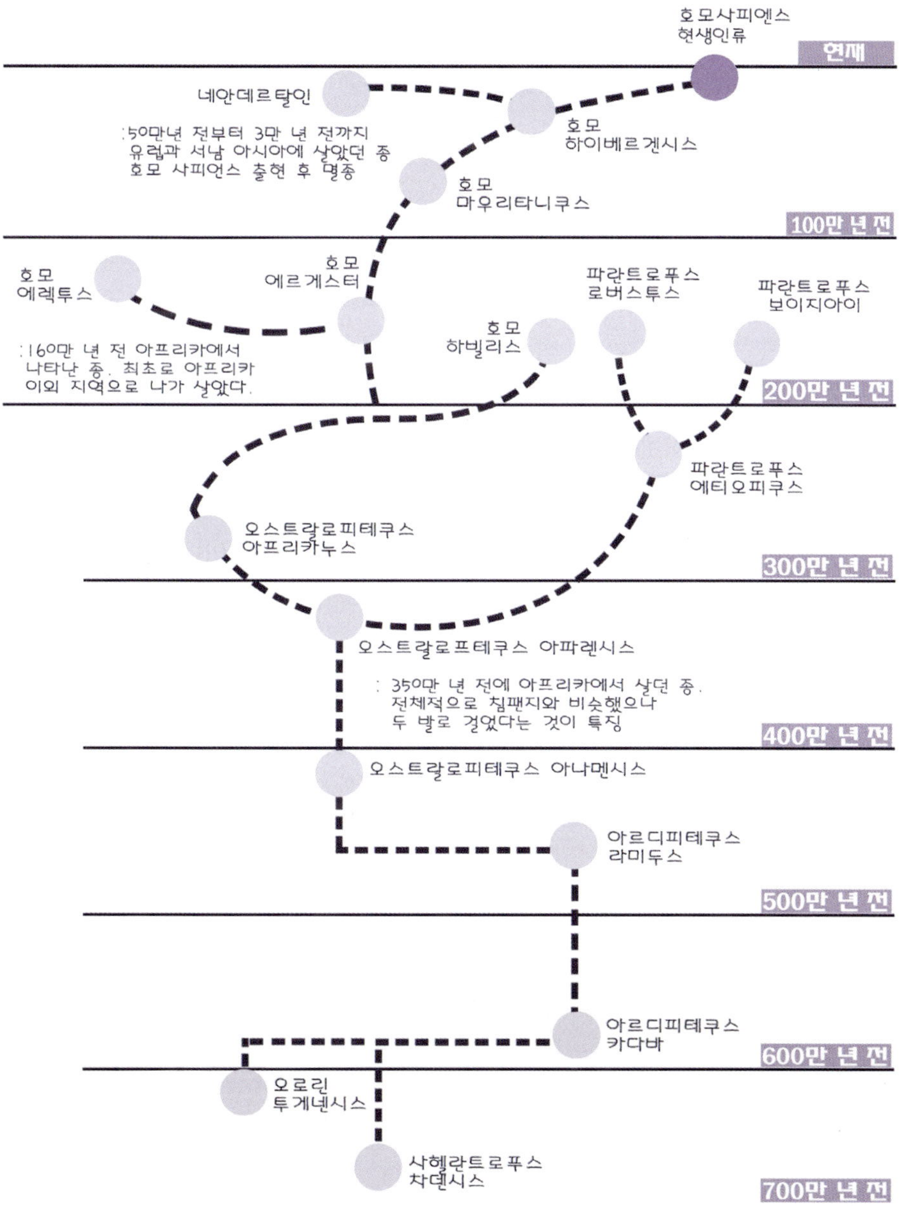
호모사피엔스
현생인류
현재
네안데르탈인
:50만년 전부터 3만 년 전까지
유럽과 서남 아시아에 살았던 종
호모 사피언스 출현 후 멸종
호모
하이베르겐시스
호모
마우리타니쿠스
100만 년 전
호모
에렉투스
호모
에르게스터
파란트로푸스
로버스투스
파란트로푸스
보이지아이
:160만 년 전 아프리카에서
나타난 종. 최초로 아프리카
이외 지역으로 나가 살았다.
호모
하빌리스
200만 년 전
파란트로푸스
에티오피쿠스
오스트랄로피테쿠스
아프리카누스
300만 년 전
오스트랄로프테쿠스 아파렌시스
: 350만 년 전에 아프리카에서 살던 종.
전체적으로 침팬지와 비슷했으나
두 발로 걸었다는 것이 특징
400만 년 전
오스트랄로피테쿠스 아나멘시스
아르디피테쿠스
라미두스
500만 년 전
아르디피테쿠스
카다바
600만 년 전
오로린
투게넨시스
사헬란트로푸스
차덴시스
700만 년 전

인류의 진화

인간의 발달과정과 특성

-오스트랄로피테쿠스(Australopithecus)

1. 200~300만 년 전
2. 최초의 도구사용

-호모에렉투스(Homo erectus-직립인간)

1. 170~30만 년 전
2. 베이징인, 자바인
3. 돌망치, 불과 언어사용

-호모사피엔스(Homo sapiens-슬기로운 인간)

1. 20만 년 전
2. 네안데르탈인
3. 시체 매장

-호모사피엔스 사피엔스(Homo sapiens sapiens-슬기롭고 슬기로운 인간)

1. 3~4만 년 전
2. 크로마뇽인
3. 창, 활, 화살촉 사용
4. 여인상 조각
5. 동굴벽화

휴먼이미지와 커뮤니케이션

실상 인류의 소통은 원시시대부터 집단중심의 생활로 생존을 위해 모여 살면서 이뤄져 왔음을 역사적 흔적을 통해 알 수 있다.

문명의 진화가 미개했을 시대가 어찌보면 미래지향적인 현대문명보다 훨씬 인간적이며 인간 중심의 시대였을 것이다.

인간을 위한 문명의 진화와 발달이 점점 고조되면서 오히려 이제는 인간을 위협하는 시대가 도래되어 다양한 문제들이 심화되고 있다.

디지털문명의 발달과 기계문명중심의 사회가 도래되면서 인간의 직접적인 접촉과 커뮤니케이션에 있어 문제가 대폭 발생되고 점차 접촉과 소통이 원활치 않게 되었다. 그로 인해 점차 사회적으로 심각한 범죄와 관계의 오류들이 형성되면서 인간과 인간접촉과 소통의 중요성이 다시금 부각되게 되었다.

휴먼이미지를 통한 커뮤니케이션의 실제에 대해 교육 안에서 몇 가지를 아래에 제시하였다. 이를 집단에서 가볍게 실행하여 인간과 인간 사이의 접촉의 체험으로 그 중요성을 인지해 보도록 한다.

신체접촉의 커뮤니케이션

촉감이 미치는 뇌의 움직임과 조직에 관한 자료를 보도록 한다.

접촉과 폭력의 관계에 관해 미국 신경심리학자 제임스 프리스콧James Prescott이 세계 400개 문화권의 통계조사를 한 결과에서, 가정이나 어린 시절 인간관계에서 긍정적인 애정 표현과 접촉을 한 개방적인 사회일수록 범죄와 폭력이 낮다고 나타났음을 알려주었다. 이는 긍정적인 인간관계로의 피부 접촉이 잦은 집단사회가 좀 더 평화롭고 범죄율이 낮은 사회를 만들어준다는 의미를 포함한다. 수많은 전문가들이 공통적으로 강조하기를 인간 사이의 피부 접촉이 주는 효과는 그 어떤 텍스트나 물질의 접촉보다도 10배나 강한 파급효과를 준다고 한다. 여기서 촉감의 특성은 끊임없이 무언가를 형성해 내는 창의적인 변화를 꾀한다는 점을 들 수 있다. 촉감의 감각은 기본적으로 인간의 뇌를 끊임없이 바꾸고 재조직하는 역할을 한다. 예를 들어 시각은 뇌의 시각중추가 일단 형성되고 나서부터 변화가 시작되는 데 비해 촉감이란 여러 가지 다양한 접촉훈련을 통해 얼마든지 계속해서 발달시킬 수 있는 큰 장점을 지닌다. 촉감이 평생을 통해 계속해서 발달하는 이유는 촉감을 담당하는 뇌세포가 끊임없이 생성과 소멸을 반복하는 절묘한 균형 상태를 이루고 있기 때문이라고 한다. 생각을 해보면, 인간은 태어나 자생하는 존재가 아니라 타인의 접촉이라는 보살핌을 통해야만 생명을 유지하고 성장할 수 있음이 이의 대표적인 예가 아닌가! 이만큼 접촉이란 생명을 이어나가는 핵심인 만큼 매우 중요한 역할을 한다.

2002년 특수한 레이저 현미경을 통해 촉감과 관련된 미국 하워드 휴즈Howard Hughes 의학연구에서 밝혀낸 자료에 의하면, 뇌세포에서는 매일 20%나 되는 새로운 가지가 만들어지고 소멸한다는 것을 알 수 있다. 촉감을 담당하는 뇌세포의 수상돌기 표면에서는 마치 나무줄기에서 가지가 뻗어 나오듯 매일 20%나 되는 새로운 가지가 생기고 20%는 없어지고 있는 것이다. 이와 같은 현미경으로 시각 대뇌피질의 변화를 관찰했으나 시각을 담당하는 뇌세포에는 이와 같은 변화는 전혀 나타나지 않았음을 보여주었다. 왜냐하면 시각중추라는 것은 한번 생기면 쉽게 바뀌지 않기 때문이다. 위의 관찰 내용은 그러나 촉감은 끊임없이 변화하면서 새로운 감정과 느낌을 만들어 낸다는 것을 다시금 증명해 주는 중요한 자료이다.

또 다른 접촉의 중요성을 보여주는 자료로서 외국의 허그 운동을 비롯한 '터치 운동'을 들 수 있다. 이는 피부 접촉을 촉진하기 위한 단체가 형성되고 있음을 보여주는 일례이다. 외국의 산부인과나 소아과 병원에서는 미숙아 마사지 치료가 보편화되는 추세이며, 일부 아동병원은 "오늘 아이를 안아주었습니까?"라는 문구를 벽에 붙여 놓는 캠페인을 펼치고 있다. 그리고 인근 중국과 인도에서는 베이비 마사지가 오랜 전통이기도 하다. 인구가 점차 줄고 있는 현대사회에서 그 중요성을 인지하고 있는 미국을 비롯한 선진국에서는 베이비 마사지를 하는 병원이 많이 등장하고 있는 추세이다.

다음은 휴먼이미지 즉, 신체 감각을 활용한 간단한 신체 접촉의 소통작업이다.

신체를 활용한 접촉작업은 타인에 대한 이해와 관계형성 그리고 사회성 훈련을 위해 실행되고 있는 집단치료의 한 일부로 유용하게 사용되고 있다.

이를 휴먼이미지 커뮤니케이션의 훈련과정으로서 활용해 보도록 한다.

휴먼이미지와 커뮤니케이션의 실제

손을 통한 커뮤니케이션

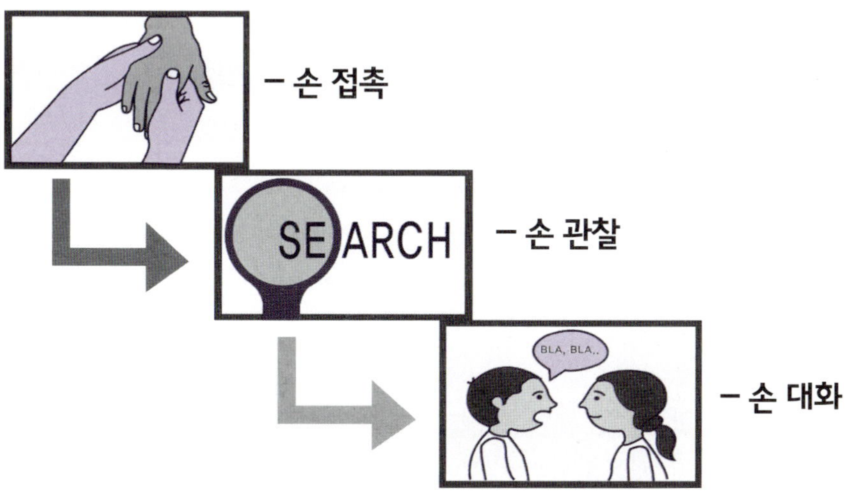

1. 손 접촉

손을 잡고 다양한 손 놀이를 통해 라포를 형성한다.

예) 손뼉치기/ 쎄쎄쎄/ 푸른하늘 은하수/ 가위바위보/ 묵찌빠 등

2. 손 관찰

2인1조로 서로의 손을 바라보며 관찰해 본다.

손가락 길이, 손 크기, 손의 감촉, 손톱 모양, 손 관리, 반지, 색상 등

3. 손 대화

서로 손을 주제로 해서 대화를 나눈다.

4. 다른 사람들에게 상대의 손을 소개해 준다.

[3T : Touch-Think-Talk]

본 작업에 대해 느낀 점을 간단히 적어보고 팀별 논의를 한다.

① 타인의 손을 잡는 경험은 어떠한가?

② 타인의 손 관찰은 어떤 식으로 하였는가?

③ 접촉하며 타인과 대화 나누는 것과 접촉을 하지 않고 대화를 나누는 것의 어떤 차이를 느끼는가?

④ 타인에 대한 소개는 잘 이뤄졌는가?

⑤ 이 작업에 대한 전반적인 수행과 느낌은 어떠한가?

눈을 통한 커뮤니케이션

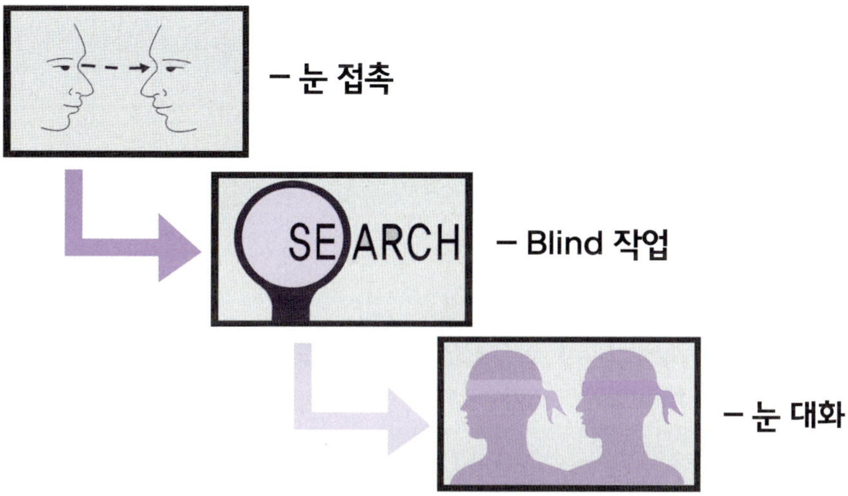

1. 눈 접촉

서로의 눈을 마주하고 다양한 눈 놀이를 즐겁게 한다.

예) 눈싸움/ 눈깜빡이기/ 사팔놀이/ 눈동자 따라가기/ 윙크게임 등

2. Blind 2인 작업

2인 1조가 한 팀이 되어 한 명은 눈을 가리고 나머지 한 명은 인도자가 되어 한 바퀴 돌아 제자리로 온다. 역할을 다시 바꾸어 돌고 온다.

3. 눈 대화

2번에서 행한 2인 작업에서 맡았던 2가지 역할의 경험과 느낌을 서로 나누는 대화의 시간을 갖는다.

[3T : Touch-Think-Talk]

본 작업에 대해 느낀 점을 간단히 적어보고 팀별 논의 한다.

① 타인과의 눈 접촉 경험은 어떠했는가?

② 2인 1조 역할 작업에서 느낀 점은 무엇인가?

③ 인도자가 되었을 때 충실히 이행하였는가?

④ 인도자로서 느낀 점은 무엇인가?

⑤ 의존자가 되었을 때 느낀 점은 무엇인가?

⑥ 이 작업의 체험에서 무엇을 느끼게 되었는가?

소셜아톰(Social Atom)

휴먼이미지 커뮤니케이션을 위해서는 나를 비롯한 상대들의 인간관계를 알아보는 시간을 갖는 게 중요하다. 그러한 과정에서 대체로 많이 활용되고 있는 소셜아톰이라는 간단한 도형으로 하는 인간관계 구성검사를 알아보자.

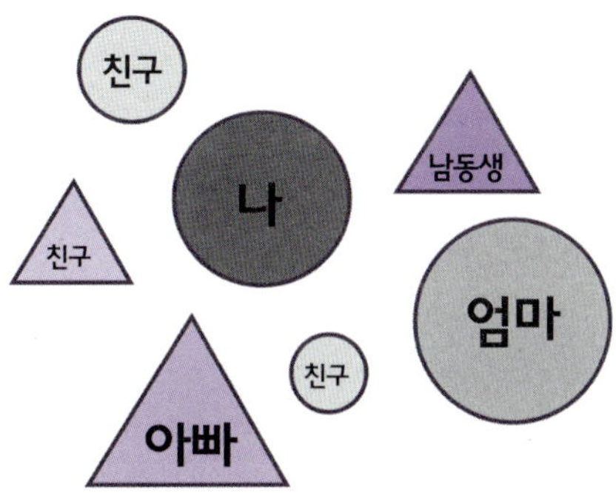

* 재료 : 종이(A4), 연필 혹은 펜 또는 색칠 도구
* 방법 : 당신의 주변 인물들을 떠올려 보세요.
  그중, 당신을 포함한 동성은 동그라미, 이성은 세모로 표현해 보세요.
* 주의사항 : 동그라미와 세모 이외 다른 도형과 사람 형태, 막대사람 형태 그림은 그리면 안 됨.
  생각나는 대상에 관한 숫자 제한은 없으며 도형끼리의 겹침, 제한 없음.
  도형의 표현 제한 외 다른 표현은 자유.
  크기
  숫자
  겹침
  위치
  색상 및 지우개 사용

- 나의 Social Atom -

[3T : Touch-Think-Talk]

① Touch - 나만의 소셜아톰 그리기

② Think - 주변의 인간관계에 대해 그림을 보며 생각해 보기

③ Talk - 함께 나누기

Tip

심리극의 창시자인 제이콥 모레노Jacob Moreno가 1940년대에 제안한 소셜아톰Social atom과 소시오그램Sociogram은 대인관계를 그림으로 나타내는 방법으로 소셜아톰은 간단한 도형으로 짧은 시간 내 자신의 인간관계를 나타낸다는 점에서 그리기에 다소 거부감이 있거나 방어가 심한 대상에게 쉽고 간단히 실시해 볼 수 있는 그림검사로 대표적이다.

제이콥 모레노는 소시오드라마와 계량사회학의 창시자이며 집단심리치료에 지대한 영향을 미친 사이코드라마의 창시자이다. 사이코드라마는 오늘날 가장 영향력 있고 인기 있는 창조적인 치료 중 하나이며, 심리치료에 종사하는 수많은 전문가에 의해 전세계적으로 널리 활용되고 있다. 심리치료에서 흔히 사용하는 '빈의자기법'과 '역할연기' 역시 사이코드라마에 기원하고 있다.

Tip

성장과정

모레노는 1892년 5월 루마니아의 부쿠레슈티에서 태어났다. 그는 호수의 배 위에서 출생했다고 전해진다. 그의 가족은 그가 다섯살 되던 해 오스트리아의 비엔나로 이사했다. 모레노는 비엔나 대학에서 1910년부터 3년 동안 철학을 공부했으며, 그때부터 창조성과 자발성에 대한 신학적, 철학적 측면에 관심을 갖게 되었다. 1911년 비엔나 가든에서 아동극을 관찰하고 활성화시키기 시작했으며, 그후 의대에 진학해 의학을 공부했고, 비엔나의 소외된 계층인 매춘부들의 상담과 간단한 성병 치료를 돕기도 했다. 1917년 비엔나 대학 의대에서 박사학위를 받았다. 그는 정신의학을 공부하며 프로이트의 정신분석에 영향을 받았고, 종교사회학에 흥미를 갖기도 했다. 그리고 미텐도르프의 망명자 수용소에서 일하면서 망명자들의 문화적, 집단적 역동성에 관한 과학적 연구를 시작했다. 모레노는 1914년 이후 시학, 철학, 신학, 문학 등의 영역에서 창작활동을 계속했으며, 문학지를 편집했고, 많은 사람들과 교류했다. 1921년 드디어 심리극 극장의 전신인 자발성 극장을 만들어 개인의 치료, 결혼문제, 소집단 활동 등에 즉흥적으로 활용하기 시작했다. 1925년 미국으로 이주해서 뉴욕에 살면서 심리극을 널리 보급하기 시작했다.

소셜아톰 사례

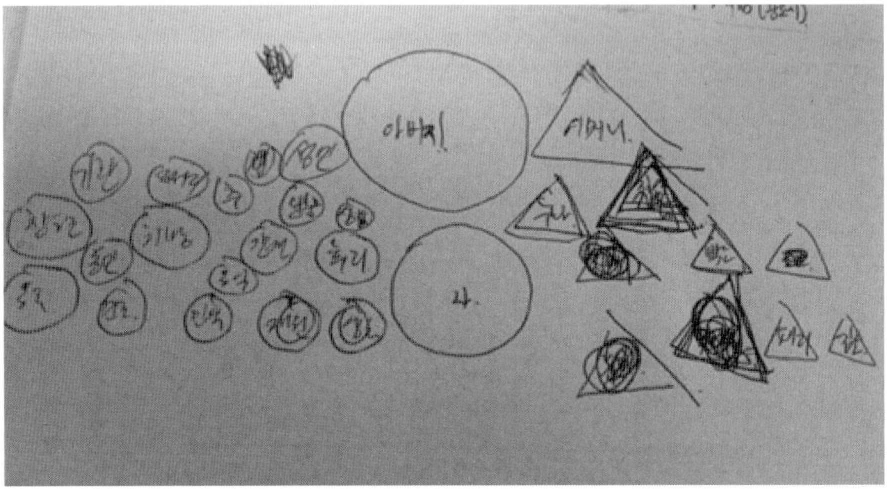

대상: 30대 초반 결혼적령기 남성

처음으로 그린 도형은 나인데 이는 나는 사랑하고 가장 중요하게 여기는 존재이기 때문인 것 같다. 그리고 나를 중심으로 모든 사람을 배열해 보았다. 그 다음 떠오른 것은 나의 가족들과 여자친구이다. 아버지는 내가 어려워하거나 나에게 너무 힘든 존재는 아니여서 내가 가장 존경하고 내 인생의 롤 모델로 삼고 있는 존재인 의미로 해석되었다. 어머니와 누나는 아버지와 함께 내가 의지할 수 있고 나의 가족이기 때문에 막내인 나의 위에 배치한 것 같다. 좀 걸리는 것이 여자친구인데, 여자친구의 세모는 몇 번 수정되거나 위치를 조금 위쪽으로 바꾸었다. 여자친구는 나에게 의지가 되고 힘이 되어주는 존재인 동시에 내가 항상 걱정하고 아끼는 존재이기 때문에 딱히 대하는 데 있어서 힘들거나 어렵지는 않다. 남성은 좌측, 여성은 우측으로 나누어 배치했는데 좌, 우의 관계에는 다른 상관성이 없어 보였다. 크기에 대한 관심도는 친구들을 생각하며 별 다른 생각 없이 한 명 한 명 크기도 뒤죽박죽 그렸기 때문에 크기에 대한 상관은 가족들을 제외한 그 다음 소중한 사람으로 해석 되었다. 도형의 개수는 7~10개가 평균인데 나는 그것보다 많았다. 내 친구들이나 다른 가족과의 관계에서 내가 스트레스를 받지 않는다는 점에서 그만큼 내가 사람들을 편하게 대하고 있다고 소셜아톰을 보면 내 스스로 판단되어진다.

2장_휴먼이미지 커뮤니케이션 : 언어학

"인간은 사회적 동물이다"

아리스토텔레스

휴먼이미지 커뮤니케이션에서의 중점은 인간 집단이 모여 사는 사회의 구조 속에서 형성된다. 인간은 사회적 존재로서 인간 본질로서의 문화를 형성하고 살아간다.

다음 아래 내용은 사회 안에서 살아가는 인간의 존재 이해와 사회 속 구조와의 관계에 관한 부분이다.

사회란 무엇인가?

① 인간의 욕구를 충족시키는 집단 장소이다.

→ 인간의 욕구는 생리적인 욕구와 사회 속에서의 욕구인 자아실현, 안정 등의 형태로 구분되어지는데 결국 인간의 욕구는 사회 속에서 어떻게 적응

하느냐에 따라서 그 의미가 변화하며 실현되어져 간다.

② 인간을 더욱 인간답게 만드는 인격 형성의 훈련 장소이다.

→ 인간은 사회화를 통해서 인간다운 인간이 될 수 있다. 여기서 사회화란 불완전한 존재로서의 인간이 사회 속에서 성장하면서 그 사회가 지닌 인류의 축적물인 여러 가지 문화적인 유산이나 가치체계, 법과 규범과 같은 다양한 기술을 익히고 내면화함으로써 비로소 그 사회에 적응할 수 있게 되고 사회적 구성원으로서 인정받게 되는 과정을 거치게 되는 것을 의미한다.

사회적 존재로서의 인간이란?

① 모든 유기적 생명체의 삶이란 것은 이미 주어진 환경과의 상호작용을 통해서 문제를 해결하는 과정이라고 미국의 실용주의 철학자 "존 듀이John Dewey"가 정의하였고 사람들의 집합체가 생성되면서 그 무리 속에서 호환성을 이루는 행위들이 형성되는데, 그 행위들이 유기적으로 반복성을 띠며 계속 일어나는 것을 독일의 사회과학자 "막스 웨버Max Weber"는 사회화라고 정의내렸다. 이와 같이 인간은 인간끼리 서로 공존할 수밖에 없는 불가분의 관계의 존재로서 사회와 서로 유동적으로 긴밀한 상호작용을 하게 되고 인격체로서 존재 유무를 결정짓는 중요한 장소가 바로 사회가 된다.

그리고 그 사회 속에서 구성원으로서 인간의 모습과 사회화의 형태에 따라 변화를 꾀하며 발전하게 되는 것이 사회적 존재로서의 인간이다.

사회와 인간은 서로 필수적으로 상호작용을 이루게 되며 인간의 존재 유무를 결정짓는 것이 사회가 되기 때문에 이 둘은 떼려야 뗄 수 없는 근원적 관계를 맺을 수밖에 없다.

인간의 사회적 관계와 집단소속의 중요성

인간人間이란 말 자체가 '관계 속의 존재'를 의미하고 한 사람을 뜻하는 게 아니라 둘이 서로 돕고 살아감의 상징을 지닌다. 일차적으로 인간이 존재함은 어차피 혼자로는 불가능하다는 것은 당연한 현실이다.

그래서 인간은 사회적 관계 속에서 태어나고 살아가고 있다.

이것은 인간이 사회 안에서 타인과 함께 살아갈 수밖에 없는 존재라는 것이 더욱이 강조되고 있는 증거이다.

인간 외에도 집단을 이루어 군집생활을 하는 동물들도 주변에 수없이 존재하고 있다. 동물도 인간처럼 군집생활을 하는 동물들은 모두 개별적으로는 자연 환경에 적응하며 살아갈 수 없기 때문에 서로 생존을 위해 함께 공생하면서 집단을 이루어 살아가는 특성을 지니고 있다.

이런 측면에서 다시금 바라본다면 인간이 사회를 구성해서 함께 살아가는 이유 역시 생존을 위한 본능적 행위라는 것을 증명해 주는 것이다.

즉, 인간의 진화과정에서 이러한 집단 형태를 이루게 된 것은 환경 속에서 안전과 생존을 위해 필수불가결의 부분이라는 것을 알려준다.

하지만 사회는 동물들의 군집과는 다르다는 것을 절대 간과해서는 안 된다.

동물의 집단생활은 그저 생존본능이 이끌어낸 자연스러운 결과라는 부분에서 인간의 집단생활과 유사점을 지니나 인간의 사회는 동물의 그런 것과는 다르게 훨씬 복잡하고 체계적인 구조와 사고를 포함하고 있음이 분명 다른 차원의 것임을 말해주고 있다. 이러한 복잡하고 체계화된 사고 체계는 본능이 아닌 인간 자체적으로 선택하고 만들어낸 것이라고 수많은 학자들이 설명해 주고 있다.

또한 인간 사회의 출현과 형성은 동물과 같은 본능에 의해서가 아니라 인간 스스로의 판단과 인간을 위한 집단통제의 구조에 의해 형성된 것이라 할 수 있다.

여기서 동물 집단의 군집은 집단 내 구성 동물들 간의 지속적인 상호작용이 없다는 특성을 가지고 있음에 비해 인간 사회는 구성원 간의 지속적인 상호작용 방식을 갖고 있는 구조화된 틀의 체계라는 점에서 동물군집과 정확히 구분되어진다.

그리고 사회 내의 구성원 간에는 어떤 안정적인 형태의 상호작용을 해야 한다는 것이 사회 형성의 기본 전제가 되고 있다. 사회 내 상호작용의 결과로서 인간들은 규범과 사회제도를 형성하고 점진적으로 다양한 사회조직체를 형성해 나가고 있다.

인간들은 이렇게 자체로 구성한 사회 내에서 타인과 경쟁하고 협력하면서 개인과 집단적 삶을 함께 영유해 간다. 그리고 그들이 속한 집단의 보호를 받고 생활의 토대를 제공받음으로써 안정감을 획득하며 살아간다.

이러한 과정은 한편으로 개인이 지니는 자유와 자율성이 사회라는 틀에 구속된다는 개인에게는 조금 불편한 진실이 되는 과정이기도 하다.

사회제도의 조직화가 공공화된 국가라는 또 하나의 큰 조직을 출현시키게 되었다.

한 나라의 집단군이 결성되고 국가의 출현은 집단에 대한 일체감과 결합력이 높아지거나 그 사회제도가 견고해질수록 그 안에서의 개인의 자유와 자율적 판단의 필요성은 큰 집단에 비해 반비례되기 마련이다. 이에 대한 대표적인 예로 큰 집단 중심의 공산주의를 들 수 있다.

이러한 국가들의 개인은 조직의 한 일원으로 전락되거나 또는 불필요한 단순대상으로 취급받게 되는 역기능적인 존재가 된다.

사회관계의 기본구조 - 언어

의사소통 수단으로서의 '언어'

사회 속에서 타인들과 소통하기 위해 인간은 언어라는 것을 사용하고 있다.

동물과 구별되는 인간만의 특징은 도구의 사용이라고 규정하기도 하지만, 인류의 존재로서 인간의 특징을 가장 잘 보여주는 것이 바로 언어의 사용이라 할 수 있다.

우리가 사용하는 언어가 없었다면 사회라는 체계화된 집단을 구성하는 것도 불가능했을 뿐 아니라 이성적 존재로서의 인간의 출현마저도 당연히 불가능했을 것이라고 학자들은 주장하고 있다. 왜냐하면, 언어라는 것은 인간이 실존함에 있어 가장 기초가 되는 중요한 요소이기 때문에 인간과 따로 분리시켜 생각할 수 없는 중요한 부분이기 때문이다. 인간과 그들이 구성한 사회를 이해하기 위해서는 언어에 대한 기본적 이해가 전제되어야 할 것이다.

언어란 기본적으로 인간 상호 간의 의사소통을 위한 하나의 기호체계이다.

수많은 기호처럼 언어도 전달하고자 하는 내용과 그것을 옮기는 과정으로의 형식, 두 가지 요소로 나뉘게 된다. 언어에서의 내용은 의미를 전달하고, 형식은 음성과 문자를 나타낸다. 여기서 의미전달과 음성 둘과의 관계는 몸이 하나인 샴쌍둥이와 같아 둘 중 어느 하나를 뺀다면 그것은 언어의 역할을 잃어버리게 된다.

즉, 음성만 있고 의미가 없다면 동물의 울음소리와 다를 바 없게 되고, 의미만 있고 음성이 없다면, 인간끼리의 느낄 수 있는 특별한 교감이 사라져 기계와 같이 인간미를 배제할 수밖에 없게 될 것이다. 이는 온전한 인간끼리의 소통으로 역할을 하는 언어로서 충분히 성립되기가 어렵다.

이렇듯 언어가 지니는 내용과 형식을 통해서 인간들은 각자 지니고 있는 정보와 감정을 자신과 다른 타인과 소통하게 되고 이해하게 되면서 일상 속에서 관계를 형성하면서 살아가게 되는 것이다.

언어는 개개인을 연결시켜 주는 매개체로서 집단 내에서 구성원들 서로의 감정과 의식을 함께 나눌 수 있게 해주는 교량역할을 해준다.

게다가 언어는 인간 사회의 새로운 시도와 발전을 도모하는 데 원동력이 된다.

인간에게 있어 언어가 지니는 의사소통의 한계로는 어떠한 것들이 있는가?

우리는 일상에서 언어로 자신의 의사를 표현하는 데 있어 한계에 부딪치는 경우가 종종 일어나게 된다.

이와 같은 걸림돌 즉, 한계의 원인을 다음과 같이 두 가지로 분류하여 생각해 볼 수 있다.

언어 그 자체가 가지고 있는 언어 내적 한계와 언어사용 환경을 둘러싼 언어 외적 한계로서 나눠서 살펴보도록 하자.

언어는 기호의 체계라고 말하는 스위스 언어기호학자 '페르디랑 드 소쉬르 Ferdinand de Saussure : 1857~1913'에 따르면, 인간이 의사소통을 위하여 인간 언어 요소인 음성적 기호sign를 사용하는 과정에서 두 가지의 활용하는 감각요소를 분류하여 설명해 주고 있다.

음성을 내기 위해 또 다른 신체감각인 청각으로 들을 수 있는 소리의 면을 시니피앙signifiant 즉, 기표라 불리는 표시하는 언어의 기호를 뜻하고, 인간의 감각으로는 감지할 수 없는 모호한 면을 시니피에signifie 즉, 기의라 불리우는 표시되는 언어의 기호를 말한다.

여기서 시니피앙과 시니피에는 서로 상호적 교류의 관계를 맺고 결합하게 되는데, 이 둘의 결합은 각 나라의 문화적 특성에 따른 언어공동체의 관습에 의해 형성되는데 이를 언어학자 소쉬르Saussure는 언어기호의 자의성원리라는 의미로의 기호적 원리로 설명해 주고 있다.

그는 모든 언어 속에는 형식form과 의미meaning가 담겨 형성되고 있음을 통해 언어를 연결하고 있다.

예를 들자면, 사진 속 동물(시니피에)을 우리는 '고양이(시니피앙)'라고 한다면, 미국에서는'cat(시니피앙)'이라고 하는 것을 들어 볼 수 있다. 이는 언어기호의 자의성을 나타내주는 형태이다.

인간이 사회 속에서 일반적으로 사용하는 의사소통에서는 문화 속의 삶의 언어 즉, 시니피앙을 지니고 있는 것이다. 그렇다고 시니피앙과 시니피에의 관계가 언어의 소리와 의미 사이에서 이와 같이 자의적인 부분이라고 해서 전반적인 대응이라고는 말할 수 없다. 왜냐하면 시니피앙이 시니피에를 명확하게 의미하고 나타낼 수 없는 한계를 지니기 때문이다.

이것이 언어가 지니고 있는 내적 한계 즉, 언어 그 자체의 제한점이 되는 것이다.

이러한 언어 자체의 한계는 최초 언어의 탄생에서 비롯해 지금까지 다양하게 연구되어지고 있으며 언어의 한계를 보완하기 위한 수단으로서 또 다른 표현 수단들을 활용하는 방안으로 대처하고 있는 실정이다.

그것은 신체부분을 활용하는 것으로서, 대표적인 예를 들어 인간의 창의적 활동이란 의미로의 예술 활동이 이를 나타내주고 있다.

인간의 일상생활에서 사용하는 언어의 부분은 인간 자신의 복잡 미묘한 다양한 감정을 그대로 표현하기에는 역부족이다. 더욱이 인간이 언어로의 표현에 역부족함을 느낄 때는 감정이 고조화되었을 때나 부정적으로 다운되었을 때 더욱 그러하다.

예를 들자면, 애착대상과의 피치 못할 이별을 경험했을 때 '나는 외롭고 슬프다'는 표현을 언어(시니피앙)로는 그 순간 느낀 매우 슬픈 감정(시니피에)까지는 충분히 표현할 수 없게 된다.

언어와 글자는 모든 감정과 표현에 있어 담은 뜻을 온전하게 나타낼 수 없다는 상징으로 주역周易의 계사상繫辭上에서 공자가 '언불진의言不盡意'의 사상으로 알려주었고, 장자는 뜻을 얻었으면 언어는 잊으라는 '득의망언得意忘言으로도 나타내주었다.

이렇듯 언어와 글의 한계에 대해서는 동양철학에서 많이 다뤄져 내려왔다.

서구에서도 마찬가지로 이와 같은 언어적 한계에 관한 연구가 오래전부터 형성되어 왔다.

'소크라테스Socrates'는 언어 중에서도 문자는 사실을 있는 그대로 전달할 수 없다고 주장하여 후대에 자신의 저작을 남기지 않기까지 했다.

또한, 그의 수제자 '플라톤Plato'은 스승과 달리 후대에 저작을 남겼지만 글-문자를 약인 동시에 독이라는 의미로 파르마콘pharmacon이라 비유하면서 문자의 한계를 지적하여 알렸다고 하고, 유명 예술인인 클림트Gustav Klimt는 자신의 예술에 대해 그 어떤 언어나 문자를 남기지 않은 것으로 유명하다. 그 이유는 클림트가 자신의 예술을 정확히 이해하기 위해서는 그림을 통해서 느낌으로 전달 받으라는 유명한 인터뷰 내용으로 함축되어 전해져 오고 있다.

그 밖에 언어 자체의 내적 한계뿐만 아니라 일상에서 통용되는 의사소통을 왜곡하는 언어의 외적 한계도 함께 존재한다. 우리의 일상에서 이루어지는 의사소통은 평등한 인간관계에서만 이루어지고 있는 게 아니라 위계적 권력관계와 수직관계에서 이루어지게 되는 경우가 사회적으로 자주 형성된다.

여기서 말하는 위계적 권력관계란 사회적 지위에서 자주 나타나기도 하고 개인적으로 지니고 있는 지식의 차이에서 나타나기도 한다.

예를 들어, 위계적 질서가 대표적인 군대를 들어보면 높은 계급의 상사가 낮은 계급의 사병에게 자신의 의사표현을 자유자재로 마음대로 전달할 수 있는 사회적 언어의 관계를 지닌 반면에 낮은 계급의 사병은 상사에게 자신이 느끼는 감정이나 생각 등을 있는 그대로 표현할 수 없는 불공평 언어적 관계가 통용되고 있다.

이런 경우와 같이 사회 내에서 외적 지위에 의한 언어 외적 한계를 보여주는 의사소통이 된다. 그 다음으로 개인의 지적 차이에서 발생하는 의사소통의 한계를 나타내는 예로, 전문직업을 지닌 사람들, 법에 종사하는 이들이나 의사 등을 꼽을 수 있다.

전문적인 의학 지식을 가지고 있는 의사와 그렇지 못한 환자가 의학적 문제에 대해 서로 대화를 할 경우 상호수평적인 의사소통이 아닌 의사의 일방적인 강의가 될 수밖에 없다. 이는 지식의 소유가 인간 상호 간의 대화에 있어서 하나의 권력으로 작용하고 있음을 보여주는 것이다.

상호작용의 제도화

구성원 간의 의사소통 방식은 사회가 보수적인 틀이 강할수록 고정된 형식을 갖추게 되고 결국 제도화된다. 이는 사회구성원의 지위와 역할이 구분되기 시작하면 그에 따른 상호작용 방식이 일정한 패턴을 띠게 됨을 보여준다.

교사와 학생 사이에서의 의사소통 참여를 예를 들자면, 개인의 성향과는 전혀 무관하게 어느 정도 교내 규율 내에서 동일한 상호 소통 유형을 갖게 된다.

그리고 이런 규칙과 제도는 사회를 유지하는 중요한 형식이 되고 있다.

사회가 정상적으로 유지되기 위해서는 사회 구성원들이 지켜야 할 규칙이 있어야 함은 사회적 존재로서 필수조건이 된다.

이와 달리 동물의 집단으로 보자면, 단지 본능의 법칙을 따르게 되면서 자연스럽게 동물 간의 관계가 유지될 수 있으나, 인간의 사회는 동물의 집단처럼 일률적이거나 수직선상으로의 관계가 형성되어지지는 않는다.

사회 구성원들이 서로 간에 상호작용을 함에 있어서 지켜야 할 규칙을 '규범'이라 부른다.

'규범'의 사전적 정의로는 인간이 사회생활을 하는 데 있어, 구속되고 준거하도록 사회적으로 강요되고 있는 일정한 틀 안에서의 행동양식이다.

규범은 일반적으로 그 강제의 크기에 따라서 3가지 단계로 나눌 수 있다.

첫 번째 단계는 관습과 같은 것으로 볼 수 있는데 사회생활의 관행에 기준하여 사람들의 생활과 행동을 규제하는 것을 들 수 있다. 이때 이를 위반하거나 벗어나게 되었을 경우 타인들의 손가락질이나 비난을 사게 되거나 따돌림 등의 제재를 받게 된다.

둘째 단계로 도덕적 관습을 들 수 있는데, 이를 위반하게 되면 자신의 내적 심리상태가 양심의 가책이나 죄책감을 갖게 되고 사회적으로는 공동절교와 같은 물리적인 제재를 받게 된다.

사람들의 행동을 본래적으로 규제하는 것이 이 단계의 과정으로서 이것이 정확하게 법으로 규정되어 있지 않으나 일상적인 행동에서 인간사회 속의 강력한 규제력이 행사된다.

마지막으로, 셋째 단계는 제재의 주체가 어떤 형태이든 간에 공적인 성향을 드러내는 권력을 가지는 양상으로 들 수 있다. 이 경우의 규범은 표면화된 법이라는 양상을 취하게 되는데 이를 어길 경우 공적인 강력한 제재가 이뤄지게 된다.

사회체계 내에서 살아가는 인간에게 있어 이러한 규범을 습득하는 것을 '사회화'라고 칭하게 되는데 사회화의 정도에 따라서 인격의 완성도가 차이가 있게 된다.

이와 같은 사회적 규범을 습득해야 하는 이유에 대해서 인간의 본성과 관련하여 서로 대립되는 입장들이 생기게 되는데 이러한 과정 등을 통해 개인들은 사회규범을 내면화하는 성장을 거치게 된다. 그리고 사회적 인격체로의 정체성 또한 획득해내게 되는 것이다.

여기서 사회화 과정은 본인의 의식과 동의에 의해 이루어지기보다 무의식적 차원에서 상호적 동의가 이루어짐을 통해 형성된다고 보고 있다.

개인의 사회화는 문화와 시대에 따른 상식과 언어체계 그리고 사회구조 등을 통해 자연스럽게 형성되어진다.

집단 내 조직적 무언의 의사소통에 관한 특성

1. 근접

사람들이 가장 이상적으로 생각하는 대면 거리는 45~60cm 정도의 거리
(적당한 유지로 대상과 소통을 한다면 안정된 상담을 통해 문제해결을 할 수 있다.)

2. 시선 교환

대상에게 관심을 충분히 주고 있다는 정도의 시선교환을 해야 한다.
(시선을 마주치지 않고 응대를 하면 불성실한 태도에 신뢰가 떨어질 수 있다.)

3. 침묵

침묵으로도 충분히 경청한다는 것을 말해 줄 수 있다.
(상대의 말을 방해하지 않으면서도 고개를 끄덕이며 경청하고 있다는 것을 알린다.)

4. 제스처

개방된 제스처를 통해서 대상에게 즐겁게 느끼고 있다는 것을 말해 줄 수 있다. (단: 팔짱을 낀다든지, 주머니 안에 손을 넣는 행위는 상대에게 부정적 반응을 이끌어 낼 수 있다.)

5. 자세

훌륭한 자세는 대상에게 자신감과 능력을 보여줄 수 있는 최고의 방법이다. (등을 당당히 펴고 똑바로 서는 일자형 자세는 상대에게 보여주는 좋은 자세이다.)

6. 얼굴 표정

밝은 미소는 호의를 이끌어내는 안전한 의사소통의 지름길이다.

7. 신체적 접촉

신체적 접촉은 되도록 적을수록 좋다.(접촉의 부분은 개인적이며 사적 감정을 표명할 수 있는 오해의 소지를 다분히 주기 때문이다.)

8.냄새

후각을 자극하는 향수도 너무 자극적이거나 강한 향을 내는 것은 될수록 피한다. 또한, 담배냄새와 같은 불쾌함을 불러일으키는 향은 내지 않도록 주의한다.

9.전체적인 외모

청결과 단정함이 주는 외모는 상대로 하여금 신뢰감형성을 하는 데 큰 영향을 미친다.

'우리' 라는 언어적 표현과 개념이 지니는 문화사회의 모호한 경계선

'우리'라는 말은 집단을 표현하기 위해서 사용되기 때문에 나를 포함한 폭넓은 속성을 지닌 구성원들을 아우르는 말이라 할 수 있다.

따라서 나만의 개성이라는 색채는 그 안에서 미약해지게 되고 우리라는 집단이 지니는 다소 모호하고 추상적인 성격이 개인의 나를 대신하게 된다.

예를 들어, '우리는 ~지역 사람들'이라든가, '우리는 ~를 지지하는 모임'과 같은 상태를 들어볼 수 있다. 이러한 강한 결속력과 '우리'라는 말로 같이 묶일 수 있는 다른 사람들에 대한 깊은 애착과 배려 등 여러 가지 순기능을 포함한다.

그러나 이러한 순기능의 이면에는 '우리'의 울타리 안에 들어오지 않는 혹은 속할 수 없는 사람들에 대한 차별 혹은 배타성이라는 어두운 측면이 자리잡고 있기도 하다.

여기서 흥미로운 점을 들자면, '우리'라는 개념은 언제 어디서나 무작위적으로 얼마든지 형성될 수 있다는 것이다.

어떤 연구에서 참가자들은 두 개의 추상화를 보고 둘 중 어떤 그림을 선택하느냐에 따라 두 집단으로 나뉘어졌는데 자신의 집단에 속한 참가자들은 자신들에게 어떤 이로운 기회가 주어지면 자신이 속하지 않은 집단보다 속한 집단에 보다 더 유리하게 이를 나누어주려는 경향을 보이는 특이한 점을 나타냈다. 게다가 어떤 형태없이 무작위적으로 두 집단에 물질이 나눠진 경우에조차 이런 양상이 나타났다.

실제 일어난 미국 테러 사건의 예를 들어보자. 미국 역사상 타 국가에 대한 배타성이 강하게 표출된 시기가 있었다. 그 시기는 2001년의 911 테러사건 직후로 추정된다. 이때를 미국의 언론에서 'we'와 'our'라는 단어가 시대적 흐름으로 보아 가장 왕성하게 사용된 시기로 볼 수 있다. 이와 같은 예를 봐서도 이렇듯 포화된 '우리'의 의식은 개인의 자아정체감을 취약하게 만들고 집단이 지닌 특수성과 그에 따른 가치관이 절대적으로 작용하게 되면서 내 편 혹은 적이라는 획일화된 이분법적 사고를 증폭시킬 위험이 다소 높을 수 있다.

현재 한국 사회에서 찾아볼 수 있는 다양한 집단 및 계층 간 갈등의 원인 중 하나가 바로 이에 속한다. 그러나 좋은 예로서 봉사개념이나 나눔의 공동체 의식은 매우 바람직한 양상이다.

한국인의 '우리' 의식은 대표적인 한국의 사회문화 심리특성의 요인이다.

특히, 문화적 흐름과 시대적 배경으로 엿보았을 때 해양성과 대륙성을 포함한 특수한 지리적 특성으로 평화와 격정으로의 상극성의 심성을 띠게 하는 영향을 주었다.

민간신앙이 중심이 되어온 샤머니즘의 흐름을 통해 집단중심 사회의 특징이 강한 생활 공동체가 형성되었다. 한국의 집단문화는 소통 중심의 문화로 농경정착 민족의 특성은 우리의식을 더욱 심화시키게 되었다. 젓가락과 밥상문화와 함께 나눔의 미학인 두레와 품앗이가 사회 속 문화예술로 자리잡아 우리의식이 더욱 부가되게 된다.

한국사회에 형성되어 뿌리박혀진 '우리' 의식은 세계 어느나라에도 없는 따뜻한 인간관계의 '정' 문화를 이루게 되었다.

여기서 '정'이란 인정을 뜻하는데 인지상정이란 말처럼 타인의 아픔과 어려움을 함께 공감하고 이해하고 공유하는 데서 출발되었다.

이는 과거 유교문화가 배경이 되었던 시기에서부터 동방예의지국이란 말이 형성될 정도로 어른에 대한 예의가 바르고 가정을 중요시하던 문화예절 습관에서 흘러내려왔다.

아직까지도 자녀를 위해 희생하는 부모의 역할이 한국 가정의 특성으로서 비춰지고 있어 세계적으로 최고의 교육열과 학구열을 자랑하기까지 이르게 되었다.

나와 네가 융합되어 하나로 밀착되어진 우리라는 심리현상이 한국사회에 자리잡도록 하는 데 '정'이 톡톡히 한 몫을 하였다.

언어와 커뮤니케이션 : 한글과 소통

모든 인간이 평등하게 소통하기 위해 태어난 하늘의 문자 - '한글'

'우리나라 말이 중국과 달라서 한자와 서로 통하지 못한다. 그러므로 어리석은 백성들이 말하고 싶은 바가 있어도 마침내 그 뜻을 펴지 못하는 이가 많다. 내 이를 딱하게 여겨 새로 스물여덟 글자를 만드노니 사람마다 쉽게 익혀 나날의 쓰기에 편리하도록 함에 있느니라.'

-세종대왕-

한글이 성립되기 이전까지 과거 문자로 사용된 한문은 전 백성이 사용하는 것이 불가능한 어려움을 지녔다. 그래서 모든 사람들이 자유롭게 서로 '소통'을 할 수 있는 큰 뜻을 품고 탄생한 문자가 바로 세종대왕의 한글이다. 한글은 1443년 세종대왕이 창제했고, 1446년에 배포되었는데 실상 안타깝게도 그 시절 조선의 관료들에 의해 널리 사용되지 못하도록 방해되었다. 그래서 한국의 공식적인 문자로서 널리 인정받지는 못했다고 한다. 그 이유는 아래 위의 수직관계로 지식인과 상류층의 범위를 넘나들 수 없게 한 게 바로 고급문자의 사용이었고 그때 어려운 한문을 익히려면 경제적으로 여유가 있는 양반자손이어야만 가능했기 때문이다. 양반 즉, 상류층의 눈에 한글은 그저 '쉽게 익히고 쓸 수 있는 대중적인 서민의 천한 글'로만 여겨졌을 뿐이었다. 그뿐만 아니라 중국 지배층을 옹호하는 양반들은 중국의 글자를 사용하지 않으면 중국의 노여움을 살 것을 우려했으며, 지금의 서양언어인 영어를 추구하고 숭배하듯 그 당시에는 중국의 문자를 명품 문자로 취급하여 서민적 문자라고 한글을 핍박하였다고 한다. 하지만 한글은 양반들의 방해와 비난의 틈새 사이에서 궁중의 후궁을 비롯한 조선시대 상류층 여인들을 중심으로 비밀리에 그 입지를 넓힌 것이 지금까지 이어져 오게 되었다. 그밖에 조선시대 문학 남매인 허균과 허난설헌은 한글로 아름다운 문학을 형성한 이들로 유명하다. 천재 여류시인 허난설헌許蘭雪軒, 1563~1589은 한글로 '난설헌집'이라는 시를 지었으며, 허균은 '홍길동전洪吉童傳'이라는 한글소설로 아직까지 우리들에게 널리 알려져 있다.

그 뒤로 반포된 지 448년이라는 세월이 흘러 바야흐로 1894년, 고종은 한글을 국가의 공식문자로 선포하여 한글은 당당히 국어로 자리잡게 된다.

그러나 얼마 못 가 한글의 입지는 또 다시 일제 강점기에 들어서 수난을 겪게 된다. 일제치하 말기 일본은 우리네 언어를 말살시키기 위해 창씨개명으로 전국적으로 일본이름으로 바꾸게 했고 한글을 사용하게 될 경우는 곧바로 처형되거나 징벌에 처하는 민족 멸살의 위기로 몰고 갔던 적이 있었다. 한글을 지켜온 배후의 수많은 독립운동가와 숨은 공로자들로 인해 지금의 한글이 지켜져 왔음을 잊지 말아야 한다.

더욱이 혹독한 일제강점기에 그 숨은 뜻을 펼치는 아름다운 시와 노래들로 재탄생한 대표적인 윤동주의 '서시', '별 헤는 밤'이 있다.

한글은 누구나 배우고 사용할 수 있는 세계적인 만국어이기도 하다. 훈민정음은 단지 소리에서만 따온 것도 아니고, 다른 문자를 통해서 형성된 것도 아니다. 음양오행의 원리에 따른 독창적인 상형문자이다. 게다가 제자원리制字原理에서 비롯된 과학성이 뛰어난 완벽한 소통을 일구는 문자로 으뜸이라 해도 과언이 아니다.

> '하늘과 땅의 이치는 한 음양과 오행일 따름이니 곤과 복의 사이가 태극이 되고 움직임과 고요함 뒤가 음양이 된다. 무릇 하늘과 땅 사이에서 삶을 누리고 있는 무리들이 음양을 버리고 어찌 살겠는가. 그러므로 사람의 소리가 다 음양의 이치가 있으되 돌아보건데 사람이 살피지 않았을 뿐이다.'
>
> \- 훈민정음 해례본-

세종대왕은 인간의 소리 자체를 음양과 오행으로 나누었고 목구멍을 물, 어금니는 나무, 혀를 가리켜 불, 치아는 쇠, 입술은 흙이라고 명명하였다. 그리고 그는 입안을 중심으로서 오행을 맞춰 넣고 그 안에서 글자를 만들어 냈다. 더욱이 극과 극을 멀리하도록 하여 안정되게 서로 균형을 맞추도록 상생하는 부분을 붙일 수 있게 기본으로서 자음을 만들어 냈다. 그리고 여기에 획을 더해서 17개의 글자가 형성되고, 하늘, 땅, 사람을 본따 이뤄진 3요소의 기본음이 합해져 11개의 모음글자가 탄생되었다. 표면상 보기에는 훈민정음이 단순하고 간단해 보이나 그 안에는 자연의 모든 삼라만상이 어우러지는 문자로서 완벽함을 나타내주고 있어 세계 모든 언어학자들은 감탄을 금치 못하고 있다.

지금의 k-pop이 세계인들이 열광하고 지대한 관심과 사랑을 받고 있는 이유는 바로 누구나 다 쉽게 익힐 수 있는 한글이라는 언어의 특성 때문이다. 게다가 청각적으로 한글은 거부감이 없는 소리를 지녀 유럽인들에게 아름다운 언어로서 촉망받고 있다고 한다. 외국에서 한국 드라마나 영화의 인기가 치솟는 이유도 이에 속하는데 한류를 즐겨보는 이들은 극 속에서의 한국 발음이 아름답게 들려 k-pop까지도 듣게 된다고도 한다.

더 나아가 미래학자들은 앞으로 세계적인 공통언어가 될 확률이 매우 높음을 예측하고 있는데 이를 뒷받침해주는 대표적인 예가 디지털문명이 확대되고 있는 현 시대에 있어 컴퓨터 자판과 스마트폰의 자판이 가장 용이하게 쓰이고 빨리 확산되게 해줄 수 있는 미래지향적인 맞춤형 문자가 바로 한글이라는 점이다.

세계적으로 스마트폰의 사용이 남녀노소 구분없이 확대된 곳이 한국인 이유는 결정적으로 한글의 자판이 세대를 넘나들게 하는 용이함에서 온 것이다.

다음은 한글을 활용한 휴먼이미지 커뮤니케이션에 관한 몇 가지 활동작업들이다.

집단으로 모여 활동해 보고 소통의 중요성에 대해 나눠보는 시간을 가져보도록 한다.

휴먼이미지 커뮤니케이션 실제: 한글

제목	한글과 나
준비물	종이자음/모음, 크레파스, 도화지, 풀
방법	1. 집단원에게 도화지와 종이자음, 모음을 함께 나누어 준다. 2. 종이 자음, 모음들 중 나의 이름을 가지고 하나하나 연결하여 나의 인생길을 만들어 본다. 3. 길에서 현재 나의 위치를 표시하고 어떤 인생길인지에 대해 이야기 나눈다. 4. 어렸을 적부터 지금까지 살아오면서 느낀 감정들을 주변에 크레파스로 표현해 본다. 5. 내 길에 대해 제목을 붙여 본다.
기대효과	한글 이름의 작업을 통해 자신의 비전을 찾아보는 시간을 갖는다. 긍정적인 미래상/ 자아정체성/ 자신감 유도

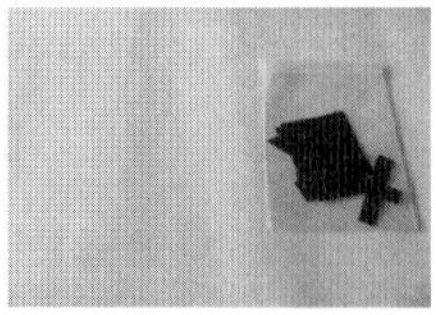

– 한글과 나 –

① 내 이름을 어떻게 생각합니까?

② 내 이름에 어떤 상징을 담았나요?

③ 상징이 담긴 이름을 부여하기 위해 앞으로 내가 할 일은 무엇입니까?

④ 현실적으로 계획을 적고 진행해 봅시다.

제목	단어 꼴라주
준비물	도화지, 가위, 풀, 잡지, 크레파스
방법	1. 집단원에게 도화지와 잡지를 함께 나누어 준다. 2. 잡지 안에 여러 가지 단어들을 보고 평소에 내가 많이 사용하는 단어 또는 좋아하는 단어 말을 찾아서 도화지 상단에 붙인다. 3. 단어들을 쭉 붙여 놓고 그 단어들을 봤을 때의 느낌을 아래에 크레파스로 표현해 보도록 한다. 4. 다른 사람들의 작품을 보며 함께 이야기 나누는 시간을 갖는다.
기대효과	단어를 감정과 연관지어 자아 감정 표출 성향 파악 긍정적 표현 유도

– 단어 꼴라주 –

① 단어들 중 어떤 단어가 나에게 와 닿았나요?

② 부정적인 단어, 긍정적인 단어 중 무엇인가요?

③ 왜 그것에 치우쳤을까요?

④ 지금 나의 상처와 단어가 관련이 있나요?

⑤ 마음에 드나요? 안 드나요?

⑥ 안 든다면 어떻게 하고 싶나요?

제목	단어 연상 퀴즈
준비물	도화지, 매직
방법	1. 도화지에 'ㄷㄹㅈ' 이런 식으로 자음만을 적는다. 2. 내담자들은 떠오르는 단어를 재빨리 대답한다.(다람쥐, 도라지 등) 3. 가장 많이 맞춘 사람이 승리한다.
기대효과	순발력, 사회성 훈련, 인지기능 긍정적인 분위기를 유도

– 단어 연상 퀴즈 –

① 나의 순발력은 어떠한가요?

② 나에게 있어 승부와 경쟁 능력은 어느 정도인가요?

③ 이런 게임은 즐겁다 vs 즐겁지 않다.

④ 이런 게임은 필요하다 vs 필요하지 않다.

제목	한글 빙고
준비물	빙고판, 자음, 빈 통, 필기도구
방법	1. 빙고판과 자음을 준비한다. 2. 빙고판에 주제에 맞는 한글 단어를 쓴다. (예: 두 글자 단어, 과일 단어 등) 3. 자음을 빈 통에 넣고 집단원이 돌아가며 뽑는다. 4. 뽑은 자음의 초성에 해당하는 단어를 지운다. 5. 반복하여 활동하고 가장 먼저 1줄을 모두 지운 사람이 이긴다.
기대효과	게임을 통한 흥미 유발 및 집중력 향상.

❶

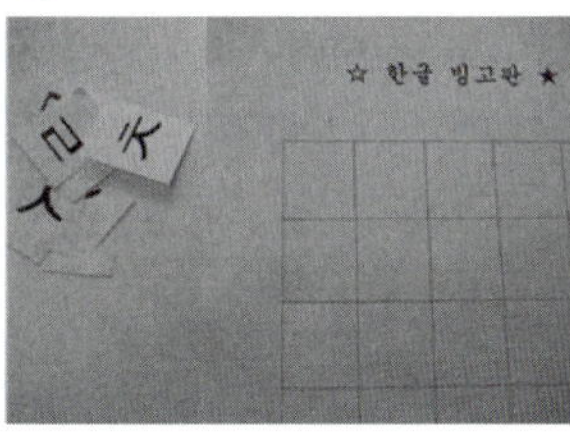

❷

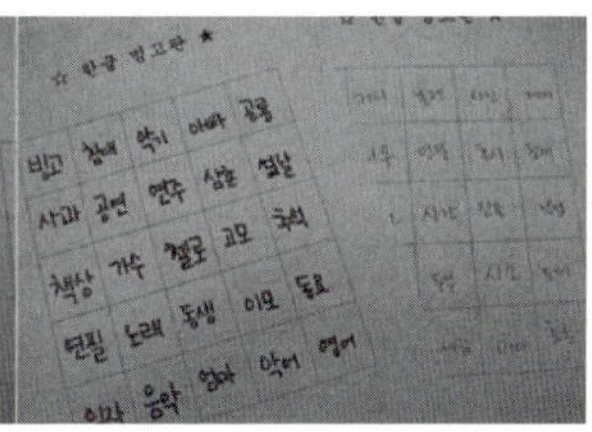

❸

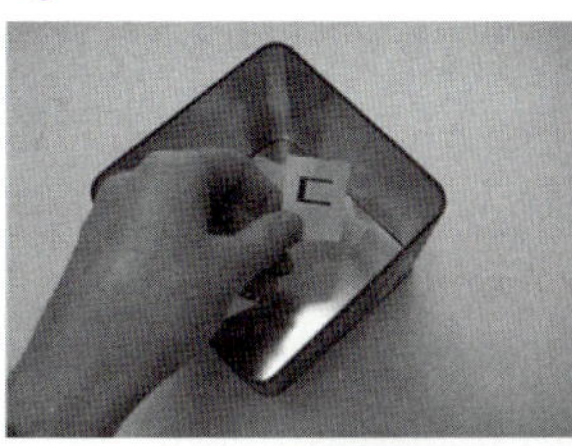

❹

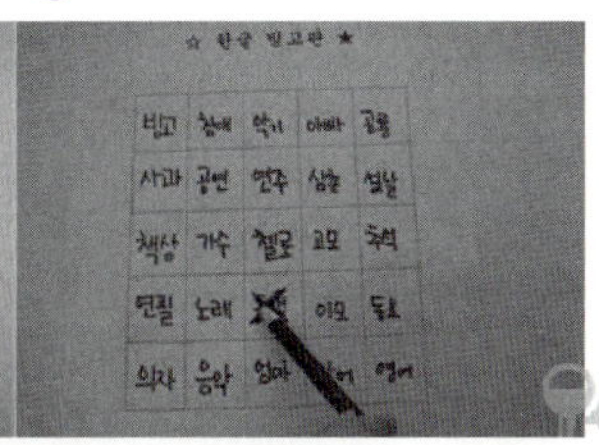

❺

– 한글 빙고 –

① 이 게임은 어떠한가요?

② 도움이 됐나요?

③ 안 되었다면 이유는 무엇인가요?

④ 무엇이 필요한가요?

3장_휴먼감각과 심리의 활용
- 미(美)학개론 -

놀이와 예술 - 호모 루덴스(home ludens)

인간에 대한 정의는 다음과 같이 나열된다.

'생각하는 인간' 호모사피엔스(home sapiens),
'만드는 인간' 호모파베르(homofaber),
'언어적 인간' 호모로쿠엔스(homo loquens),
'정치적 인간' 호모폴리티쿠스(homo politicus)
'놀이하는 인간' 호모루덴스(home ludens)

위와 같이 인간에 대한 정의는 이밖에도 수도 없이 많이 있다.

이렇게 인간에 대한 정의는 각기 다르지만 인간만이 갖고 있는 고유함 또는 핵심적 특징을 지칭하는 개념은 하나이다.

특히 인류 문명의 출현은 루덴스ludens와 떨어뜨려 놓고서는 논할 수 없다.

루덴스 이전의 삶은 대개 즉각적인 생존에만 관심을 갖고 있거나 그것에만 얽매여 있는 사회를 형성했는데 그것은 지극히 문명화된 사회라 말할 수 없는 것이다.

이것은 꼭 사회뿐만이 아니라 개인에게도 적용되는 것이다.

어떤 유희와 놀이도 즐길 수 없이 그날그날의 생존 활동에만 매몰되어 살아간다면 이를 인간적 삶이라고 하기 힘들다. 동물과 다르게 생존을 위한 활동 이외의 놀이에 열광하는 것은 인간만이 갖는 특권이기도 하다.

축구나 농구 등 집단 스포츠 게임에 삼삼오오 모여 서로 아우성을 치며 환호하고 감동의 눈물까지 보이는 행위나 온라인게임의 비현실적 집착의 행위 또한 인간이 놀이하는 인간 즉, 호모루덴스이기 때문이라 볼 수 있다.

놀이란 인간발달 진화단계의 초기단계에 놓인 유아동시기에 있어 언어를 대변하는 소통의 활동이었다.

아직도 놀이는 언어를 습득하지 않은 단계의 유아동에게 소통과 감정표현의 도구로 중요하게 사용되어지고 있다.

예를 들어, 언어가 미숙한 장애인들이나 언어를 거부하는 자폐와 같은 언어장애를 지닌 이들에게 치료의 도구로서 훌륭한 역할을 하고 있다.

휴먼감각적 인간의 표현- 예술 활동의 시작

미술과 음악과 같은 예술도 처음에는 생산을 위한 기능적 목적에서 시작했으나 사회기술과 역사가 발전할수록 예술은 무엇을 위한 수단적 기능 이외에 그 자체의 즐거움이라는 유희성이 더욱 중요시 되었다.

놀이와 유희 자체가 주는 희열과 즐거움은 보이지 않는 내면 즉 감정의 순화와 정리에 긍정적인 자기치유의 힘을 지닌다.

휴먼감각놀이와 인간 그리고 심리

어린 아이들을 보면 잠이 들거나 지칠 때까지 깨어있는 동안 끊임없이 놀이를 하고 있는 것을 볼 수 있는데 놀이는 아이들에게 있어 삶 그 자체이며 모든 활동의 중심이 된다.

놀이는 활동 자체가 목적이고 자유로운 행동이고 그들에게는 즐거움 그 자체로 특히 동기에 있어서는 자발적이고 비조직적이며 비지시적이나 규칙수용이 가능하고 이해관계를 초월한 것으로, 모든 갈등으로부터 벗어나도록 하는 데 탁월한 장점을 지닌다. 그 밖에 시간과 공간의 제한성을 갖는다.

놀이의 가치는 아이들이 놀이를 하는 동안 다른 아이의 행동을 모방하고 반복하며 스스로 탐험하고 실험하고 그리고 마음껏 상상을 하게 되는 데 있다.

이와 같은 놀이는 그 과정을 통해 신체 및 운동 능력의 발달과 상상이나 감정의 변화를 통한 정서나 지적 발달, 언어와 사회성 발달 더욱이 인간 삶의 발전에 지대한 영향을 주는 창의력의 발달을 가져 오는 데 중심이 된다.

아이들이 하는 상상놀이에는 어떠한 심리가 숨겨져 있을까?

아이들은 어른이 지배하는 세상에 살고 있기 때문에 자신의 지적, 정서적 욕구를 충족시키지 못하는 경우가 많고 그에 따른 불만이 쌓이게 된다.

자기 자신을 현실에 조절하기보다 현실을 자신의 욕구에 동화시켜 새로운 세계를 창조해 나가는 상징놀이를 통해 해소하고 해결하도록 한다.

아동은 무의식의 감정표현을 놀이로서 나타내고 있음을 영국의 아동심리연구자 스튜어트Stewart, C. 1979가 연구한 바 있으며 인간은 원초적 무의식과 문화적 무의식을 놀이라는 행위로서 표출하고 있다는 것은 이미 과거 언어가 없던 원시시대의 예술 활동으로부터 비롯되었음을 수많은 학자들이 밝힌 바 있다.

놀이는 희락이라고 하는 정동에 대한 근원적 반응이면서 희락은 또 다시 놀이를 유발시키는 에너지의 공급원이 되는 서로 상호 간의 관계를 지닌다.

어린 시절의 상징놀이는 생활 속에서 내보이는 정동affects:情動에 의하여 축적된 경험을 요약시키는 것이다. 아이들은 상징놀이의 과정을 통하여 혼란스러운 경험의 정동인 핵에 직접 도달하는 본능을 지닌다. 놀이의 규칙이나 상징의 발달을 통하여 위기적 정동은 조정되고 얼마든지 변화시키는 융통성을 갖는다. 아이들은 상징놀이 과정에서 수많은 아이디어로 새로운 이야기를 만들어내고 하물며 같은 주제일지라도 결론이 다른 즉흥의 이야기나 움직임으로 이어나가는 순발력이 뛰어난 자발적인 상상과정을 거뜬히 만들어낸다. 간혹 상징적인 상황에 의해서 부정적인 결말이 되는 경우도 일어나기도 하지만 일반적으로는 긍정적인 해결로 마무리하게 된다.

그 어느 쪽이라도 아이들은 집중하고 흥미를 갖고 기뻐하며 정열적으로 자신들이 만들어낸 형상으로서 움직이거나 리듬과 춤으로 즉흥적인 표현을 한다.

이런 과정을 앞서 말한 아동심리연구자 스튜어드는 놀이나 상상의 심리학적 기능에 관하여 상상놀이가 아이들의 발달에 많은 도움이 되고 있으며 아이들의 능동적 상상은 어른이 되는 성장과정 중 개성화의 과정에 매우 핵심이 되는 부분이라고 하였다. 일반적으로 표현이란 우리가 느끼고 생각하는 내면의 것을 외부 즉, 바깥으로 나타내는 것이다.

거기에 신체적 표현활동은 표현하는 이의 내 · 외적 이미지 요소를 신체 동작에 의해 객관화시켜 표현하는 과정이다.

인간이 하는 모든 표현의 활동에는 본능적으로 자신을 표현하려고 하는 욕구가 있다.

인간의 감정은 자연히 신체의 움직임으로서 표출되는데 이때 자신이 나타내는 즉흥적인 표정이나 몸짓이 함께 표현되는 것은 자연스런 본능이다. 이러한 인간의 표출 운동 중에서 예를 들어 기뻐서 뛰어오르는 형태는 표출운동에 있어서 최상의 긍정적 표현으로 많은 행태심리학자들이 분석하고 있다.

일상에서 나타내고 있는 인간의 다양한 표출행위로 슬플 때 눈물을 흘리고 소리 내어 흐느낀다던지, 웃길 때 큰소리로 웃음을 터뜨리는 것이 일반적이다.

태어나면서부터 움직임을 통하여 성장해 가는 존재가 바로 인간이다.

끊임없이 움직이면서 주변을 탐색하고 다양하게 신체를 움직이는 과정을 통해서 상상력을 키우고 창조성을 발휘하는 존재 또한 인간이다. 신체를 움직여 감정을 표현하는 일은 더욱이 아동기 과정에서는 숨 쉬는 만큼이나 자연스러운 활동이 된다. 어느 시기보다 왕성한 활동을 하는 아동기에는 타인에게 자신의 생각이나 감정을 나타낼 수 있는 방법으로 신체를 자연스럽게 움직여서 나타내는 표현활동에 특별한 교육적 가치를 두고 있다. 왜냐하면 신체의 다양한 표현활동은 신체발달의 촉진뿐 아니라, 정신적 성장과 더불어 타인과의 상호작용에 의한 정서적 안정 및 자신감을 길러주는 것과 함께 상상력을 향상시켜주기 때문이다. 창의적 사고에 크게 영향을 미치는 상상력은 일반적으로 학령기 과정 속에서 큰 성장력을 발휘하게 된다. 평소에 상상력을 많이 활용하지 못하였거나 기존의 경험만으로 정형화된 사고방식을 가진 사람에게서는 일순간에 상상력을 발휘하리라 기대하기 힘들다.

러시아 철학자이자 대문호인 톨스토이는 인간의 창의성에 관해 스스로 무언가를 창조해낼 수 없는 사람은 평생토록 타인을 모방하고 2인자로서 따라 행동하며 살 수밖에 없다고 주장한 바 있다. 유치부나 초등교육현장의 지도 실태가 톨스토이의 말을 뒷받침해 주고 있다. 단순히 모방표현의 수준으로 틀 안에서 표본을 흉내내는 데 중심을 두거나 리듬을 통한 율동을 무조건 따라하는 방법으로 지도하는 것은 성장하는 아이들에게 있어 창의를 통한 발달과 성장에 지극히 큰 걸림돌이 되게 한다.

놀이의 중요한 특징- 창조적인 것(중간대상) - 자유로운 것(중간현상)

- 놀이 — 창조적 경험 — 자기 탐색 — 자기발견

  |

  자기탐색은 형태 없이 가능하고 자유로와야 하며 절대로 의도적이면 안 된다.

예) 성공적인 예술가의 예술작품 - 그 자체가 성공적인 자기탐색이 이뤄졌다고 볼 수 없다. 예술가가 작업에 자연스럽게 몰입을 하고 창조적인 경험을 자연스럽게 하여 나타난 작품의 결과라야 자기 느낌에서 파생된 결핍에서의 치유라고 볼 수 있다.

인간과 예술

휴먼감각에서 예술이란 무엇인가?

예술이란 인간의 마음을 움직이게 하고 표현하는 시각적 매개체이다.

그러나 마음을 움직인다고 해서 하늘을 붉게 물들인 저녁노을이나 하늘에서 내리는 눈과 비 등의 자연적 아름다움이 주는 감동이 예술 그 자체가 되는 것은 절대 아니다. 왜냐면 거기에는 인간의 행위가 전혀 개입되어 있지 않기 때문이다.

산업혁명 이전까지는 물질과 자본이 충분하지 못한 미비한 환경적 조건 속에서 삶을 지속시키는 데 관심이 집중되어 있었다.

그러나 이제 예술의 분야는 인간 삶의 활력소이자 마음을 다스리는 치유제로서 중요한 역할을 맡고 있다.

예술은 인간의 정서적인 부분을 건드리지만 그것이 신이나 자연에 의해서가 아닌 '인간'에 의해 이루어지는 행위여야 한다.

인류문명의 형성 속에서 신은 자신을 닮은 인간을 탄생시키고, 인간은 예술을 만들어내고 또 다시 예술은 신을 만들어내고 있는 것처럼 인간과 예술은 반복적으로 이어져있는 뫼비우스의 띠와 같이 불가분의 관계를 지닌다.

초기 인류 최초의 예술행위에 대한 자료는 유명한 프랑스 지방의 라스코lascaux 벽화나 스페인 지방의 알타미라Altamira 벽화에서 그 흔적을 찾아볼 수 있으나 수많은 인류학자들과 심리학자들은 인간의 최초 예술행위는 태어나 죽을 때까지의 움직임 그 자체에서 비롯되어졌고 자신 이외 다른 원주민들과의 감정교류와 소통을 위해 행해졌을 것이라는 추론을 하고 있다.

가장 많이 알려진 바로는 그림을 그리는 행위 자체가 사냥을 위한다거나 다산을 기원하는 주술적 의미를 지녔다고 알려져왔다. 그러나 그 아무도 정확히 그림의 의미나 그들의 느낌을 알 수는 없다. 어찌 되었든 간단한 도구만을 사용할 수 있었던 진화되지 않은 인간이 주술적이든 유희적이든 그림을 그렸다는 것은 인간의 감성 중 예술적 부분이 선천적일지도 모른다는 것의 근거가 된다. 이러한 부분을 뒷받침하는 정황으로 과거에서부터 지금까지 사람들이 자신을 치장하고 꾸미는 데에 많은 시간을 할애하고 또 그것이 삶의 많은 부분을 차지한다는 것을 들 수 있다. 또 자신에게 뿐만 아니라 타인이나 그림과 같은 사물에도 풍부한 예술적 감성을 표현한다. 사람들은 감동적이고 아름다운 광경이나 모습을 그대로 그리는 것을 예술이라 하지만 이것은 이의 본래 개념을 제대로 보지 못하는 것이다. 예술은 자신의 감흥과 느낌을 자신의 작품을 통해 또 다른 새로운 시각으로 보이는 것이라 할 수 있다.

프랑스 철학자 알랭 드 보통Alain de Botton은, 예술은 인간 개개인의 사람을 가치 있도록 바라볼 수 있게 해준다고 했다.

예술이란 '인간의 창의력과 상상력을 바탕으로 한 창조적 행위가 중심으로 된 일체로서, 인간의 정서적인 부분에 작용하는 것'이다.

인간들은 예술이란 무엇인가라는 존재론적 문제, 예술을 보는 관점에 대한 인식론적 문제 그리고 어떤 예술이 가치 있는 예술인가라는 가치론적 문제 등을 중심으로 예술을 둘러싼 끊임없는 논의를 하고 살아간다.

현대 사회에서 가장 큰 산업의 원동력으로 꼽히는 분야 중 하나가 예술이다.

과거에서부터 지금까지 예술 산업이 끝없이 발전과 성장을 거듭하는 이유는 예술을 삶의 일부로 포함시킨 사람들이 대다수인 것이 가장 큰 요인이 된다. 상업적으로 예술을 보급하는 데 사람들에게 끼치는 영향이 확대되었고, 예술의 보편성과 더불어 필요성이 명확히 자리 잡음으로 예술의 산업시장을 확대시켜온 것이 현대에까지 이르게 된 것이다.

예술: 동양적 의미

藝……土塊(坴)에 초목(草)을 심는 人力(丸)의 작용(云)-〈인격도야〉

術……邑中道(나라 안의 길)　　길-way, method

〈실행하는 方途로서의 기술〉

예술은 인격도야를 위한 기술이란 의미가 있다.

서양적 의미

ars(L.) art(E. F.) Kunst(G.)........특수하게 숙련된 기술

미학적 의미

인생에 있어서 창조적인 미적 가치의 정감적 표현으로서, 사회적 기능을 지닌 하나의 문화적 활동이라고 할 수 있다.

・예술창조의 근원

- 상상력/유희/충동/모방충동/표출 등의 분류
- 분류 → 공간적: 건축, 조각, 공예
  시간적: 무용, 연극, 영화
  매체의 사용: 미술, 의상, 조각, 문학, 연극

다음은 플라톤Plato과 아리스토텔레스Aristoteles의 예술관을 들어보도록 한다.

모방(imitation)에서의 모방(mimesis) — 플라톤과 아리스토텔레스의 예술관

플라톤

모방론은 고대 그리스 예술을 배경으로서 탄생되었다고 알려져 있다. 이 시대의 사람들은 모방예술에 관해 높은 평가를 한 점이 독특한 점으로 나타난다.

이 점에 대해 플라톤Platon, BC. 427~ 347이 모방적 예술 활동에 대해 부정적인 평가를 내린 일화가 있어 그 시대에 주목을 받았다.

또한 플라톤은 '국가론'에서 모방의 이론적 특질을 비판하기로 유명한 '시인 추방론'을 내세우기도 했다.

그리고 플라톤의 '공화국'은 인간이 추구해야 할 이상적 국가형태를 가리키는데, 거기에서는 그가 '이데아idea'라고 명명한 진리가 그 이념이 된다.

이데아란 플라톤 철학의 형이상학적 전제가 되는 개념으로, 현상계를 초월하여 존재하는 본질적인 실재를 의미하는데 시각적인 부분뿐만이 아니라 보이지 않는 영혼의 눈 즉, 순수성을 지닌 마음을 통해서만 느낄 수 있으며, 끊임없이 변하는 수많은 감각세계의 사물과는 확연히 구분되어진다.

인간과 사회의 완성이라는 올바른 정의사회를 강조하고 있는 플라톤에게 있어서 시는 예술의 양식으로서가 아니라 정의와 진리 그리고 덕이라는 개념을 통해서만 강조되고 있음을 보여준다.

이와 같이 도덕성을 추구하는 국가관을 지닌 플라톤의 예술관은 예술 그 자체는 인간을 위한 도덕성과 정의구현을 위한 행위가 중심이 되어야 한다고 하였고, 그저 모방과 모방에 그치는 예술과 보여지는 미적 추구로의 예술은 내적 질서에서 벗어난 잘못된 행위로 치부하였다.

아리스토텔레스

플라톤의 제자이면서도 플라톤의 이상주의적 입장과는 뚜렷이 구분되는 현실주의적 입장을 취한 아리스토텔레스Aristotle, BC. 384~322는 플라톤보다 예술에 대해 훨씬 긍정적인 관점을 취했다고 한다.

플라톤은 예술작품은 실재로부터 적어도 세 단계 떨어져 있는 것, 실재에 대한 '모방의 모방'에 불과하다고 판단하였으나, 아리스토텔레스는 예술작품이 자연을 모방한다는 관점에서 플라톤에 동의하면서도, 이 모방 행위의 가치를 매우 높게 평가하였다. 예술로서의 모방은 미적 효과를 추구하는 카타르시스적 행위라고까지 칭했다. 그는 인간의 모방행위를 오히려 독창성과 창조성을 이끌어내기 위한 하나의 중요과정으로 보았던 것이다.

예를 들어, 음악과 무용의 행위를 보도록 하자. 음악과 무용은 기본적인 화성과 리듬 등을 알아야 더욱 창조적인 새로운 작품이 나올 수 있다. 즉 기본자세와 구성을 몸에 익혀야만이 그보다 더 창조적인 자신만의 새로운 춤을 발견할 수 있다.

이것이 바로 모방 위의 창조성을 주장한 아리스토텔레스의 모방론을 보여준다.

아리스토텔레스는 일반적인 보편적 형상이 구체적인 사물들 속에만 존재한다고 믿었기 때문에 예술이 보편적인 것들을 직접적으로 취급하는 과정이라고 생각했다.

즉, 예술인이란 사물들을 연구하면서 그것들을 예술의 형식으로 바꾸는 사람들이라는 것이다.

이렇듯 아리스토텔레스에게 예술은 구체적인 사물들 속에 있는 것들을 모방함으로써 늘 모방을 넘어선 보편성으로 나아간 것이다.

예술행위가 지니는 치유성

예술행위가 인간을 이롭게 해주는 효과를 알아보기 이전에 일반적으로 지닌 예술에 대한 잘못된 상식과 이해를 풀고 넘어가야 하겠다.

기본적인 예술의 이론적 배경은 다음과 같이 모방론, 표현론 그리고 형식론의 세 가지로 분류해 볼 수 있다.

모방론의 예술이란 앞서 말한 과거 역사 속의 플라톤과 아리스토텔레스의 모방예술론을 설명한 바와 같이 외부 대상의 표면적 형질이나 본질을 모방하거나 재현하는 활동이라고 주장하는 이론이라 할 수 있다. 위에 언급한 바 그리스시대 예술을 배경으로 등장한 모방론은 르네상스를 거쳐 18세기까지도 그 영향력을 유지하였다.

르네상스 시대 카톨릭 중심에서 온 원근법을 통해 외부 대상에 대한 모방의 완성을 일궈냈고 대표적인 예로 미켈란젤로의 천장화를 들 수 있다. 또한 로마 철학자 세네카Seneca는 모든 예술은 자연을 모방한 것이라고 칭하기도 했다.

근대적 용어로 불리우는 '파인 아트fine art'라는 예술은 아름다운 자연을 모방하고자 하는 의미를 담고 18세기에 성립되기까지 이르렀다.

예술은 그 자체의 표현이고 인간의 활동을 통해 보여지는 자연스러운 소통의 도구이다.

마지막으로 표현론을 들자면, 톨스토이, 크로체 등이 주장한 바 예술을 작가 내부의 감정을 전달하거나 정리하는 활동으로 간주하면서 그리스시대부터 르네상스 시대에 이르기까지의 예술뿐만 아니라 낭만주의 예술까지도 포괄하는 이론으로서 연계되어 등장되고 있다.

예술에서 사용하는 시각 이미지, 다양한 재료, 신체의 감각이 주가 되는 예술 매개체는 인간발달단계에서 언어 이전의 모든 직접적 경험이 주를 이루는 상징적인 차원의 상호소통을 가능하게 한다. 예술의 도구는 인간이 자신을 표현하고 타인에게 자신의 보이지 않는 감정과 느낌을 전달하는 데 있어 매우 안전하면서도 효율적이다. 인간 생의 초기단계에서 파생하는 복잡미묘한 심리적 이슈들에 조심스럽고도 자연스럽게 접근하는 데 더욱 용이한 장점을 지닌다.

예술은 몸과 마음의 고통과 어려움을 겪고 있는 사람들에게 심신의 치유를 유도하는 데 적절한 도움을 주는 역할을 한다.

예술은 사회에서 쌓인 인간 내면의 부정정서나 심리적 고갈등 그리고 미묘하고 애매한 감정을 표출시키는 데 사용하고 있다. 더욱이 예술 활동 과정을 통해 감정의 정화 즉, 카타르시스를 경험하는 것은 심리적 안정과 해소를 이끄는 데 한 몫을 하며, 더 나아가 행복추구를 위한 자아실현을 향하도록 돕는다. 쇼펜하우어는 예술이 평생 고통을 짊어지고 가는 인간들의 심리치유를 하는 데 한 몫을 하는 명약이라고 극찬하기도 했다.

그 밖에 예술의 치유성과 효과에 대해 수많은 유명인들이 언급한 바 있다.

"예술은 우리의 영혼을 일상의 먼지로부터 씻어준다."

피카소

"예술은 사람들을 하나로 결합시키는 최고의 수단이다."

톨스토이

"예술의 궁극적 목적은 인생은 살 만한 가치가 있음을 일깨워주는 것이다."

헤세

"예술의 목적은 외관에 있는 것이 아닌 내적 의미를 나타내주는 것이다."

아리스토텔레스

"예술은 일상에서 벗어날 수 있는 통로이다."

앤디 워홀

예술이 인간에게 주는 치유적 흔적으로서의 원형은 고대사회의 제례의식에서 찾아볼 수 있다. 이것은 그저 단순한 종교행사가 아닌 근원과의 합일과 영혼일치를 염원하는 엄숙한 종교행사로 보여진다. 그리고 문자사용 이전부터 존재했던 자기치유의 치료 방법으로 사용되어졌다. 원시시대 족장과 의사 역할까지도 담당했던 샤먼-주술사는 지금의 심리치료사의 역할까지도 수행했었다. 아무런 의술과 의학이 발달되지 못한 미개했던 원시시대에서 인간들은 그저 신의 중개자인 샤먼만을 의지할 수밖에 없었다. 샤먼이 보여주는 모든 말과 행위는 그들에게 있어 명약이고 의학이며 법이었던 것이다. 샤먼은 질병에 걸린 사람들을 모래에 파묻어 치유행위를 하거나 나뭇가지들로 온전치 못한 이들에게 들러붙은 바이러스나 잡신들을 처치하는 주술행위를 벌이기도 하였다고 한다. 그로 인해 세월이 흘러 수많은 주술의 행위와 방법들이 형성되어져 왔다. 쌀을 뿌리거나 작두를 타거나 깃발을 뽑거나 타로카드를 사용하는 등의 다양한 주술적 퍼포먼스들이 보는 이로 하여금 심적 의존과 기대를 상승시켜주며 희망의 메시지를 부여하기도 한다.

다음에서 예술의 분류를 들어 치유적 효과를 알아보자.

미술

미술은 간접적이고 정적인 예술 활동 분야이다.

미술 행위가 주는 심리치유는 다음과 같다.

- 언어적 제한의 탈피와 표현의 자유로움과 그 발산
- 간접적 의사표현으로의 안정성
- 심신의 편리화와 안전감
- 심신의 감각자극으로 재활훈련
- 고착화된 작품을 통한 자기인식 및 통찰

- 작품 분석 및 해석

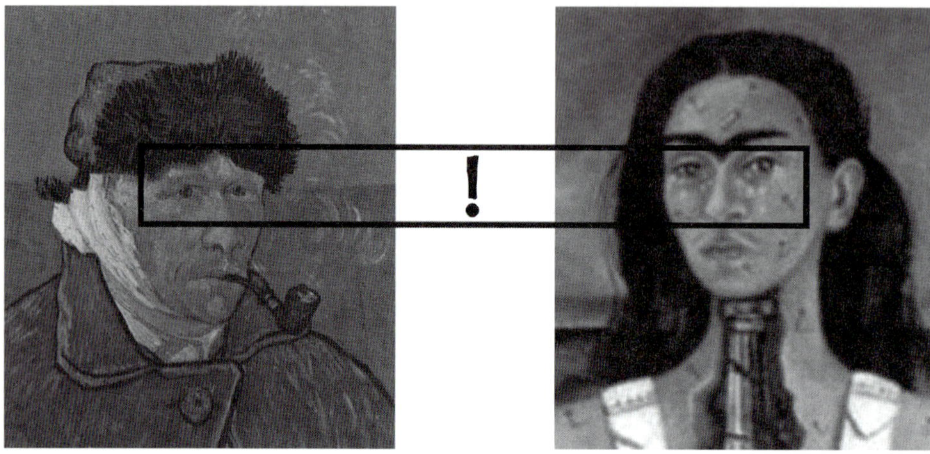

'붕대로 귀를 감고 있는 자화상'
빈센트 반 고흐, 1889년

'부러진 척추'
프리다 칼로, 1944년

그 밖에 그림이나 조소, 디자인 기법 등 미술활동을 통하여 심리를 진단하는 데에도 용이하게 사용되고 있다. 미술의 행위는 내적 갈등을 조절하고 무의식의 자기를 표현하여 자아성장을 촉진시킬 수 있다는 장점을 지닌다. 미술의 치료적 관점에서 학자들의 견해를 보면, 나움버그Naumburg의 관점에서 본 미술치료는 심리치료 과정에서 매개체로서 미술을 이용한다고 하였으며, 또 다른 관점으로 칼머Kramer는 치료로서의 미술로 내담자의 작품을 해석하는 것이 아닌 작품 활동을 통해 승화와 통합의 과정을 도와주는 것이라고 주장하였다. 그리고 마지막으로 울먼Ulman은 이 두 학자의 입장을 통합하는 견해를 보이고 있어 단순히 매개체의 역할뿐 아니라 작업의 과정을 통해서도 치료가 될 수 있다고 보고 있다.

신체질병의 고통치유와 승화

예) 앨리슨 래퍼 - 해표지증의 선천적 장애
프리다 칼로 - 소아마비, 7번의 척추수술, 3번의 유산, 다리절단
빈센트 반 고흐 - 복통, 치통, 현기증, 간질
마티스 - 맹장염, 충수염, 결장암, 탈장, 전신마비
어니스트 헤밍웨이 - 피부병, 당뇨, 간염, 신장염, 고혈압, 황달, 후두염

인간은 살아가면서 다양한 고통을 겪으며 고난의 삶을 살아간다.

그중 대표적으로 빠질 수 없는 고통이 바로 신체질병의 고통이다. 선천적으로 기형을 타고났거나 질병을 앓는 이들 그리고 후천적으로 신체적 질환과 고통을 안고 살아가는 이들이 너무나 많다. 그래서 우울증과 같은 정신적 고통까지 수반하게 되거나 급기야는 자살에 이르기까지 안타까운 상황들이 벌어지게 된다.

어쩔 수 없는 그러한 환경과 벌어진 상황을 암담하게 좌절하기보다 오히려 극복하여 많은 이들에게 귀감이 되고 훌륭한 인재로서 발돋움한 인물들이 있다.

앨리슨 래퍼는 21세기 미로의 비너스라 칭송되는 '해표지증'이라는 선천적 장애를 지닌 영국의 여류 예술인이다. 그녀는 팔다리를 사용하지 못하는 힘든 상황에도 불구하고 자신의 선천적 질환을 극복하고 전화위복으로 멋진 예술인이 되어 많은 장애인들에게 꿈과 희망을 심어주게 되었다. '노인과 바다'로 유명한 작가 어니스트 헤밍웨이는 당뇨와 후두염의 가족력인 질환을 비롯하여 간염, 신장염, 고혈압, 황달 등 각종 질환에 시달리면서 만성우울증까지 앓았다. 그 밖에 십이지장암에 걸려 오랜 동안 병원에서 침대생활을 해야만 했던 마티스는 오히려 병원에서의 생활이 그에게 예술적 감각을 불러일으켜 색종이와 가위질을 통해 입체파의 창시자가 된다.

음악

음악은 직접적이면서도 적극적인 감성 조절의 예술 활동 분야이다. 음악 행위가 주는 심리치유는 다음과 같다.

- 언어를 대신하는 신체의 표현과 리듬감 있는 소통
- 직접적 표현으로의 자극적인 감정순화
- 신체의 감각자극으로 재활훈련
- 감정조절유도 및 집중력과 몰입 향상
- 신체질병의 고통치유와 승화

예) 파가니니
베토벤
이희아
제프리 테이트

그 외 독일을 대표하는 언어장애와 자폐성 신경장애의 작가 헤르만 헤세
외팔의 드러머 영국 헤비메탈 밴드 데프 레파드의 릭 앨런
소울 음악의 천재 시각장애인 레이 찰스, 스티비 원더
손과 발로 소리를 느끼는 청각장애인 애블린 글래니
다운증후군을 극복하고 연극배우가 된 파스칼 뒤켄

음악은 인간의 심신, 나아가 감정적인 부분에까지 다양하게 영향을 미치는 감각적 분야이다. 일반적으로 건강한 사람들의 긍정적인 삶과 행복추구의 방편으로서 성장의 원천으로 사용되어지고 있다. 심리치료에서 음악을 도구로 사용하고 있는 음악치료의 영역은 음악 안에서 환자와 음악 그리고 치료자의 세 구조로서 역동적인 관계의 변화를 이끌어내는 데 주 목적을 둔다. 사회 부적응자들이나 소외받는 이들 또는 마음의 상처를 지니고 인간관계를 거부하는 특정 대상들에게 언어가 아닌 감성을 이끌어주는 다양한 음악의 요소로, 마음을 안정시키고 직접적이지 않고 간접적이면서도 안전한 방식으로 인간관계에 대한 훈련을 가능케 하는 데 효과적이다.

인간 신체동작과 느낌 사이에서 오가는 상호 피드백 현상

인간의 신체동작이 자기 억제 속에서의 자기형식이란 틀에서 벗어나 정형화된 몸짓에서 자유로워지게 될 때부터 신체동작과 느낌 사이에서 본질적인 피드백 과정이 나타나기 시작한다.

예를 들어서, 두 팔을 머리 위로 쭉 뻗어보도록 하자.

그리고 "나는 너무 소심해."라고 소리를 외쳐본다. 그리고 나서 다시 두 팔을 엇

갈리게 하여 가슴 위에 놓은 다음 "나는 너무 즐거워."라고 말한다.

이 두 동작 사이에서 일어나는 동작과 감정적 피드백은 상반되고도 모순적으로 보인다. 여기서 동작을 통해 의미를 살펴보도록 해본다.

두 팔을 하늘 높이 들어 올려본 처음의 동작은 적극적이면서도 진취적이고 도전적인 의미를 포함하는 동작이라고 일반적으로 판단한다. 그러나 그런 동작을 취하면서 하는 "나는 너무 소심하다"라는 언어의 표현은 동작의 의미와 부합하지 않는 부정적이고도 소극적이며 후퇴하는 의미를 지니고 있다.

왜 이렇게 서로 극과 극의 상반되는 동작과 언어를 함께 해봐야 하는 걸까?

우리네 삶 속에서 하루하루를 진정성을 지니고 마음에 있는 부분을 외관에 그대로 표현하고 전달하고 살 수 있는가?

전혀 그렇지 못하다는 반응이 대다수이다.

그럼 어떻게 표현하고 살아가는가?

방금 전에 상반된 두 의미를 짜맞춰낸 것처럼 내면에서 생각한 마음과 일치되지 않는 외적 표현을 하고 살아가는 일상이 종종 생길 수밖에 없지 않은가?

그림이나 음악의 표현은 내면의 그대로를 직접적으로 표현해 주지 않고 간접적이면서도 은유적인 다소 안정적인 표출을 자아낸다.

그런데 신체동작은 좀 더 자유로우면서 즉흥적인 직접적 표출이 가능하면서도 그 파급효과는 크다.

이렇듯 동작과 느낌 사이에서 오가는 피드백 과정은 예술의 표현성에서 가장 중요한 치유성을 지니고 있다. 예술활동으로서의 신체표현은 감정의 정화를 유도해 주는 정수기 역할을 해준다. 실상 우리는 사회적 존재로서 내적으로 억압되거나 모순된 감정을 이성적으로 차단하며 살아가는데 그로 인해 심신의 고통이나 질병을 다양하게 유발하고 있다. 이의 대표적인 예가 바로 공황장애나 불면증과 같은 신경성 질환들이다. 동작을 통한 신체의 움직임은 자신 이외의 타인과의 상호 소통을 자연스럽게 형성하는 데 도움을 준다. 또한 몸의 유기적인 움직임과 접촉의 관계 속에서 자신을 인지하면서 상대도 이해하게 된다. 조용한 음식점에서 서로 낯설고 뻘쭘해하며 서로를 경계하며 처음으로 만난 사람들과 시끌벅적하고 현란한 조명 속에서 춤을 추며 처음 만난 사람들의 차이가 이를 증명해 주기도 한다.

그 밖에 운동을 하면서 만난 낯선 이들, 노래를 합창하면서 처음으로 만나게 된 합창단원들, 이렇게 예술적 접촉의 분위기 속에서 만나게 된 이들과 친밀함이 형성되는 속도는 빛의 속도처럼 빠르다.

예술이란 인간 사회의 일부이면서 인간이 표현하는 모든 감정을 나타내주는 언어적 도구이다. 우리 주변을 한번 돌아보면 이미 존재하는 자연을 뺀 모든 것들 이것이 예술이다. 인간이 만든 모든 형태 - 건축, 그림, 조각, 음악, 글, 동작, 춤 하물며 이젠 음식까지 이 모든 것들이 예술 그 자체로 존재하고 있다.

위에 언급한 미술 외의 다양한 기본 예술 활동 이외 사이코드라마라는 연극적 치유방법도 있다. 사이코드라마는 언어와 함께 행동으로 표현하는 것으로서 치료 과정에 사용하는데 갈등을 겪고 있는 개인의 인생에서 새로운 경험을 하고 스스로 심리적, 신체적 변화를 갖도록 도움을 주며 스스로 문제를 해결할 수 있는 길을 찾게끔 돕는다. 연극치료를 통해서 내담자는 자기와 타인, 사회를 새롭게 인식하게 되며 전의 삶과는 다른 방향으로 바라보고 행동할 수 있게 된다(임윤선, 2006).

프랑스 언어학자 르낭Renan이 예술을 말하기를 “인간의 다섯 가지 감각으로 받아들여진 것을 미적으로 가공하는 것”이라 하였다.

여기서 다섯 가지 감각이란 미각, 후각, 청각, 시각, 촉각을 말한다.

미각의 예술을 들자면, 인간의 삶에 기본적이고 중요한 요소인 음식을 꼽을 수 있다. 예를 들어 먹음직스러운 깜찍한 3단 케이크, 환상의 컬러 음료 등을 들어볼 수 있겠다. 촉각의 예술은 눈으로만 전달하지 못하는 광대한 미적 가치에 대해 직접적인 느낌을 전달한다. 그것은 또한 인간 신체접촉을 대신하는 대리적 만족감과 위안을 주기도 한다. 후각의 예술은 무엇이 있는가? 아름다움을 상징하는 자연의 꽃을 들어보자. 꽃은 눈을 즐겁게도 해주지만 꽃이 지닌 고유의 향이 그 즐거움을 배로 더해준다. 그리고 후각의 자극은 다시금 침이 고이게 하거나 식욕을 돋우는 미각에 영향을 미치게 된다. 시각과 청각은 앞서 언급한 미술과 음악으로서 이야기한 바 있다.

오스트리아의 비평가 크라우제Krause가 말한 것처럼 "예술이란 인간의 자유로운 정신 속에 있는 미를 실현하는 것"이다. 인간의 자유로운 정신 속에 있는 아름다움의 가치를 실현하는 것의 최상의 예술적 단계로서 생활 예술을 들 수 있겠다. 이는 예술의 활동이 미적 가치를 중심으로 한 생활에 집중되는 것이 그 특징인데 인간의 행복 추구가 생활의 목표가 된다. 그리고 쾌적하고 아름다운 삶이 되도록 주거지를 형성하는 것이 그 핵심이다. 실상 참된 예술이란 인간 삶 속에 긍정적 영향을 줌으로써 인간의 삶은 보다 더 풍요로워지게 되고 심리적으로 안정감을 갖게 된다.

예술에 치유적 관점으로 다가가기 위해 무엇보다 주의해야 할 것은 예술을 쾌락의 수단으로 보는 관점을 버리고 인간 생활의 조건 가운데 하나로서 검토하도록 해야 한다는 것이다.

예술치료(Art Therapy)란 무엇인가?

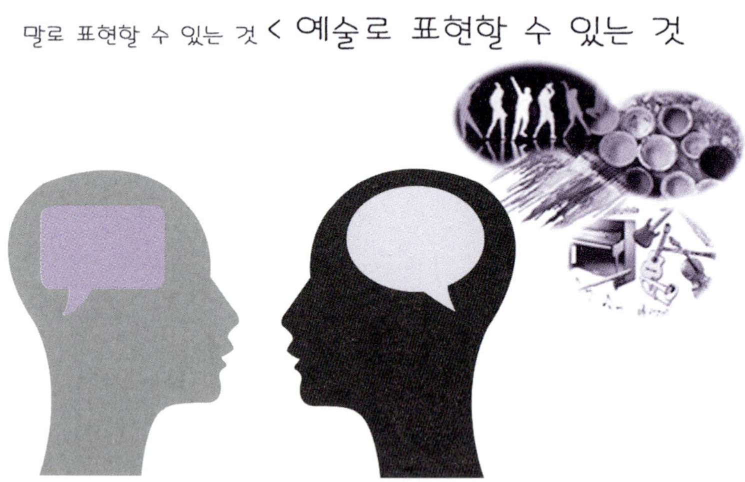

1) 정의

인간의 심리적인 문제를 치유하는 것에 있어서 언어적인 접근에 비해 비언어적인 예술매체로 접근하는 것이 치료효과가 높다.

이러한 예술매체가 가지는 치료성이 현대 심층심리치료라는 학문과 합쳐져서 정신적인 문제를 효율적으로 치료하는데 이것이 바로 예술심리치료이다.

2) 예술작업을 통해 심리치료가 가능한 이유

- 예술작업을 통한 심상의 외면화 과정에서 개인의 마음속에 억류되어 있는 심리 정서적인 요소를 표현하게 함으로써 갇혀 있던 정신세계를 일단 환기시킨다.
- 창작과정과 작품을 통하여 개인의 정신 심리적인 갈등을 파악하게 된다.
- 내담자의 정신 심리적인 문제를 예술작업으로 전환하여 개인의 심리적 갈등 완화 및 병리적인 정신구조를 재편성하게 하고 본래적인 자기실현을 향하게 인도한다.

이러한 차원으로 볼 때 예술치료에서 창작과정은 곧 심리치료의 과정이라 볼 수 있고 예술치료가 되기 위해 치료과정으로 전환하는 것에 필요한 제반 내용이라 볼 수 있다.

예술은 현실을 재창조하기 위해 각기 다른 재료를 사용한다.

음악 - 소리를 재료로 하며

회화 - 색깔을 재료로

조각 - 돌이나 쇠붙이, 나무 등을 재료로 한다.

각 예술 사이의 차이는 무엇보다도 먼저 그것들이 사용하는 재료의 성격에 따라 달라지게 된다.

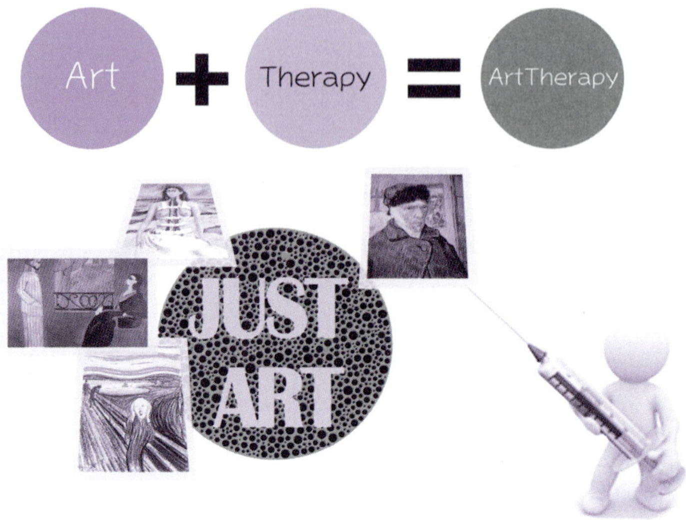

3) 예술치료에서 치료의 개념

일반적인 치료의 개념에는 증상의 제거 또는 완화라는 의미가 함축되어 있다.

예술치료의 의미에서도 이와 마찬가지다. 그러나 치료자가 대상의 심리 및 성격 장애가 생기는 요인을 파악하지 못하고 보이는 증상의 경감에만 치중한다면 진정한 치료라고는 할 수 없다.

예술치료에서 증상경감과 함께 포함시키는 치료의 개념은 다음과 같은 것이 포함된다.

(1) 정신 속에 억압되어 있던 여러 가지 편견, 고통, 그림자 등을 표출하고 성찰하여 전인격적인 인격이 되게 하는 것.
(2) 미분화된 발달 단계를 보다 분화된 단계로 이끄는 것.
(3) 남을 이해할 수 있는 원만한 성격의 소유자가 되게 하는 것.
(4) 개성화 과정을 통한 자기실현을 필요로 함.

심리치료는 놀이가 가능하지 않은 상태에서 놀이할 수 있는 상태로 데려오는 것이며, 놀이를 통해서 환자는 창조적이 되고, 창조적이 되어야만 내면의 세계가 자유롭게 외면으로 표출된다.

1. 예술치료의 구성

대상관찰 및 파악
- 심리상담 + 심리검사 + 심리치료
- 3Steps 대상의 심리 파악 및 치유

변화 및 인식 Program
단체/Group별 환경, 대상에 따른 맞춤 치유 Program 진행

정서/인지/사고 발달
- 다양한 예술 활동을 통한 대상의 자기 표현 개발 및 대인관계 향상
- 정서, 창의력 발달

교육과 상담의 통합
대상의 심리 치료 정보를 주 양육자나 교사에게 제공. 안정된 상담이 이루어지도록 도움

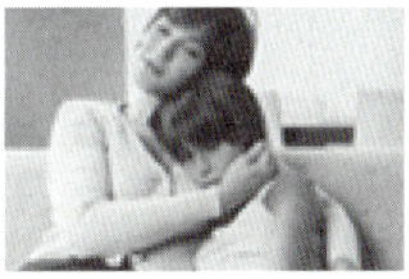

2. 예술치료의 진행

개별 / 집단 통합교육

다양한 검사 도구 활용

개별 / 집단 통합교육

- □ 관계 어려움, 사회성, 이기적 사고 등 현대사회 안에서의 다양한 문제에 직면한 교육 현장에 대한 1:1 개별 교육
- □ 동일 환경 및 성향의 대상 / Group에 맞는 집단 통합교육
- □ 다양한 검사 도구 및 그림을 활용한 대상관찰과 파악에 도움
- □ 심리치료적 다양한 이론과 실제적인 여러 기법(신체오감 및 동작 등)을 활용한 포괄적인 교육 현장 접근으로의 활동

예술교육과 예술치료의 차이

예술교육에서의 예술
- 창의적 표현을 위한 기능의 습득과 제한. 비교, 경쟁과 성과중심
  (불안감과 스트레스 유발)
  지시자의 가르침과 리더가 중심이 된다.
  기술과 전문성을 요하며 그에 따라 재료가 정해지게 된다.

예술치료에서의 예술
- 자유로움, 비구상, 자연스러움, 창의성, 무한함
  (내면의 억압표출로 스트레스 해소)
  작업을 행하는 자가 중심이 된다.
  기술과 전문성을 요하지 않으며 재료선택은 자유다.

일반적 예술의 행위와 치료적 예술의 행위가 다른 것이 무엇인가라는 질문은 끝이 없다. 차별성을 두자고 하기에는 이미 인류가 존재하는 과거 원시시대부터 자기 치유성을 의미하는 예술의 행위적 흔적들이 있었기에 딱히 이렇다 저렇다라고 선을 그을 수는 없는 일이다. 인간에게 있어 예술은 자신의 존재를 표명해 주는 또 하나의 언어이기도 하고 생활이기도 하며 치료제 역할까지도 하는 만병통치제라고도 할 수 있다.

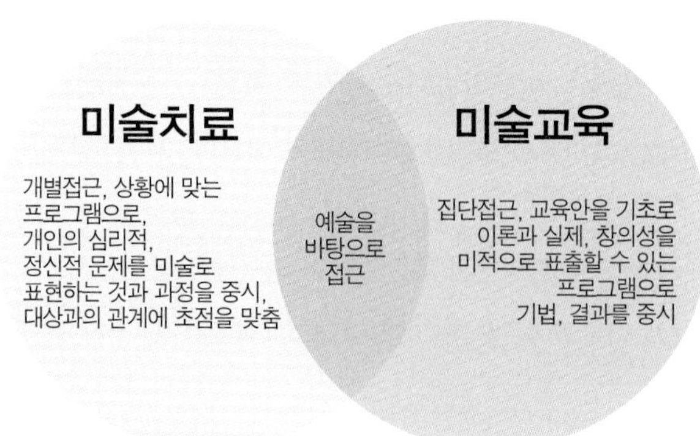

개인치료와 집단치료

(1) 개인치료

심리상담이나 치료에서 행하고 있는 방법을 대상의 구성에 따라 크게 구분하자면 개인 및 집단으로 나눈다.

개인치료는 내담자의 부정적 감정을 나타내는 것을 시작으로 내담자의 그림과 언어 내용에서 갈등의 핵심, 주제내용과 관련된 행동을 관찰하고 치료사는 전이현상에서 내담자의 갈등이 표면화되도록 유도하고 스스로 인식하는 데 중점을 두고 있다.

또한 내담자의 저항적인 작품 활동이나 언어반응을 관찰, 해석하고 그러한 해석에 대한 내담자의 반응 및 수용을 격려함으로써 종결단계에 접어들게 된다.

안정된 치료상담의 결과로서 내담자의 부정적 감정이 감소 또한 해소되고 자아통찰력 및 탄력성이 생기게 된다.

치료중심 → 내담자의 문제를 중심으로 한 관계형성

치료목표 → 내담자 개인의 문제표출과 해결

치료매체 → 2인 무언의 작업
난화, 난화 상호 이야기법
자아상 작업
신체 본뜨기
셀프 박스
소셜아톰
8분할 회화법
과거와 현재 등

(2) 집단치료

집단에서의 작품은 내면세계에 놓여진 내면의 감정을 자유롭게 꺼내는 것과 동시에 언어로써 서로 부딪치는 감정 위기의 완충제 역할을 하게 되고 또한 카타르시스 효과를 가지면서 안전한 감정교류의 조정 역할까지도 하도록 유도한다. - 집단치료를 목적으로 하는 것은 집단의 한 일원으로서 개인적 내면 체험을 통해 다시금 자신을 되돌아보는 계기를 마련하고 치료사와 내담자, 내담자와 내담자 상호 간의 교류 가운데에서의 자기통찰을 갖게 하도록 하며 자신의 보이지 않는 애매모호한 이미지를 작업을 통해 시각화하는 특수성에 의해 치료사가 환자의 보이지 않는 정신세계를 좀 더 정확하게 관찰하고 파악할 수 있게 하는 것에 의의를 둔다.

치료중심 → 치료를 위해 집단이 치료의 매개체가 됨
집단 구성원들의 공통된 문제점을 중심으로 집단 구성원 간의 응집력을 이용함

치료목표 → 집단의 문제점 해결을 위한 집단 구성원 간의 상호협력 관계 형성

치료매체 → 역할작업
지점토 무언의 작업
집단 탈 작업
칭찬 쪽지 작업
카툰 돌리기 작업
워밍업
게임놀이 작업 등

상담자는 미술치료를 적용함에 있어 다음과 같은 3가지의 저항을 유의해야 한다.

❶ 내담자가 과도한 언어화를 나타내는 경우
❷ 내담자가 언어화의 결핍이 심할 경우
❸ 내담자가 과도한 운동적 요소를 보일 경우

＊ 휴먼이미지 커뮤니케이션의 자기훈련 구성- 동기부여 및 비전 만들기

Motivation(동기부여)

⇩

Start

⇩

Process(과정)

⇩

What do you want?(무엇을 원하는가?)

⇩

Obeject(목표)

⇩

Performance(수행)

현재의 나 - 미래의 나

↓

Good / Bad

Clear / Unclear

Blance / Unblance

happy / Unhappy

4장_휴먼이미지와 커뮤니케이션의 대상관계
“인간의 모든 문제는 대상관계에서 비롯된다!”

대상관계라는 심리학적 전문용어는 프로이트 이론에서부터 개념화되어져 왔으나 이미 인간과 인간이 함께하는 세상 속에서는 당연히 나 이외의 타인 즉, 대상과 관계를 맺을 수밖에 없다. 사회 속에서 대인관계가 원만하지 못하거나 사회성이 떨어지는 이들 대부분은 매우 빈약한 자기감sense of self을 지닌다는 유사성이 있다. 이는 타인들과의 관계를 형성함에 있어 막대한 지장을 주고 삶에 큰 걸림돌이 된다. 이들의 문제를 해결하도록 중점을 두어야 할 부분은 바로 이들에게 있어 결여된 '대상관계'에 있다. 이를 핵심으로 두고 연구하는 학문이 대상관계이론이라고 이해하면 쉽다. 움직이는 유기체의 자극 표출 방식에 초점을 둔 프로이트의 욕구이론을 보완하여 대상과의 관계적 심리를 형성한 대상관계이론은 사람의 욕구 이해에 대한 연속적인 발달과정을 제시하는 데 주력해왔다. 대상관계의 대표적인 심리학자들을 분류해 보자면, 멜라니 크라인Melanie Klein은 어머니의 젖가슴을 체험한 아기를 중심으로 연구했고, 위니컷Winnicott은 안아주는 엄마 품의 경험을 중심으로 충분히 좋은 엄마를, 보울비Bowlby는 모자 사이의 애착에서 발생되는 이별과 상실 중심의 애착대상의 상실감, 마지막으로 말러Mahler는 양육자와 아기 사이의 상호 모자관계를 중심으로 대상관계를 연구했다. 대상관계이론에서 보는 핵심적 부분은 내면화 및 외면화와 정서조절 간 균형, 그리고 공생적 애착을 형성한 뒤 불안감을 최소화한 채 갖게 되는 분열성, 모성적 대상을 사랑하거나 증오하는 양극화된 부분으로 분리시키지 않은 채 독립적으로 개별화 할 수 있는 능력 등이다. 여기서 사랑하거나 미워한다는 심리는 상대에 대해 정서적인 에너지가 표출되어짐을 나타내준다. 그래서 대상관계에서 대상은 나의 정서-감정의 에너지가 부여되는 사람을 뜻하며 그에 관련된 사물이나 장소 등 기억을 떠올릴 수 있는 환경을 포함하고 있다. 대상의 종류를 살펴보자면, 세 가지로 분류하여 볼 수 있겠는데 시각적인 외부대상과 보이지 않는 내부대상, 그리고 그 사이에 연결하는 중간대상으로서 나눠진다. 보여지는 외부대상은 말 뜻 그대로 자신의 주변에 존재하는 사람이나 사물을 의미한다. 그에 반해 내부대상은 대상에 대한 느낌, 기억, 생각 또는 환상과 같이 내적으로 표상되어지는 형태로 기억 속 존재함을 의미하고 있다. 분류되어진 두 대상은 서로 간에 밀접한 연관성을 지니는데, 외부대상에 대한 기억이나 느낌이 내부대상을 형성하도록 하고, 내부대상의 특성이 외부대상을 선택하는 데 주요한 영향을 끼치게 되는 상호 간의 관계를 이루고 있다.

마지막으로, 중간대상이라는 것은 위에서 언급했던 두 대상 - 외부에 실재하기만 하는 대상도 아니고 내면에 기억되는 내부대상도 아니면서 두 가지의 특성을 포괄적으로 지닌 대상을 상징한다. 예를 들어 아기가 가지고 노는 푹신한 곰 인형을 들어보자.

아기에게 있어 곰 인형은 그 아기만이 느낄 수 있는 특별한 정서적 에너지가 투여되어 있다. 그것은 일차 대상인 양육자 즉, 엄마로부터 느끼는 안정감을 전이시켜주는 에너지와 함께한다. 세상에 태어나기 전까지는 엄마의 자궁 속에서 완연한 일체감을 지녔던 아기가 원치 않게 엄마로부터 분리되어졌을 때 형성된 혹독한 불안감과 생명의 위협 그리고 결핍감을 대리적으로 감싸줄 수 있는 보호제 역할을 인형이 해준다는 점에서 중간대상으로서의 톡톡한 역할을 한다고 대상관계심리학에서는 강조한다.

세상 속에서 사람들은 외부세계와 내적 세계를 동시에 살아간다. 외부세계와 내적 세계는 서로 상호 침투적이기도 하지만, 이 두 세계는 엄격히 분리되어지는 특성을 지닌다. 따라서 대상관계라는 말은 한 개인이 실제로 사람과 맺는 관계뿐만 아니라 그가 심리적인 기능을 밝히고자 하는 이론들이나 이론들의 모든 방대한 측면이라고 할 수 있다. 더욱이 대상관계이론에서는 인간 발달단계의 성숙과정에서 대상에 대한 애착으로 이어지는 발달과정을 면밀하게 보여주고 있다. 그와 반면, 고전적 정신분석학적 관점에서의 대상은 한 개인에게 심리적으로 영향을 미치는 사물이나 사람을 말하고 있다.

고전정신분석학에서 인간의 성격형성에 대해 프로이트Freud는 3세에서 6세사이의 아동이 겪는 오이디푸스 콤플렉스Oedipus complex를 어떤 방법으로 극복하느냐에 따라서 인격이 형성된다고 보았다. 그러나 대상관계 학자들은 인간의 인격형성을 3세 이전 엄마와 아기의 관계에서 오는 역동성에서 이뤄진다고 보고 있다. 즉 엄마와 아기가 함께했던 초기 흔적들이 성장하면서 인격을 형성하는 것을 좌우한다고 말해준다. 그리고 과거 어린 시절의 흔적들이 대인관계를 맺는 가운데 끊임없이 전이와 역전이, 투사로 반복적으로 나타나고 있음을 강조한다.

전이라 함은 과거의 삶에서 고착된 인물에 대해 가지고 있는 이미지와 감정을 현재 대상에게서 느끼는 것으로 대상관계에서는 모자의 첫 관계형성에서 엄마에게서 가진 첫 대상의 느낌이 고스란히 남아 죽을 때까지 상대에게 보이는 자기방어기제이다. 프로이트Freud는 이러한 전이를 '억압의 결과'라는 큰 틀 아래로 귀속시켰다. 그는 전이가 정상적인 대상관계에서도 나타날 수 있다고는 믿지 않았다고 한다.

전이에 대한 프로이트의 또 다른 관점은, 정신병리에 의해 진정한 분석적 전이를 만들지 못하는 환자들도 있다는 점을 들었다. 전이를 발달시키는 것이 치료로서의 정신분석과 정신분석적 상황에 깊은 연관이 있다는 것에 많은 심리학자들과 치료사들이 동조하고 있다. 전이에는 리비도적이고 공격적인 욕동 파생물의 요소들이 포함되어 있으며 절대 긍정적이거나 부정적이지 않고 항상 두 가지가 함께 공존함에 있어 양가적인 면을 지닌다.

그리고 역전이라는 것은 어린 시절은 이미 지나버렸지만 그 시절 안에서 해결되지 못한 미해결문제들이 아직도 내면에 남아서 보여지는 찌꺼기의 감정표출을 말한다. 보통 사람들은 어린 시절은 이미 끝났고 잊혀졌기 때문에 아무 문제가 없을 것이고 지난 건 지난 것으로 사라지겠거니 하며 가볍게 치부한다. 하지만 심리학을 들여다본다면 자신도 몰랐던 나의 새로운 사실들을 발견하게 되거나 잘못된 관계와 삶의 습성들이 왜 그래야만 하는지의 실마리를 풀어볼 수 있는 해결점의 시작이 된다. 절대로 어린 시절에 거친 상처나 미해결된 문제는 잊혀지거나 사라지지 않으며 오히려 방임하거나 회피하면 할수록 거기에서 나오는 또 다른 새로운 큰 문제들이 꼬리를 물고 생성되게 됨을 주의해야 할 것이다.

전이와 역전이의 현상 속에서 함께 공존하는 또 하나는 투사라는 방어기전이다.

투사란 성장과정 속에서 자신에게 크게 영향을 미쳤던 과거 대상의 이미지를 아무런 상관없는 새로운 대상에게 부정적으로 나타내는 현상을 말한다.

대체적으로 전이나 투사가 일어나는 관계의 오류나 문제가 어린 시절에 각인된 대상과의 기억 속에서 비롯되고 있다. 시기적으로는 3세 이전의 시기로서 어찌보면 인지할 수 있다는 가능성이 희박하다고 볼 수 있다. 그러나 내면의 상처가 언어화되기 전에 형성된 상처는 오히려 성인이 된 이후의 상처보다도 문제가 크다. 이는 의식적으로 기억이 전혀 되지 않기에 자가적으로 인식하기가 쉽지 않을 뿐더러 무의식적으로 종종 발생되기 때문이다. 따라서 대상관계는 주로 기억 이전의 양육자와의 관계에서 잘못된 돌봐줌으로 인해 생긴 상처에 대하여 중심을 두고 바라본다.

대상관계이론은 우리가 어떻게 관계 속에서 우리 자신과 다른 사람들에 대한 표상을 형성하며, 이런 내면화된 표상들이 자신과 주변 사람들에 대한 지각과 경험, 관계의 방향과 문제에 어떠한 영향력을 미치는가를 알아보고 그에 관한 유용한 이론적 틀을 제공하는 데 주력하는 이론이다. 개인의 정신 내에 존재하는 과거의 잔재, 보이지 않는 내면에 존재하는 대상관계가 개인의 인식과 타인들과의 관계의 연결고리를 형성시킨다.

대상관계 심리학자 도널드 위니컷은 초기 애착형성 및 관계가 잘못 이뤄지거나 각종 상처와 결핍을 가질 경우 성장한 후 다양한 문제를 야기할 수 있으며 야기되어 정신장애를 일으키게 된다고 강조하였다.

관계의 심리학

이론적 관점에서 관계의 중요성을 강조하는 부분은 어린 시절의 양육과정을 주로 다루고 있다. 생후 24개월 사이에 엄마나 양육자 그리고 아기를 둘러싼 환경에 의해서 겪어온 상처의 영향이 그 시절에 멈추거나 사라지는 것이 아니라 성장 후에 여러 가지 문제를 파생함을 알려주고 있어 생애초기 관계 맺기가 얼마나 중요한지를 역력하게 보여주고 있다. 생후 3살까지 아동이 정신적으로 건강하지 못하고 상처가 있으면 그 상처의 깊이만큼 인격적 정신적 성격적으로 장애를 가지게 된다. 이에 관한 연구는 아동의 첫 대상인 엄마와 아기의 관계에 초점을 두게 된다. 프로이트가 아버지와의 관계심리학이라면, 대상관계는 엄마와의 관계심리학이라고 볼 수 있겠다. 그리고 고전적 정신분석학에서 정신치료의 도구가 해석을 통한 통찰이라면 대상관계에서 중심적 치료는 환자와 치료자가 함께 경험하는 관계를 통한 통찰이라고도 할 수 있다.

위니컷은 바람직한 관계의 형성에는 모자의 양육관계가 매우 큰 영향을 미친다고 강조하였는데, 좋은 엄마의 요소로 엄마가 아기를 포근하고 안정되게 안아주는 수용적 공감, 아기의 욕구에 긍정적으로 부응해 줌으로써 아기에게 전능환상을 가지게 해주는 것, 아기의 첫 놀이에 생동적인 감정으로 반응해 주는 엄마의 거울역할, 아기의 공격성에 보복하지 않고 잘 참아주는 것의 4가지를 말했다.

위니컷과 유사한 견해로 하인즈 코헛은 모자 관계 시 공감적 이해를 통해 엄마 즉, 양육자의 건강한 인격구조가 아기에게 자기대상self object으로서 제공되어 미숙한 자기애적 상태의 아기가 내적 변화를 꾀하게 되는 과정을 거치게 된다고 하였다. 이를 변형적 내면화transmuting internalization가 일어난다고 말한다. 이는 애착대상의 상실감을 경험한 아기가 심리적으로 성장하게 된다는, 프로이트가 말한 애도과정과 흡사하다.

관계이론의 대표이론

1) 도날드 우즈 위니컷(Donald W. Winnicott)

위니컷Winnicott: 1869-1971은 멜라니 클라인Klein에게 정신분석훈련을 개인지도로 받을 정도로 그녀의 지대한 영향을 받았다고 한다. 위니컷의 주요업적을 보면, 대상관계에서 어머니와 아기 간의 관계를 재조명한 것을 들 수 있다. 그는 인간이란 스스로 발달되어질 수도 없으며 완전한 독립 성장이 불가능하다고 하였고, 아기는 엄마에게 절대적 의존을 함에서부터 서서히 독립적으로 분리되어 나아갈 뿐이라고 보았다.

① 충분히 좋은 엄마(Good enough mother)

충분히 좋은 엄마와 반대 개념은 나쁜 엄마일 것이다. 위니컷이 말하는 충분히 좋은 엄마는 아기의 욕구를 충분히 반영해 주고, 유아 초기 유아의 전능환상을 만족시켜주고, 그 환상에서 서서히 빠져나오게 해준다.

"충분히 좋은 엄마(Good enough mother)"

↓

유아가 좌절과 공격성, 상실을 경험할 때 엄마가 계속 공감해 주고 안아주는 환경이 되어줌으로써 든든한 지지를 제공해 주면 유아는 건강한 성인으로 성장할 수 있다.

유아에게 최적의 편안함과 위안을 주는 엄마, 안아주는 환경을 제공해 주는 엄마가 충분히 좋은 엄마다.

② 중간대상(transitional object)과 중간현상(transitional phenomena)이라는 개념은 그의 이론 중에서도 가장 독특하고 중요한 개념이다.

중간대상

유아가 엄마의 전적인 돌봄으로부터 점차 벗어나는 과정에서 '나' 아닌 대상으로 경험하는 것으로 자신의 주관적 세계와 외적 실재를 지각하는 과정에서 중간대상을 소유한다. 즉 아기는 엄마의 품에서 떠나 세상으로 나가기 전에 엄마의 대체물에 대한 집착을 하게 된다. 일반적으로 담요나 인형, 장남감 등으로 엄마 이외에 자신의 관심을 쏟는 대상을 중간 대상이라 하는데, 주먹이나 손가락을 빠는 현상은 중간대상이 아닌 주물대상으로 본다. 여기서 주물대상에 속하는 예를 더 들자면, 살아있는 다른 생명체 즉, 고양이나 강아지와 같은 애완견들이나 양육자 즉, 엄마를 대신하는 또 다른 인물이 이에 속한다.

중간대상은 태어난 아기가 일차적 인간관계인 양육자인 엄마와의 자연스러운 분리를 형성하게 하기 위한 엄마를 대신하는 안전한 중간 매개체를 뜻하는 것이기 때문에 그 매개체 자체가 변질되거나 발달되어지는 것은 위험하다. 더욱이 내가 필요로 할 때 나에게 안정감을 주는 것이어야 하기 때문에 그 안정감이란 엄마의 말없는 따스한 품과 같은 안락함을 제공해 주는 특성을 지닌다. 주체는 내가 되어야 하지 주체가 매개체가 되어질 수 없다. 강아지를 엄마대신 품고 있는데 강아지가 품에서 벗어나려 발버둥을 치거나 고양이를 안았는데 고양이가 나를 발톱으로 할퀴었다고 가정해 보자. 일차원적 인간관계를 이룬 엄마라는 대상을 언제나 변함없는 따뜻한 사랑의 대상으로서 인상깊게 심어져야 인성과 심리에 좋은 영향을 줄 수 있다. 그러려면 좋은 대상의 기억이 영원한 잠재적 기억 속에 남아있어야 하는데 엄마로부터 너무 밀착되어진 아기가 안정적인 분리를 하려면 그에 중간 역할을 매개로 하는 중간대상이 있어야 하는 것이다. 중간대상을 선정하는 데 있어 엄마를 대신하여 다른 살아있는 생명체를 중간대상으로 선정하게 되면 심리적 안정을 도모하고 긍정적 사고를 형성하는 데 악영향을 미치게 된다. 살아있는 중간대상은 심리적으로 불안을 부추겨 심리적 안정은커녕 불안감만 더욱 초래하게 되고 자가안정감을 갖지 못하고 상대적인 안정감을 갖기 위해 거짓 자기를 부추기는 형국이 된다.

그리고, 중간현상이라는 용어는 예를 들어 아기가 중간대상인 곰인형을 접촉하고 노는 움직임의 행위를 말한다.

③ 참자기와 거짓자기

엄마 품 안의 체험 즉, 안아줌을 통해 인격의 안전감이 생기며, 이로 인해 홀로 설 수 있는 능력이 형성된다. 거짓자기는 거부 또는 외면당한 외면적 자기를 말한다.

참자기

아동의 핵심을 구성하는 '내재한 잠재력'과 한 생명체의 자발적이고 직접적인 생명력의 표현.

영유아의 감각운동, 태도, 자기에 의미 있는 반응을 해주는 충분히 좋은 어머니에 의해서 촉진된다.

계속적인 발달과 확립 - 건강한 환경을 제공

유아의 약한 자아를 강하게 하고 그로 인해 유아는 자신의 삶을 갖기 시작

→ 자아형성/ 자발성/ 창조성

참자기는 창조적이며 살아있다는 감정을 갖게끔 도와준다.

거짓자기

세상 현실에 적응하는 능력

비록 그것이 내가 진정으로 원치 않는 것이라 할지라도 참고 내게 주어진 역할을 담당하기도 하며 환경적 여건에 순응하는 자세를 지닌다.

아이는 전능환상 속에서 자신이 무엇을 창조했다는 환상을 가지지 못한다.

엄마의 요구에 순응하며 원하지 않는 재롱을 부려 살아가는 역할

자발적 행동 결핍, 환상의 능력에 뿌리를 둔 창조적 삶을 포기

환경의 요구에 순응적 모방과 거짓 역할을 흉내내는 삶

살기 위해 강한 자기방어체계가 발달

⇩

거짓 자기의 발달

참자기의 삶을 위해 봉사하는 보조적 역할을 하는 거짓 자기는 우리 모두 누구나 가지고 있는 것이고 건강의 조건이기도 하다.

④ 위니컷이 말하는 정신장애

1. 자기self가 형성되기 전의 경험에서 온 장애
   - 정신질환, 분열성 장애, 경계선 장애, 연극성 장애
2. 생후 초기의 원초적인 대상관계로부터 비롯된 장애
   - 우울증, 사랑과 증오 사이에서 갈등하는 내적인 다양한 문제
3. 전체 인격이 형성된 이후 발생하는 장애

- 신경증, 오디푸스적 갈등

2) 로널드 페어베언 (W.R.D.Fairbairn)

페어베언은 프로이트가 설명한 성적 욕동의 에너지 본질과 위치를 그와 다른 방향으로서 전환한 대상관계 심리학자로 꼽힌다.

① 첫째 유아는 엄마를 두 개의 부분 대상들로 분열시키거나 정신적으로 분리시킨다. 만약 엄마가 유아를 만족시킨다면 그녀는 좋은 대상이 된다. 그러나 유아를 만족시키지 못한다면 그녀는 나쁜 대상이 된다.

② 유아는 외부 상황 속에 있는 외상적인 요소를 마치 그 상황이 유아의 통제권 내에 있는 것으로 여겨지는 자신의 내부 현실로 옮겨 놓으려고 한다. 이것은 유아가 엄마를 나쁜 대상으로 내면화한다는 것을 의미한다.

③ 내부의 만족스럽지 못한 대상은 두 가지의 양상 즉 유혹하고 좌절시키는 면을 가지고 있다. 사실 대상의 나쁜 부분은 유혹하고 좌절시키는 것이 결합된 형태로 이루어져있다. 유아는 내부의 나쁜 대상을 흥분시키는 대상과 좌절시키는 대상으로 분열시킨다.

④ 그 후 아동은 이들 대상들의 양면을 억압해 버린다. 분열되고 억압된 자아의 부분들 즉, 애욕적 자아와 내부의 파괴자인 공격적 자아는 내부 대상들의 양면과 관련된다. 여기서 애욕적 자아는 흥분시키는 대상에 매료된 자아의 궁핍한 부분을 말한다. 그리고 내부의 파괴자는 거부하는 대상과 동일시하거나 그 대상과 관계하는 자아이다. 중심 자아 즉, "나"는 의식적이고 무의식적인 요소들로 이루어져 있으며 환경과 관계한다. 이렇게 페어베언은 자아를 강조하면서 인간은 출생과 함께 자기self가 존재하고, 쾌락을 추구하는 존재가 아니라 대상 즉, 상대를 추구한다고 보았다.

3) 마가렛말러(Margaret Mahler)

마가렛말러는 유아가 어머니와 맺는 관계를 기준으로 한 발달단계를 자폐적 단계, 공생적 단계, 격리개별화 세단계로 구분했다.

① 자폐적 단계(Autism)

생후 몇 주 동안 신생아는 깨어있는 시간보다 잠들어 있는 시간이 더 길다. 이때는 자기나 대상에 대한 인식없이 신체감각만을 인식하는 자폐적 상태가 된다. 이 기간 동안 신생아는 환경과 자신의 내부로부터 발생하는 생리적 긴장, 즉 배고픔을 줄이기 위해 본능적으로 어머니의 가슴을 찾게 된다. 이 시기에 유아와 외부세계를 연결해 주는 통로는 열려있지 않으며, 유아는 생리적 평형 즉, 욕구 만족을 중심으로 쾌락의 원리에 의해 움직이게 된다. 자폐 단계에는 대상이 없다.

② 공생단계(Symbiosis)

이 단계는 생후 2~6개월에 이르며, 유아는 외부 자극에 민감하게 반응하기 시작하고, 이때 유아는 자기의 욕구를 충족시켜주는 어떤 사람의 존재를 희미하게 인식하기 시작한다. 공생단계는 자기와 주요 양육자인 어머니를 분리된 존재로 지각하는 것은 아니며, 어머니에 대한 애착을 통해 자기와 양육자가 마치 하나인 것처럼 지각하게 된다. 이때부터 유아는 경험을 조직화하기 시작하는데 유아에게 좋게 느껴지는 경험은 좋음으로, 고통스럽게 느껴지는 경험은 나쁨으로 나눠지게 된다.

③ 차별화

7~10개월 기면서 엄마로부터 자신을 구별하는 행위를 하면서 동시에 엄마의 눈길을 계속해서 인식한다.

④ 활동기

12개월 정도로 주도적 행동을 하게 된다.

⑤ 갈등기

15~24개월 엄마에게서 정착하는가, 차별화하는가에 대한 갈등의 시기. 이때 신경증적인 엄마는 아이를 분리시키기를 두려워한다. 그래서 아이는 더 분리 불안을 느끼게 된다.

⑥ 개별화

25~36개월, 심리적 탄생이 시작되는 시기이며 대상이 안 보여도 대상항성을 형성하게 된다.

4) 하인즈 코헛 (H.Kohut)

대상관계 이론가들이 대상에 초점을 맞추고 있다면, 코헛은 그 대상과 관계를 맺는 주체로서의 자기에 초점을 맞추고 있는 것이 특징이다. 그는 자기가 건강한 상태에 도달하지 못하면, 건강한 대상관계가 불가능해진다고 보았다. 건강치 못한 자기는 자기애적 성격장애로서 드러난다고 하였다.

코헛은 건강한 자기를 형성하는 것이 인간의 삶에서 가장 중요한 숙제라고 강조했다.

코헛의 Self이론

코헛이 자기애적 성격장애자를 연구하면서 프로이트의 이론으로는 환자를 치료하는 데 많은 걸림돌이 있음을 경험하고서 자기의 발달과정을 연구하기 시작했다. 생의 최초의 시기에 아기를 헌신적으로 돌보아주는 어머니의 지원을 받아서 아기의 자기는 차츰 응집력 있는 자기로 발달하게 된다. 유아는 부모를 자신의 일부분 또는 자신의 확장으로서 경험하게 되는데 이러한 대상을 가리켜 '자기대상self-object'이라고 한다. 유아가 지니는 자기애적 평정은 바로 이 자기대상에 의존되어 있기 때문이다. 여기서 병리적 관점에서 보면 유아적 자기애에 빠진 환자들은 공감능력이 부족하고, 거울역할의 부재, 타자는 없고 단지 자기의 과대적이고 과시적인 욕구를 채우기 위한 소모품으로 여기는 것이 특징이다.

코헛은 심리의 회복과 치료를 자기대상Selfobject으로 설명하였는데 자기대상은 자기가 아닌 외부대상을 마치 자기의 한 부분으로 느끼게 된다. 이런 자기를 정신적 산소Psychological Oxygen라 명명하였다. 그리고 진짜 자신이 아닌 자기의 대상을 세분류로 나눴는데 이는 존경 자기대상Idealizing Selfobject, 총애 자기대상Mirroring Selfobject, 일체 자기대상Twinship Selfobject으로 구성되어진다.

5) 건강한 인간관계와 커뮤니케이션

원만한 인간관계를 형성하고 유지하기 위해서는 인간 대 인간의 소통이 필요하고 그러기 위해서는 좋은 사람과의 만남이 중요하다.

더욱이 사회적 관계에서 소통의 중요성은 기본요소이다.

의사소통이라는 커뮤니케이션communication의 어원을 보면 '나눔'이라는 의미가 'communicare'에 담겨있다. 이는 열전도체가 다른 물체로 전파되어지는 것과 같이 종교에서의 전도의 의미와 함께 하는 것의 뜻도 포함된다.

과거에는 삶 속에서 집단의 행위 또는 종교성을 부여하는 용어로 자주 사용되어졌으나 근래에 들어서는 자신의 존재감을 타인이나 사회에 부여하고 생각과 느낌을 전달하고 알리는 심리적 의미를 담는 상징성에 가깝게 사용되어지고 있다.

소통은 언어적 소통과 비언어적 소통의 두 가지로 나눠지고 있다.

언어적 의사소통

목소리와 텍스트, 언어적인 부분을 통해 상대에게 의사를 전달하는 방법으로 직접적이고 빠르기는 하나, 상대로부터 감각적으로나 감성적으로 공감을 끌어내기는 쉽지 않은 방법이다. 이는 연구보고에 의하면 전달하고자 하는 본 뜻의 의미가 100%가 아닌 15~31% 밖에 전달되지 않기 때문이다. 이는 언어로 상대에게 전달하는 이가 구사하는 단어 활용능력과 상관관계가 있는데, 일반적으로 1분에 보통 약 250개의 단어를 말로 전달하게 된다고 한다. 그러나 듣는 상대는 두배에 달하는 약 400여 단어를 수용할 수 있는 상태여서 듣는 이가 말하는 이에게 설명과 이해를 요구하게 되는 반응을 나타내게 된다는 것이, 더욱이 말을 하는 사람의 언어전달능력이 부족하거나 단어기억능력이 떨어질 경우에는 소통에 있어 좀 더 한계가 생길 수 밖에 없다.

비언어적 의사소통

언어 이외의 모든 신체수단을 활용하는 방법으로 신체를 이용한 접촉의 소통방법이다.

예를 들면, 눈의 접촉, 몸의 접촉, 동작의 접촉, 표정의 접촉 등이 있다.

의아하게도 언어적 의사소통보다 내용 전달의 힘이 75%가 넘는 수치를 지녀 접촉이 주는 소통의 힘이 얼마나 큰지를 알 수 있다.

인간이 언어가 형성되기 이전 생애 초기 단계에서 엄마와의 접촉을 통해 엄마의 감정과 사랑을 느낄 수 있고 관계에 있어 신뢰를 처음으로 형성할 수 있는 중요한 계기가 바로 이러한 비언어적인 신체 접촉의 소통으로 형성됨을 확인할 수 있다.

백 마디 말보다도 한 번의 포옹이 사랑을 진하게 전달해 준다는 것처럼 인간에게 있어 중요한 소통의 도구는 대상과의 접촉에서 비롯된다고 수많은 학자들이 강조해 준다.

대상관계심리학자 말러Mahler는 실제적인 인간의 본성을 구성하는 몇 가지 필수적인 특성을 실험적 연구를 통해 다음과 같이 제시했다.

1. 인간은 타자를 늘 필요로 하며 자신에게 관심을 보여주는 대상을 끊임없이 추구한다.
2. 인간은 자율성을 통해 스스로를 인식하고 확인하려는 실천적 욕구와 의지를 지닌다.
3. 인간은 '나' 중심으로부터 다른 존재와의 참여를 갈구한다.
4. 인간은 자아의식이라 칭하는 자신만의 독특성을 가지고 있다.

우리는 타인과의 관계 속에서 행복과 불행의 사이를 오고 가는 삶을 살아간다. 서로 상호보완관계를 맺으면서 함께 건강하고 좋은 관계를 맺고 싶은 끝없는 갈망을 지니는 게 사회적 존재로의 인간이다. 그리고 끊임없는 인간관계를 통해서 성장하고 살아가는 활력을 얻으면서 살아간다. 때로는 성장에 도움이 되는 긍정적이고 건강한 관계를 경험하기도 하고, 때로는 성장에 오히려 장애가 되는 관계를 한동안 지속하기도 한다. 기쁨과 악순환의 반복 속에서 살아가는 인간의 삶은 나와 타자가 행복과 불행을 주기도 하고 받기도 하는 것이다. 누구든 안정되고 건강한 인간관계를 맺고 살아가고 싶어한다.

그렇다면, 건강한 인간관계란 무엇이고 어떻게 형성해야 유지할 수 있는 것일까?

우선, 인간관계를 '만남'과 '스침'의 관계로서 알아보도록 하자.

인간은 두 가지의 '자기'를 지니고 살아간다.

하나는 그대로의 자기, 즉 참자기라고 하는데 이를 만남이라는 관계의 상징성으로 분류하고, 다른 하나는 남에게 보이기 위해 꾸며진 자기로 스침의 관계로서 달리 분류해 본다. 여기서, 관계에 있어 '스침'은, 상대에게 있는 그대로의 모습 자체를 내보이지 않는 이들의 관계다. 서로 상대를 경계하면서 자신을 보호하는 방어적인 모습을 상대에게 보이는 것에 급급하다. 그래서 이런 관계는 서로에게 있어 진실되지 않는 무의미한 만남를 주로 형성하게 되는데 진실된 관계를 형성하는 데 있어 쓸데없고 가식적인 에너지만 소모하게 된다. 쉽게 잊혀지는 관계, 진실이 가려진 관계 그리고 주고받는 계산적 관계가 여기에 속한다. 각자 서로의 입장에서만 상대를 바라보게 되고 상대에 대한 이해와 배려나 용서와 같은 넓은 마음을 갖는 데 어려움이 있다. 서로 상대에게 자신의 단점을 보이지 않으려고 노력하면서 상대를 바라볼 때 상대의 장점보다는 단점을 파악하는 성향이 강하다. 그와 달리, 만남의 관계를 보면 자신의 참된 모습 즉, 있는 그대로를 상대에게 보여주며 서로가 상호작용을 하는데 "감사하다"는 깊은 진정성을 지니는 따뜻한 온정의 특징을 지닌다. 타인과의 만남에 대해 소중히 여기고 인연을 가볍게 치부하지 않는다. 타인을 그저 나와 다른 사람으로만 여기지 않고 나와 다르지만 나와 같은 사람 즉, 인간애를 기본적으로 지니면서 상대를 바라보려고 한다. 또한 단점보다는 장점을 바라보려 하고 실수를 하거나 잘못을 해도 너그러이 배려하고 용서하는 넓은 아량을 배풀기도 한다. 그리고 서로 도울 일이 있거나 상대가 나를 필요로 할 때 댓가를 바라지 않고 내가 상대에게 필요한 존재가 된다는 것 자체에 감사함을 느끼며 상대를 기꺼이 돕는 마음을 갖게 된다.

바람직한 인간 대 인간의 만남이란 무엇인가?

두 사람 사이의 특별한 관계가 가능해야 한다. 있는 그대로의 한 인간의 표상 즉, 실존하는 두 인간이 실제 인물과 만나서 서로 간에 의미 있는 의사소통을 하는 본체론적 친교가 되어야 하며, 서로 간의 실체적인 온전한 융합 다시 말해 참사람, 참된 모습의 두 사람의 만남이 이뤄져야 한다.

그래야만이 실질적인 나와 너의 만남을 형성하고 참된 자아가 실현될 수 있는 계기와 도움을 줄 수 있다. 태어난 아기에게 온전한 엄마가 사랑과 접촉의 반복으로 아기가 제대로 된 인격체로서 성장할 수 있도록 기여하는 것처럼 말이다. 하물며 동물의 성장배경을 봐서도 알 수 있다. 어미의 진정한 보살핌이나 관심을 받지 못한 새끼 동물들은 자라서 난폭해지거나 공격성을 강하게 지녀 집단 무리 속에서 부적응하거나 타 동물들에게 피해를 준다는 다양한 연구사례들도 많이 있다.

인간관계에서 인격적인 만남은 더욱이 인간의 존엄과 자아상실의 회복을 가능하게 하는 큰 힘을 지니고 있다. 이러한 인간 실존과 관계성에 대해 오랜 동안 많은 학자들이 연구하고 골몰해 왔다. 대표적으로 오스트리아 종교철학자 마틴 부버Martin Buber의 철학과 덴마크 철학자 키에르케고르S. Kierkegaard의 영향이 인간의 실존심리학에 큰 영향을 주었다. 그 이후 인간중심 치료학자 칼 로저스Carl Rogers를 중심으로서 건강한 인간관계를 위한 체계적인 연구의 흐름이 이어져 내려왔다.

여기서 칼 로저스의 이론은 상담이라는 사적 관계가 아닌 관계에서도 내담자가 상담자와 참 만남의 관계를 통해서 자신에게 긍정적인 변화를 꾀할 수 있다고 주장했다. 그렇게 되기 위해서는 상담자의 역할이 중요하다는 것을 알려준다. 내담자에 대한 무조건적 긍정적인 존중과 수용, 공감적인 이해, 그리고 진솔성이 상담에서 가장 중요한 요소라고 그는 말하고 있다. 인간중심치료의 상담에서 추구하는 목표는 바람직하고 건강한 실존적인 삶을 사는 것이다. 여기서 말하는 실존적 삶이란 가식적이고 당위적인 것, 남들의 기대, 남을 위해 살아가는 것이 아니라 나 스스로 선택하고 자유롭게 사는 실재하는 인간다운 삶을 말하며 자기 자신과 남을 있는 그대로 받아들이고 자신의 체험을 있는 그대로 받아들이는 삶을 뜻한다.

미국의 상담심리학자 워이티츠(Woititz)는 인간의 건강한 관계에서는 아래와 같이 여섯 가지 조건을 경험한다고 했다.

동일시하는 몸(하나의 신체화)

1. I can be me.

2. You can be you.

3. We can be us.

나는 내가 될 수 있고 너는 네가 될 수 있으며 우리는 우리가 될 수 있다.

함께 성장하는 것

1. I can grow.

2. You can grow.

3. We can grow together.

나는 성장할 수 있고 너도 성장할 수 있고 우리는 다함께 성장할 수 있다.

위와 같이 워이티츠가 말한 건강한 인간관계의 6가지 조건은 앞서 말한 부버나 로저스가 말한 참 만남의 의미와 별반 다를 바 없다. 이들이 주장하는 것은 나와 너의 있는 그대로의 모습을 통해 서로를 느끼고 받아들이면서 공유하고 경험하는 것이다. 그리고 너는 너, 나는 내가 아닌 분리되지 않는 일체감으로서의 우리라는 영역을 형성해 나간다는 의미를 담고 있다.

건강한 인간관계를 형성하고 유지한다는 것은 만남을 통해 함께 노력하고 적응하면서 변화되어져 가는 팀웍과 사랑이 기본이 되어야 함을 알려주고 있다.

건강한 인간관계를 형성하고 유지하는 것은 온전한 나로부터 기초가 된다. 그렇다면 건강한 인간은 어떠한 하위요인을 갖추고 있는 것일까? 건강한 인간이 지니는 8가지의 하위 특성에 대해 다음과 같이 알아보도록 하자.

자아실현성

개인이 고유한 인간으로 실현할 수 있는 잠재 가능성을 수용하고 표현하려는 욕구로서 개인적이기보다 사회적인 입장에서 이타심과 배려, 그리고 봉사와 같은 타인에 대한 보살핌의 마음까지 형성하게 하는 큰마음이다. 자아실현 연구학자 아브라함 매슬로우Maslow가 꼽은 자아를 실현한 대표적인 인물들로는 아인슈타인, 간디, 베토

벤, 링컨, 루즈벨트, 제퍼슨 등이 있다. 그는 자아실현을 가능케 한 대표적인 인물들을 연구한 결과, 그들로부터 자아실현을 위한 몇 가지 공통적 특성을 발견했다.

1. 현실관점에서 바라보는 삶의 시각
2. 넓은 수용성- 자신을 비롯하여 타인 더 나아가 모든 자연에 대한 수용적 태도
3. 자발적인 단순사고
4. 사명감과 책임감
5. 사회에 기여하고 타인을 돕는 이타심을 지니나, 사적 자유를 지님.
6. 새로운 것에 대한 도전과 흥미
7. 사회적 관심과 민주적인 사고방식
8. 독창성과 창의성
9. 인간을 존중하고 중심을 이룸

실존성

인간의 본질을 인식하기 위해 존재하는 것으로 인간주체의 존엄성을 존중하는 자세를 지닌다. 타인과의 관계에서 경직되지 않고 왜곡 없이 자기와 타자와의 다름과 참모습을 그대로 받아들인다. 실존을 철학으로 연구한 이들로서 사르트르, 키에르케고르가 대표적이다. 마틴 부버는 나와 타자는 서로 함께 존재함으로 인해 실재한다는 것을 강조한 실존주의 철학자이다. 현존한다는 것은 진정한 나와 너의 관계를 형성하는 요소이다. 나라는 존재 자체가 세상에 존재하지 않는다면 너도 그들도 사회를 포함한 모든 세상은 없다. 즉, 나라는 존재를 받아들이고 자기존재를 인식해야만 타인의 존재도 인정할 수 있으며 받아들일 수 있다.

감수성

감수성은 인간적 감정으로 사랑과 따뜻한 정을 느낄 수 있는 감정이다. 외적인 자극을 받아들이고 느끼는 것, 자신의 내적 욕구와 감정을 잘 의식하고 적절히 표출하는 것으로 인간의 정서 또는 감성이라고도 일컫는다. 이성과 대립되는 성향을

지닌다. 예를 들면, 슬픈 영화를 보면 눈물이 나거나 신나는 음악을 들으면 기분이 전환되는 것 등이 있다. 인간이 지니는 근원적인 성향 중 하나가 감수성인데 감수성을 사회적으로 활용하고 발달시킨 분야는 미적 감수성 분야라 할 수 있다. 인간이 지닌 오묘하고 복잡한 내적 심리를 겉으로 아름답게 미화할 수 있는 장점을 지닌다. 내적 회색빛 우울함을 그림으로 표현한 유명화가들과 인간의 선과 악의 공존성을 드라마틱하게 전개하는 영화나 소설 그리고 춤이나 음악은 인간의 민감한 감정들을 우회적으로 해소시켜 주는 역할을 한다. 그래서 예술이 치료라는 개념으로까지 파생된 것이다.

자발성

스스로 일어나는 성향 즉, 외부의 교육이나 영향을 받지 않고 자신의 생각이나 감정을 적절히 표현하며 행동하는 것으로서 독립적인 자기 활동성을 말한다. 직접적으로 자기 안에서 자기 스스로 생각하고 행동으로 임하는 자기주도성을 지닌다. 타인이 시키지도 않고 훈련되지도 않은 것을 스스로의 판단에 의해 행하는 것으로, 대표적인 예로 봉사가 있다. 지나가다 노인이 무거운 짐을 지고 가는 것을 보고 다가가 들어주는 행위를 예로 들 수 있다. 삶의 전반적 흐름과 더 나아가 인간발달사도 스스로 행하는 자발성이 근원이 되지 않았다면 이 모든 것들은 성장하고 발전되지 못했을 것이다. 소통도 마찬가지로 타의적인 소통이나 의존적인 소통은 정상적인 소통의 범주에 속하지 못한다. 그러나 이러한 자발성 여부는 대개 환경과 문화 그리고 가정에서 큰 영향을 받고 미치게 되어 개인이 어느 정도의 자발성을 갖기 위해서는 타인의 돌봄과 교육 그리고 롤모델이 필요하다.

자기긍정성

자기긍정과 자기합리화의 애매한 선을 넘나들 때가 많다. 여기서 둘 간의 차이를 분명히 인식하는 게 좋다. 긍정은 의식과 무의식의 긍정의 합일로 인한 자연스러운 받아들임이다. 합리화는 의식적으로는 긍정하나 내적 무의식에서는 부정하고 있는 불일치의 받아들임이다. 여기서 믿음의 차이로 보면 더 정확한데 100% 믿음이 근간이 되는 것이 긍정이고 100%가 아닌 것이 합리화라고 보면 된다.

자신을 긍정적으로 보며 매사에 자신감을 가지는 태도를 뜻하며, 자신의 실존에 대한 받아들임과 긍정성을 지니며 삶에 대한 목표의식이 뚜렷해지는 역할도 한다.

자기긍정성을 지녔다는 것은 곧 자신에 대한 확고한 믿음이 있다는 것을 보여주는 증거이다.

자기수용성

자신의 단점을 부끄러워하지 않으며 개선하고 보완하기 위해 노력하는 것으로, 일반적으로 자기수용체라고도 일컫는데 자기주도와 개방성과도 동일한 의미를 지닌다. 쇼펜하우어는 자신의 장단점을 바로 알게 되면 자연적으로 자기소질을 발휘하는 데 큰 힘이 된다고 하였다. 자기 스스로를 이해하기까지는 어느 정도 받아들이기 쉬우나 자신의 모든 단점까지도 수긍하고 있는 그대로를 인정한다는 건 쉽지 않은 일이다. '내가 누군지 알고 싶다'의 호기심으로부터 '아! 난 그런 류의 사람이구나'까지의 성향파악은 MBTI나 애니어그램Enneagram과 같은 성향진단검사에서 많이 진행하고 있다. 그리고 대체로 상담을 받는 이들이 수긍을 하고 긍정적 반응을 보이는 편이다. 하지만, 더 깊이 자신의 숨기고 싶은 부분이나 콤플렉스와 같은 수치심을 불러일으킬 수 있는 예민한 부분을 표면으로 드러내며 스스로 맞닥뜨린다는 것은 용기와 도전이 필요한 것이다. 그리고 적절한 타이밍도 함께 이뤄져야 한다. 뭐든지 때가 있듯이 아무 때나 섣불리 드러냈다가 후회하거나 절망에 빠질 수도 있는 위험성이 따른다.

긍정적 인간관과 포용성

긍정적인 세계관과 인간관을 지니는 이들에는 보통 두 부류가 있다. 하나는 어린 시절부터 자라오고 배운 환경이 긍정적인 인간관계와 사랑으로 성립되어진 이들이고 또 하나는 그 사람 자체적으로 원체 긍정적인 성향이 강한 이들이다. 인간에 대한 애정과 긍정적인 관심을 지니며 나아가 인류에 대한 사랑을 포함하게 된다.

전자의 예를 들면, 유명인 에디슨이나 아인슈타인의 어린 시절을 들어볼 수 있다.

가장 안정적이면서도 언제나 긍정성을 불러일으킬 수 있는 긍정훈련법이 있다. 그건 바로 나 자신에게 스스로 칭찬해 주고 격려해 주는 것이다.

틈틈이 자신에게 넌 할 수 있어! 넌 잘할 수 있어! 아주 열심히 잘하고 있어! 넌 최고야! 라고 자신을 격려하고 지지해주면 좋다. 타인으로부터 인정받고 사랑받으려고 미친 듯이 노력하지 말고 언제나 내가 나에게 파이팅! 해보면 어느새 자존감이 향상되고 긍정적인 시각을 지니고 있음을 발견하게 된다.

자신에 대한 건강한 긍정관을 지닌 이들은 인간관계 시 부담과 수치심을 가지지 않으며 타인에 대해 유연성과 배려를 지닌다. 또한 그런 이들에게는 타인에 대한 역지사지의 폭 넓은 인간적 사고를 지닌다는 특성도 있다.

건강한 인간관계를 맺기 위해서는 나 자신의 참모습을 상대방에게 노출하고 상대방으로부터 무조건적 존중과 인정을 받을 수 있어야 한다. 그럴 때 그 속에서 자기발견과 자기이해, 자기수용이 생기고 나아가서는 자아실현의 성장이 일어난다.

건강한 인간관계 성장도

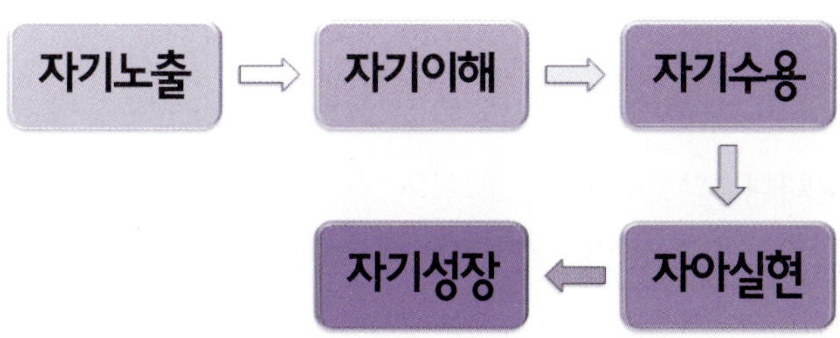

자기노출 → 자기이해 → 자기수용 →자아실현 →자기발전

건강한 인간관계의 형성과정

자기노출

↓

무조건적 긍정적 수용

↓

자기이해

↓

자아실현

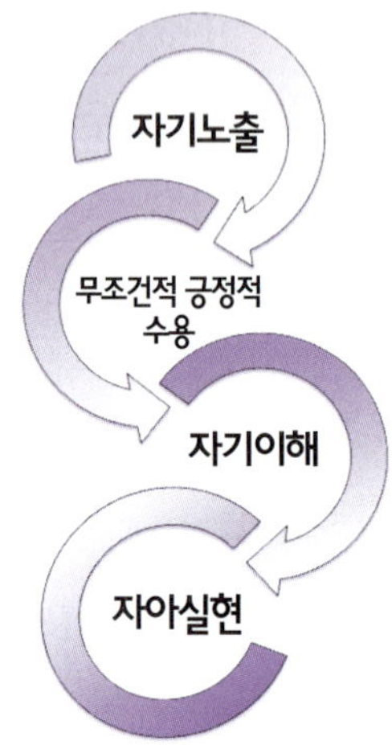

1. 자기노출(자기개방)

상대방을 신뢰하여 남에게 자기 자신을 있는 그대로 그 참모습을 보이는 것을 말한다.

자신의 참모습을 진정 맞닥뜨리는 것으로 외모, 가시적인 신체를 내보이는 것이 아니고 상대방에게 자신의 생각과 느낌을 솔직하게 드러내는 것이다.

여기서 주의해야 할 점은 자기의 사생활이나 지닌 비밀까지도 몽땅 내놓는 것은 아니라는 점이다. 상대방을 신뢰하고 어떤 관계에서든 자기 노출의 모험을 감내할 자신의 의지와 용기가 필요하므로 자기노출이란 쉽지 않은 일이다.

자기노출은 위험한 모험과도 같지만 자신의 발전과 강인함을 위해서는 어느 정도 시도함이 필요하다.

자기노출을 통해 자신을 발견함에 대해 조해리Johari는 타인을 거울삼아 자신을 인식한다는 '조해리의 창'이라는 4가지 모델영역을 다음과 같이 제시하였다.

1) 공개된 영역(나도 알고 남도 아는 나)- Public Area

자신도 아는 나에 관한 정보이고 사회에 노출되어 타인도 알고 있는 영역

예) 이름, 성, 직업 등

2) 맹인영역(나는 모르고 남만 아는 나)-Blind Area

다른 사람들이 알고 느낀 나에 관한 부분 - 나도 모르는 나의 성격, 습관, 장단점 등이다.

3) 은폐영역(나는 알고 남은 모르는 나)-Hidden Area

타인은 모르는 나에 관한 자신의 비밀영역이다. 여기에는 남에게 들키면 두려운 비밀들이 해당된다. 은폐영역을 드러내려면 지대한 신뢰관계가 형성되어야 한다.

4) 미지의 영역(나도 모르고 남도 모르는 나)- Unknown Area

개발되지 못한 정체된 나를 나타낸다. 미지의 영역을 알기 위해서는 나 자신이 누구인지에 대해 알기 위한 스스로의 노력이 매우 필요하다.

타인에게 자기노출을 하는 피드백과정에서 자신도 몰랐던 새로운 면을 발견하게 되는데 이를 '자기통찰'이라고 한다. 자기통찰은 주로 심리치료에서의 상담으로 유도되어진다. 자기통찰을 할수록 미지영역이 줄어들게 되는데 이는 자기발전의 가능성이 상당히 높아지는 데 큰 역할을 한다.

2. 조건 없는 긍정적 존중:

칼 로저스에 의하면 "인간은 선천적으로 스스로를 유지하고 향상시키는 방향과 일치하는 것에 가치를 부여하는 기능을 가지고 태어난다."라고 한다. 예를 들어, 배고플 땐 음식이 긍정적으로 다가오고, 배부를 땐 음식이 부정적 가치로 느껴지게 된다. 다양한 고통과 소음 같은 것들을 부정적 가치로 판단하는 것도 본능적으로 자신에게 해가 됨을 느끼기 때문이다.

인간은 어릴 때부터 이와 같은 긍정적 가치와 부정적 가치를 스스로 부여하면서 발달시키며 성장한다. 이렇듯 인간은 자연스럽게 스스로 자신을 보호하고 방어하고 살아가기 때문에 타인의 무조건적인 강요와 간섭은 개인의 성장에 일반적으로는 도움이 되지 못한다. 다만, 점차 인간이 발달되고 사회화되면서 사회 속에서의 가치부여 기능을 상실하게 되는 경우가 더러 생기게 된다. 사회 속에서 상하관계와 수직관계가 형성되어지고 자기 가치 중심이 아닌 환경과 사회의 가치에 따르게 될 수밖에 없는 현실에 맞닥뜨려진다. 이때 개인이 지닌 자기실현의 방향과 달리 오히려 반대로 역행하는 삶을 살게 되기도 한다. 그래서 인간은 더욱이 삶이 불안하고 불편하게 되면서 자신이 누구인지 무엇을 원하는지도 모르는 채 자기정체성을 잃거나 혼란을 겪으며 살아가는 과정도 거치게 된다.

가치부여과정의 기능을 상실하게 되는 건 왜일까? 그것은 타인으로부터 '무조건적 긍정적인 관심'을 받고자 하는 욕구가 내재되어 있기 때문이다.

무조건적 긍정적인 관심은 타인으로부터 수용되어지고, 온정을 느끼고, 존중받고, 인정받고 싶은 마음에 대한 끝없는 갈망이다. 이런 갈망의 욕구를 채우고 싶은 마음은 너무나 절박해서 경험이 부족하거나 나이가 어린 충동적인 사람일수록 어떤 희생을 감수해서라도 이 욕구를 만족시키려고 하는 불도저와 같은 경향을 지닌다. 인간은 본능적으로 남에게 긍정적인 관심을 받고 싶어 하는 욕구가 있기에 타인이 애정과 관심을 가지고 무조건적으로 수용해 준다면 스스로 긍정적 가치와 부정적 가치를 판단하며 성장해 나가게 된다. 그러나 타인이 자신의 가치에 부여하는 행동에만 조건적으로 수용하는 것을 반복적으로 경험하게 된다면 인간은 자신이 느끼는 내적인 가치부여과정보다 그들에게 인정받기 위해 타인의 가치에 더 중점을 두어 살아가게 되기도 한다.

3. 자기이해와 자기수용

앞서 본 바에 의하면 건강한 인간관계의 조건으로 자기이해와 함께 자기수용이 있었다. 인간관계를 원만하게 하기 위한 과정에서도 기본적으로 스스로에 대한 이해와 수용이 절대적으로 필요하다. 여기서 자기이해는 나 자신이 누구인지에 관해 알려고 하는 노력과 행동을 말하는데 자기노출이 일어난 후 자기 스스로를 이해할 수 있는 자기이해가 성립되는 과정을 거치게 된다. 그러나 자기이해가 부족하게 되면 자신의 행동에 일관성이 결여되고 타인과의 관계에서 수많은 문제들이 일어나게 된다. 그래서 타인과 원만한 관계를 형성하고 유지하기 위해서는 자신의 이해와 수용이 매우 필요하다. 자아상 또는 자아개념이 긍정적이거나 자신이 원하는 모습과 일치할 때 자신에 대한 자신감을 가지며 긍정적인 자아상을 발전시킬 수 있다. 자기수용 또한 자기이해와 같이 타인에게 자신을 노출하는 과정을 잘 거쳐야만이 긍정적인 측면과 부정적인 측면 모두를 받아들일 수 있게 된다. 부정적인 면도 자신의 한 부분으로 받아들이게 되는 것이다. 불쾌하다고 부정적인 모습의 자신을 부인하고 은폐한다면 부정적 측면의 자신을 바꾸지 못하고 그대로 머물게 되며 가식적인 내가 형성된다. 가식적인 나는 자기실현 기회의 걸림돌이 된다. 자신의 긍정적인 면은 받아들이기 매우 쉬우나 자신의 부정적 측면을 받아들인다는 것은 그리 쉬운 일이 아니다. 자신의 부정적인 것을 받아들일 때 부정성을 인식하고 좌절하면 안 되며 오히려 자신의 발전을 위해 자신의 한 부분으로 받아들여 조금씩 고쳐나갈 수 있어야 한다. 그런 과정을 거치고 극복하게 되면 오히려 자신감이 상승하고 자존감이 형성되어 자기발전에 큰 몫을 하게 된다.

4. 자아실현

자기노출, 무조건적 긍정적 수용, 자기이해, 자기수용의 과정을 전반적으로 거치고 극복했다면 마지막 단계인 자아실현을 이루게 된다. 자아실현은 매슬로우가 말한 인간욕구의 단계에서 최상의 단계로서, 인간의 잠재력을 실현하고자 하는 동기가 부여되고 조화로운 인간관계를 중심으로 이뤄진 정의사회의 구현을 구축하려는 욕구가 형성된다.

sample- self image test

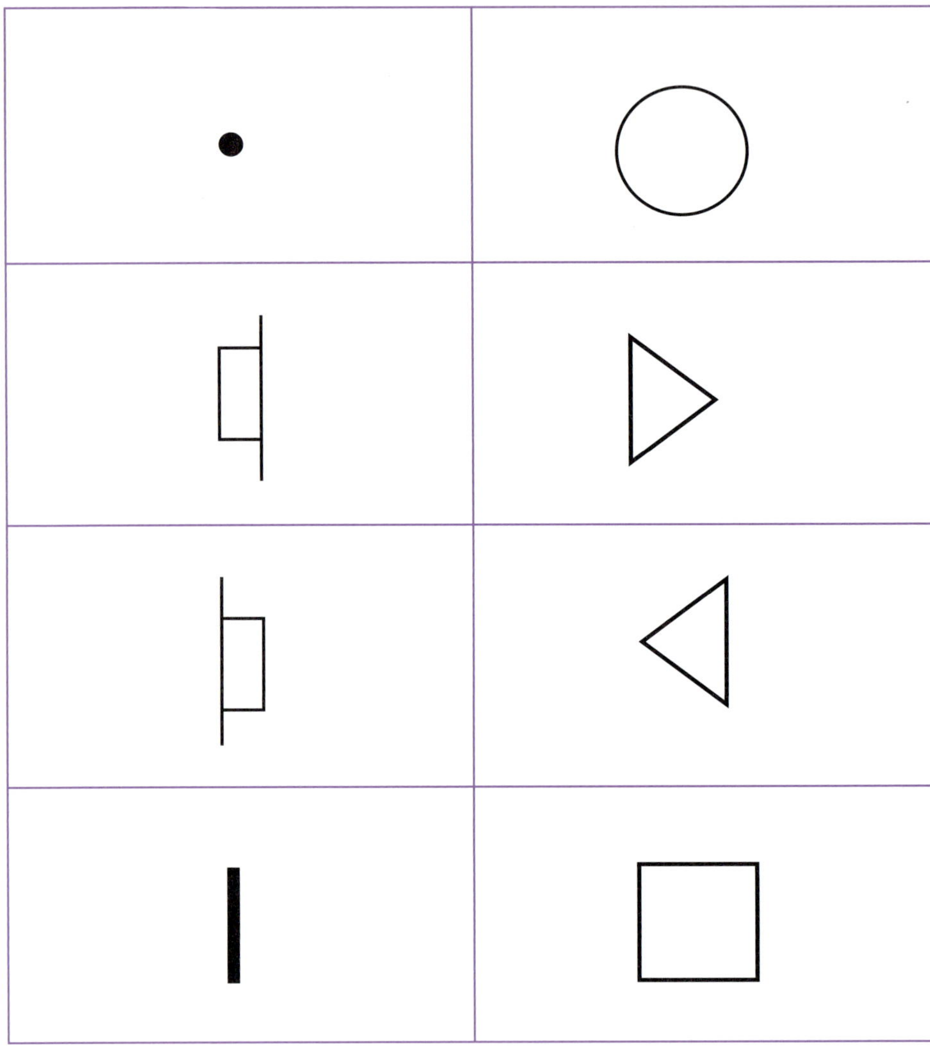

스트레스(stress)와 조직관리

스트레스란 캐나다의 내분비학자 H.셀리에가 처음으로 명하였고, 1400년경부터 용어의 기원이 시작되었다. 스트레스를 질병의 원인으로 연구하게 된 시초는 20세기부터이다.

스트레스는 즐거운 것 또는 즐겁지 않은 것이 신체 기관에 부담을 주는 압박감으로 인해 비특정적인 신체반응이 일어나는 것을 뜻한다.

학자별 구분 → 자극(stimuls)으로서의 스트레스
반응(response)으로서의 스트레스
환경과 개체 사이의 상호작용(interaction)으로서의 스트레스

일반적 구분 → 긍정적(positive) 스트레스(eustress)
부정적(nagative) 스트레스(disstress)

stressor(스트레서) - 스트레스를 야기하는 외적자극을 스트레스인자라고 한다.

원인:

내적원인 - 대부분 자기 자신에 의한 내적 원인에 기인한다.
카페인, 불충분한 잠, 일중독과 같은 생활양식의 선택
비관, 혹평, 과도한 분석과 같은 부정적인 생각
비현실적인 기대, 독선적인 소유, 과장되고 경직된 사고
A형, 완벽주의자등 스트레스가 잘 생길 수 있는 개인의 특성

외적원인 - 소음, 공간 등의 물리적 환경
무례함, 명령, 타인과의 격돌 등의 사회적 관계

규칙, 규정의 조직사회
친인척의 죽음, 직업상실, 경쟁, 교통 등의 일상적인 일들

증상:

신체증상 - 피로, 두통, 불면, 근육통, 경직(목, 어깨), 빠른 맥박
흉부통증, 복부통증, 구토, 전율, 사지냉감, 안면홍조, 땀
면역력이 떨어지고 감기에 자주 걸림

정신적 증상 - 집중력, 기억력 감소
우유부단, 멍함, 혼돈, 유머감각 없음

감정적 증상 - 불안, 신경과민, 우울증, 분노, 좌절감, 근심, 걱정, 성급함

행동적 증상 - 안절부절, 손톱 깨물기, 발 떨기 등의 신경질적 습관
먹는 것, 마시는 것, 흡연, 울거나 욕설, 비난이나 때리기
던지거나 부수기 등의 과격행위 증가

스트레스는 어느 한 시기에만 나타나는 것이 아니라 인간의 전생애에 걸쳐 나타난다.

특히, 중년기에는 심장병, 위궤양, 고혈압, 당뇨 등의 성인병의 원인으로 작용하고 노년기에는 신경증, 심신증 등을 초래하여 우울하게 만든다.

그러나 어느 누구든지 스트레스를 피해서는 살 수 없으므로 자신의 역할을 감당해내기 위해서는 적당히 스트레스에 익숙해지도록 노력해야 하고 여기에 적응해야 한다.

예일 대학 연구팀이 '임상&실험연구지'에 발표한 바에 의하면, 스트레스 상황에서 여성들은 슬프다거나 불안하다고 말하는 경향이 큰 반면 남성들은 술을 마시는 경향이 큰 것으로 나타났다. 스트레스로 인한 정신장애에 있어서 여성들은 우울증이나 불안증이 발병하기 쉬운 반면 남성들은 알콜 중독 등 음주와 연관된 정신장애를 앓기

쉬운 것으로 조사됐다. 일반적으로 남성들이 여성들보다 음주를 많이 하는 편인데 이번 연구결과 스트레스 상황 시 남녀 간 대처 방식에 있어서도 남성들은 음주에 의존하는 경향이 커 알콜중독이 되기 쉬운 것으로 나타났다고 연구팀은 밝혔다.

조직사회 내 현장에서의 스트레스와 관리

조직사회 내 업무 현장에서는 스트레스 문제가 엄청나게 넘쳐난다. 업무 스트레스는 주로 억울심리에 근거하는 미해결된 감정에서 비롯되고 있고 원인은 조직 사회의 구조적 모순으로 인한 공평하지 못한 처사나 대우 등이 되며 비인간적인 관계에서도 종종 발생하게 된다.

직무스트레스

직무스트레스의 정의

"직무 스트레스란, 업무상 요구사항이 근로자의 능력이나 자원, 바람(요구)과 일치하지 않을 때 생기는 유해한 신체적 정서적 반응이라고 정의할 수 있다. 직무스트레스는 건강에 영향을 미치고 심지어 손상까지도 초래할 수 있다."

- 한국산업안전공단, 2005

직무스트레스의 문제에서 가장 큰 원인이 되는 것을 직장 내 인간관계 문제로 보고 있다. 게다가 직무 스트레스와 공황장애, 우울증 등의 정신질환과의 연관성은 이미 입증이 되어 있을 정도로 그 여파는 매우 크다. 상사, 동료, 부하직원들과의 관계에서 오는 여러 문제들을 현명하게 잘 대처할 수 있어야 스트레스에서 비켜갈 수 있다. 대개 인간관계에서 오는 문제들은 자기중심적인 사고에서 오는 경우가 대부분이다. 자기중심에서 한걸음 물러서서 상대방을 바라볼 수 있는 마음의 여유를 가지는 것이 중요하며, 사소한 단어 선정 등에서 오는 오해를 최소화하기 위해 커뮤니케이션에 대한 소통교육을 받거나 공부를 하는 것도 도움이 될 수 있다.

직무스트레스의 객관적인 검사로 "한국인 직무 스트레스 측정도구KOSS"가 많이 사용되고 있다. 한국인 직무 스트레스 측정도구는 우리나라에서 개발한 것으로, 8가지 하위 영역(물리환경, 직무 요구도, 직무 자율성 결여, 직무 불안정, 관계 갈등, 조직체계, 보상 부적절, 직장문화)에 대한 스트레스를 평가할 수 있다.

직무 스트레스 유형

직무스트레스 영역		직무 스트레스 유형
1	물리환경 스트레스	1. 내가 근무하는 곳은 깨끗하고 쾌적하다. 2. 내 일은 위험하여 사고를 당할 가능성이 있다. 3. 나는 불편한 자세로 오랫동안 일을 해야 한다.
2	직무요구 스트레스	4. 나는 일이 많아 늘 시간에 쫓기며 일한다. 5. 현재 하던 일을 마치기 전에 다른 일을 하도록 지시 받는다. 6. 나의 업무량이 현저하게 증가하였다. 7. 나에게는 동료나 부하직원을 돌보고 책임져야 할 부담이 지워져 있다. 8. 내 업무는 오랜 시간 동안 집중력이 요구된다. 9. 업무 수행 중에 충분한 휴식이나 짬이 주어진다. 10. 일이 많아서 직장과 가정 양쪽 다 잘하기가 힘들다. 11. 여러 가지 일을 동시에 처리해야 한다. 12. 내 업무는 창의성을 필요로 한다.
3	직무자율 스트레스	13. 업무관련 사항(업무의 일정, 업무량, 회의시간 등)이 예고 없이 갑자기 결정되거나 바뀐다. 14. 내 업무를 수행하려면 높은 수준의 기술이나 지식이 필요하다. 15. 작업시간, 업무수행과정에서 나에게 결정할 권한이 주어지며 시간과 과정을 조정할 수 있다. 16. 나의 업무량과 작업 일정을 스스로 조절할 수 있다.
4	관계갈등 스트레스	17. 나의 상사는 나의 업무 수행을 지원하는 편이다. 18. 나의 동료는 나의 업무 수행을 지원하는 편이다. 19. 내가 힘들다는 것을 알아주고 이해해 주는 사람이 직장 안에 있다. 20. 직장생활의 고민과 고충을 함께 나눌 동료가 있다.
5	직무불안정 스트레스	21. 현재의 직장을 옮겨도 나에게 적합한 새로운 일을 쉽게 찾을 수 있다. 22. 직장을 그만두어도 현재 수준 정도의 직업(직장)을 쉽게 구할 수 있다. 23. 직장사정이 불안하고 미래가 불확실하다. 24. 나의 직업은 실직하거나 해고당할 염려가 없다. 25. 앞으로 2년 이내에 현재의 직업을 잃을 가능성이 있다. 26. 나의 근무조건이나 상황에 바람직하지 못한 변화(예, 구조조정)가 있었거나 있을 것으로 예상된다. 27. 우리 직장은 근무평가, 인사제도(승진, 부서배치 등)가 공정하고 합리적이다.

직무스트레스 영역		직무 스트레스 유형
6	조직체계 스트레스	28. 업무수행에 필요한 인원, 공간, 시설, 장비, 훈련 등의 지원이 잘 이루어지고 있다. 29. 우리 부서와 타 부서 간에는 마찰이 없고 업무협조가 잘 이루어진다. 30. 근로자, 간부, 경영주 모두 직장을 위해 한마음으로 일한다. 31. 일에 대한 나의 생각을 반영할 수 있는 기회와 통로가 있다. 32. 나의 경력개발과 승진은 무난히 잘 될 것으로 예상한다. 33. 내 현재 직위는 나의 교육이나 경력에 비추어볼 때 적절하다.
7	보상 부적절 스트레스	34. 나의 직업은 내가 평소 기대했던 것에 미치지 못한다. 35. 나의 노력과 성과를 고려할 때 내 봉급/수입이 적절하다. 36. 나의 노력과 성과를 고려할 때, 나는 직장에서 적합한 존중과 신임을 받고 있다. 37. 나는 지금 하는 일에 흥미를 느낀다. 38. 내 사정이 앞으로 더 좋아질 것을 생각하여 힘든 줄 모르고 일한다. 39. 나의 능력을 개발하고 발휘할 수 있는 기회가 주어진다.
8	직장 문화 스트레스	40. 회식자리가 불편하다. 41. 나는 업무지시를 받을 때 기준이나 일관성이 없는 경우가 많다. 42. 직장의 분위기가 권위적이고 수직적이며 경직되어 있다. 43. 남성, 여성이라는 차이 때문에 불이익을 받는다.

직장인 스트레스와 질병

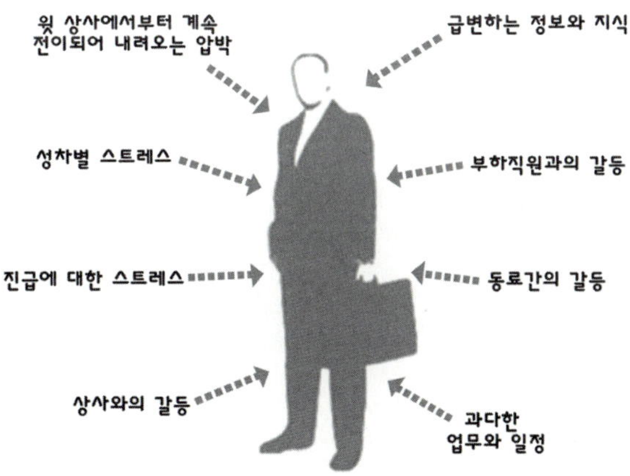

정신적 피로

- 소외감
- 대인 기피 현상
- 무기력감-업무 과다
- 우울증-직장 내 스트레스
- 부정적 심리현상과 불안감
- 주의력 결핍-동시다발적인 일 처리 중독

육체적 피로

- 두통
- 탈모
- 불면증
- 고혈압
- 소화기 장애
- 경견완 장애-목, 어깨, 팔 저림

직무스트레스 반응의 구성 요소

개인적 요인

- 시간적 압박, 업무시간표 및 업무속도 - 업무 요구도, 잔업, 교대근무, 기계의 속도, 품삯일
- 업무 구조 - 통제 결여, 기술 과소 활용
- 물리적 환경 - 불쾌한 환경, 물리적, 독성학적 유해요인의 위협, 인간공학적 유해요인들

조직적 요인

- 조직 - 역할모호성, 역할 갈등, 시합, 경쟁
- 조직 외적 상황 - 지역사회, 고용불안, 경력에 대한 요구사항
- 비업무적 요인들 - 개인, 가족, 지역사회

발달사적 관점에 따른 스트레스

스트레스는 또한 입사 이후 개인의 성장과 상황의 변화에 따라 달라진다.

상사의 스트레스

업무상으로 상사가 스트레스를 줄 때

1) 합리적 대안을 제시해도 상사가 외면할 때(27%)
2) 업무 지시사항을 자주 바꿀 때(22%)
3) 업무 성과에 대해 칭찬이나 포상을 받지 못하는 등 제대로 평가를 받지 못할 때(13%)
4) 지시사항을 무조건 달성하라고 할 때(11%)
5) 지시 업무가 지나치게 과중할 때(9%)
6) 사소한 사업 상 실수를 지나치게 혼낼 때(8%)

7) 업무 성과에 대해 동료들과 자주 비교할 때(4%)

8) 업무지시 때 성차별을 느낄 때(3%)

비업무상으로 상사가 스트레스를 줄 때

1) 상사가 음주 등 자신의 취향을 자주 요구할 때(25%)

2) 사적인 일을 자주 부탁할 때(15%)

3) 지나치게 엄격한 군대식 상하관계를 요구할 때(14%)

4) 상사가 자신의 '영원한 부하'가 되라고 줄서기를 강요할 때(9%)

5) 상사가 부하 자신의 사적 비밀을 회식 자리 등에서 공개할 때(8%)

6) 특정 부원을 사적 연줄로 편애할 때(6%)

7) 부원 간의 경쟁을 지나치게 부추길 때(6%)

직장에서 일어나는 스트레스로 인해 상담을 요청하는 경우가 생기게 된다. 이때 상담자의 역할을 하는 이들은 스트레스를 받는 그들을 돕는 역할을 충실히 해야 하는 의무가 생긴다. 동시에 그들의 불만을 담아주어야 하는 용기container 역할도 해야 한다. 이러한 컨테이너의 역할에 대해서 여러 심리학자들이 다음과 같이 강조하고 언급하였다.

① 윌프레드 비온(Wilfrid Bion) - 컨테인 & 컨테이너

정신분석가 비온에 의하면 스트레스를 받는 모든 환자들은 내면에 혼란이 내재화되었다고 한다. 내면에 형성된 혼란은 의미화되지 않고 이름이 지어지지 않은 혼란 그 자체이다. 이를 베타 요소Beta Element라 말한다. 베타요소란 의미화되지 않고 분화되지 않은 감각의 자료라고 한다. 비온은 "상대의 말에 경청을 하려면 자신이 지닌 기억과 욕망 판단을 뒤로 밀어두고 오직 상대에 초점을 맞춰 대화해야 한다." 라고 하였는데 이것은 자아를 초월하는 진정한 마인드 훈련이다. 상담자들은 수많은 기제를 동원하여 상담의 기법들을 활용해왔는데 그중 비온은 획기적으로 모든 기제의 방법론적 상담기법의 부분들을 내려놓으라고 한다. 무지-경청-이해-대화의 과정을 강조하는 게 그의 상담방법이다. 무지를 견디는 능력은 상담공간을 뻔한 공간이 아닌 창조적인 공간이 되도록 한다. 이는 상담자가 상담의 전문성에 대한 기술을 고도로 습득한 것은 오히려 상담에 제한을 받을 수 있음을 알려주는 것이다. 왜냐면 상담의 진정성이 전문적 기술로 인해 오히려 결여되어 보일 우려가 다소 강하기 때문이다. 엄마와 아기와의 관계와 같은 컨테인 & 컨테이너로서의 상담관계여야 순조롭게 소통이 이뤄질 수 있다. 상대를 단지 상담 고객으로만 치부하고 너는 내담자, 나는 상담자로서 소통하는 것보다 상대를 나와 동일시하거나 또는 나의 가족과 같이 품어주는 분위기를 조성해 주면 상담에 있어 보다 더 나은 관계와 진행을 가질 수 있다.

② 도널드 위니컷(Donald Winnicott) - holding environment(품어주는 환경)

위니컷은 엄마의 초기 역할인 품어주고 안아주는 역할을 상담의 중요성으로 강조했다. 위에서 말한 비온의 컨테인 & 컨테이너의 역할처럼 위니컷 역시 내담자를 품어주는 상담자의 역할을 중요시했다.

심리적 구조상으로 좀 더 성숙한 형태의 대상관계는 고객 즉 대상에 대해 전체적인 상을 가지게 되고 상담 내 안정된 자기경험을 통해 통합적이고 현실적인 관계를 맺는 데 도움을 준다.

③ 존 보울비(John Bowlby) - 관계에서의 애착

관계에서의 '애착'이란 진화심리학의 영향을 받은 영국의 정신과 의사 존 보울비 John Bowlby와 그의 제자들이 정리한 개념이다. 인간의 애착행동이 어린 시절, 특히 유아기에 주 양육자인 엄마와 맺었던 상호작용에 따라 달라짐을 강조한 애착이론이다. 인간은 태어나 성장하는 과정에서 자신의 물리적 생존을 위해서 본능적으로 엄마-양육자를 찾는 애착행동을 하게 된다. 이때 유아의 필요를 민감하게 알아 잘

채워주고, 감정을 알아보고 공감해 줬던 엄마의 아이들은 '안정형 애착'이 형성되고 그렇지 않은 경우에는 '불안정형 애착'이 형성된다. 그리고 이러한 애착은 유아기에만 나타나지 않고, 고착되어 일생을 통해 대인관계의 규칙으로 작동하게 된다.

여기서 안정형 애착은 엄마와 함께하는 걸 즐기고 성인이 되어서도 지속적으로 안정된 관계를 유지한다. 성인이 된 안정형 애착의 가장 중요한 능력은 과거 자신의 부모가 양육했던 기억을 비교적 정확하게 회상함을 보여준다. 이때 회상의 내용은 긍정적인 것뿐만 아니라 부정적인 것도 포함된다. 안정형 애착은 쉽게 말해 부모의 장점과 단점 모두를 잘 기억하는 것이라 볼 수 있다. 연구자들은 안정 애착의 이러한 회상 능력을 '메타 인지Meta Cognition' 혹은 '정신화 능력'이라 했다. 이러한 능력은 사고의 유연성과 정확한 판단력에 영향을 미치는 것으로 안정형 애착이 된다는 것은 자기 삶의 방향을 올바르게 이끌고, 가족과 주위 사람들과 잘 어울려 안정된 관계를 형성하는 것을 말한다.

이와 달리 불안정형 애착은 유아기를 비롯한 초기 양육시기 동안의 경험에 의해 애착의 문제를 겪게 된다. 불안정형 애착은 크게 회피형, 양가형, 혼란형 등으로 구분된다. 회피형 애착은 엄마와의 관계에서 지속적이고 명확한 거부를 당한 결과, 엄마에게 의존하고 싶은 자기의 마음을 억압하게 되는데, 이런 현상은 엄마를 의지했다가 좌절되는 상처로부터 자기를 보호하고자 함이다. 양가형 애착은 엄마의 애정과 돌봄이 일관되지 않을 때 형성되는 것으로 엄마의 애착을 예상할 수 없으므로 어떻게든 엄마를 자기 곁에 두려고 필사적으로 노력하는 유형이다. 어떤 대상이 자신의 과거경험을 진정성을 가지고 공감을 해주게 되면 메타 인지 능력이 확대되면서 애착 유형이 안정형으로 긍정적 변화를 갖게 된다.

이와 같이 자신의 이야기를 판단하지 않고 들어줄 사람이 있을 때 애착에서의 상처가 치유되고 좀 더 안정적인 대상관계를 형성할 수 있게 된다. 여기서 상담사가 해야 할 일은 매우 중요함을 알려주게 된다. 진심을 담은 경청과 공감 그리고 따뜻한 마음으로 대하는 것이 현장에서 강조되어야 한다.

조직생활에서 관계와 자기관리를 안전하게 유지하기 위한 방법

① 무의식의 의식화

자신의 내면컨트롤을 위해 꾸준한 관리가 필수적이다. 자기 내면관리를 통해 조직내 스트레스를 불러일으키는 전이, 역전이 관계가 필수적일 수밖에 없는 현실을 담대하게 직면해야 한다(상담/ 명상/ 자기컨트롤/ 종교 등).

② 공감 탈진을 유의해야 한다.

고객을 접하는 상담자들 대부분 기본적인 공감훈련을 받았고 공감적인 마인드를 지니도록 요구받은 이들이다. 그러나 대상에 대한 기계적 공감이 잦고 과하다 보면 나중에 감정적 탈진이 올 우려가 강하다. 과한 공감과 의무적인 공감 등은 위험함을 인지하도록 한다.

③ 상담자의 필요성

직무 교육 분석의 수퍼바이저도 중요하지만 언제든 찾아가도 내 이야기에 경청해주고 세 마디 말을 진정으로 해줄 수 있는 한 명을 찾도록 한다. 그 세 마디란 당신에게 있어 어떤 의미인지를 스스로 알아보고난 후 그에 부응하는 역할을 해줄 수 있는 안전한 대상을 찾는 게 중요하다.

④ 또래 그룹의 필요성

자신과 흡사한 업무를 하는 이들과 음료나 식사를 같이 하면서 스트레스를 함께 풀 수 있는 신뢰적인 관계의 그룹을 형성함이 좋다. 또래집단과의 소통은 세대격차가 없기 때문에 서로를 이해하고 공감해주는 데 더욱이 효과적이며 인간발달과정에서 살아가는 시기가 서로 비슷한 상황 속에서 살아가기에 상대에게 필요한 정보를 주고받을 수 있어 유용하다. 또한 서로의 고민과 상처를 나누는 데 있어 보다 더 편안하고 가까워질 수 있기 때문에 세대가 다른 이들과 고민을 나누는 것보다 더

오픈 마인드의 자세로 서로 대할 수 있는 장점도 지닌다.

⑤ 분노 조절 방법

자신이 지닌 사회적 스트레스에 대해 해소할 수 있는 방법을 구한다. 상징적 대체물을 파괴하는 것이라든지 심호흡이나 기도나 명상이나 마사지나 그 무엇이든 이런 방법을 반드시 개발하는 것이 좋다. 이것을 해소하지 못한다면 향후 직업병이 생길 확률이 매우 높다.

스트레스 유형검사

다음의 A와 B, 각 문항은 서로 상반되는 행동을 보입니다.

각 문항 당 0~10까지의 점수가 있습니다.

A와 B문항 중에서 A에 가깝다면 0쪽의 숫자를 선택하고 B에 가깝다면 10쪽의 숫자를 택해주세요.

만약 중간에 해당한다면 5를 택하시면 됩니다.

0~10까지의 점수 중 자신에게 가장 적합하다고 판단되는 숫자를 선택한 후 20문항의 점수를 모두 더해서 총점을 계산합니다.

1-A. 정해진 시간에만 일한다.

1-B. 일을 늦게까지 하거나 집으로 가져가서 하기도 한다.

2-A. 조용히 기다린다.

2-B. 마음을 졸이며 기다린다.

3-A. 평가 시 숫자나 양으로 하지 않는다.

3-B. 숫자나 양으로 평가한다.

4-A. 경쟁적이 아니다.

4-B. 매우 경쟁적이다.

5-A. 별로 책임감을 느끼지 않는다.

5-B. 항상 책임감을 느낀다.

6-A. 약속에 대하여 느긋하다.

6-B. 약속에 대해 자주 조급해진다.

7-A. 서두르는 법이 없다.

7-B. 항상 서두른다.

8-A. 여러 가지에 흥미를 가진다.

8-B. 주로 일만에 흥미를 가진다.

9-A. 자기만 만족하면 된다.

9-B. 남들이 알아주기를 원한다.

10-A. 아주 정확하지는 않다.

10-B. 세심한 데까지 주의한다.

11-A. 일시적으로 일을 안 끝낼 수도 있다.

11-B. 반드시 일을 끝내야 한다.

12-A. 자기 직업에 만족한다.

12-B. 자기 직업에 불만이다.

13-A. 남의 말을 잘 들어준다.

13-B. 남의 말을 듣기 전에 자기 말부터 끝낸다.

14-A. 태평하다.

14-B. 힘들게 애쓴다.

15-A. 천천히 한다.

15-B. 빨리 한다.

16-A. 한번에 한가지씩만 한다.

16-B. 다음에 할 일을 항상 생각하면서 한다.

17-A. 별로 화를 내지 않는다.

17-B. 쉽게 화를 낸다.

18-A. 말을 천천히 한다.

18-B. 힘주어서 한다.

19-A. 감정 표현을 잘한다.

19-B. 감정을 쌓아둔다.

20-A. 마감시간 설정을 거의 하지 않는다.

20-B. 자주 마감시간을 설정한다.

〈점수결과〉

총점 135점 이상 : 타입 A

총점 100~134점 사이 : 타입 A와 타입 B의 혼합형

총점 100점 이하 : 타입 B

1. 타입 A

이 유형의 사람들은 과도한 경쟁심, 강한 성취욕, 조급성, 적개심 등을 자주 보이고 행동 면에서는 항상 무엇인가를 하고 있고 말을 빨리 크게 힘주어 한다.

항상 시간에 쫓기고 있고 도전적인 행동, 예를 들어 상대방의 말을 중간에 끊는 경향이 있다.

또한 '예'나 '아니오'등 강한 표현을 쓰는 행동을 자주 보이고 긴장된 얼굴과 근육, 예를 들어 어금니를 꽉 물고 있고 주먹을 꽉 쥐고 있고 글씨 쓸 때 힘주어 세게 눌러 쓰는 경향이 있는 행동 양상을 보인다.

2. 타입 B

타입 A와 상반될 정도로 확실하게 구별되는 행동을 보이는 성격 유형을 타입 B라고 한다.

이 성격 소유자들은 일처리를 서두르지 않고 즐거움을 찾는 여유를 즐기는 경향이 크다.

예를 들어 휴일에 낚시를 갔을 때 타입 B 성격 소유자는 주위 환경을 즐기고 얘기하며 고기에는 별로 관심이 없어 보인다. 또한 승부에도 별로 집착하지 않는 경향을 보인다.

5장_휴먼이미지와 커뮤니케이션의 언어: 몸
– 미(美)친 존재감의 심리–

신체-몸은 20세기 들어서야 주목을 받기 시작했다.

플라톤 이후 데카르트의 시대에까지 철학자들은 신체와 정신을 이원론적 대립관계로 파악하였다.

정신은 인간의 본질에 해당하는 것으로 신체는 비정신적이고 물질적인 것으로서 인간성의 본질에 속하지 않는 것으로 간주하였다.

그러나 실존주의 철학이 대두하면서 사르트르1943는 「신체는 자아이고, 자아는 신체로서 존재한다The body is the self, and that the self is the body」 고 말하면서 인간의 본질인 자아를 신체로 보기 시작하였다.

이때, 대중매체의 등장으로 '날씬함'의 이상이 단지 상류 계층의 유행에서 벗어나 거의 전 사회계층으로 확산되었다.

전통 사회의 농민은 몸을 오로지 노동의 도구로만 생각했다.

종교가 지배적인 지위를 점하고 있던 과거에 육체는 죄짓기 쉬운 것이었고, 산업사회 이후의 육체는 노동력이었다.

현대사회의 사람들은 자신의 신체를 삶의 도구나 생활을 위한 수단이 아니라 삶의 목표로 삼는다.

그것은 생산으로부터 자유로운 상태임을 의미하는 것이다.

몸을 가꾸고 보살피는 이들에게는 몸이 더 이상 노동으로 혹사되는 존재가 아니며 휴식과 아름다움을 주어야 하는 배려의 대상이 된 것이다.

노동의 도구가 아니기 때문에 활동을 위한 크고 건장한 신체보다는 쉼을 위한 여리고 가냘픈 신체가 아름다움의 기호로 상징화되었다.

이제는 날씬하고 보기 좋은 외모를 유지하지 못하면 자기를 가꿀 여유가 없는 사람이거나 자기를 등한시 하는 사람으로 취급받곤 한다.

대중매체는 이러한 점을 계속 부각시키며 아름답고 섹시한 이상적인 몸만을 보여 주어 일반 여성들로 하여금 아름다움을 추구해야 할 당위성을 부여하였다.

그리고 신체가 심미적 대상으로 위치가 격상되는 과정에서 에로티시즘이 탄생하였다.

그래서 현대인의 몸은 향유하고 탐닉할 수 있는 가장 아름다운 소비의 대상이자, 동시에 자신의 능력과 사회적 지위를 나타내는 자본이 된 것이다.

인간의 몸을 보호하고 가려주는 기능에서 나아가 신체를 부가적으로 표현하는 모든 외적 꾸밈에는 그 사람의 정체성이 함께한다. 외적 꾸밈 그 자체는 나 자신을 나타내는 1차적 수단이기 때문이다.

패션 사진작가 빈센트 피터스Vincent Peters는 다음과 같이 말했다.

"어느 곳에나 패션은 존재한다. 우리는 단지 옷 한 벌을 사는 게 아닌 정체성을 사는 것이다."

인류의 시각적 예술표현은 어찌 보면 외적 꾸밈에서 사회적 존재로서의 패션 분야를 들 수 있다. 말 그대로 '봄seeing'에 의한 시각적 형식과 관련된 모든 분야라면 시각예술의 범위는 매우 넓고도 광대하다. 미술은 물론 의복, 장신구, 가면, 조각, 각종 공예 분야에 이르기까지 수많은 하위 분야가 여기에 포함된다.

시각예술에서 쓰이는 재료도 채색을 위한 물감은 물론, 나무, 돌, 가죽, 조개, 쇠 등 우리 주위에 있는 거의 모든 것들로 활용되어진다. 인류문명에 있어 최초의 시각적 표현과 양식은 자신의 몸에서부터 시작되었을 것이라는 추론을 많은 진화심리학자들이 논하고 있다.

사회 속에서 모든 이들이 하는 예술행위란 자신의 육체를 가꾸고 꾸미는 행위이기도 하다. 인간은 화장을 비롯해 문신을 새기거나 성형수술, 피어싱piercing과 같이 몸에 상처를 내어 자신의 모습을 변형하기도 한다. 또한 모든 문화에는 다양한 머리 모양이 존재한다. 빡빡머리에서 꼰 머리, 얹은머리까지 수없이 다양하다.

이러한 머리 모양은 자신의 개성을 나타내기 위한 미적 행위일 뿐만 아니라 동시에 의미를 전달하는 사회적 의사소통의 한 형식이기도 하다.

본래 패션을 포함한 모든 디자이너는 지금처럼 화려하거나 유명하지 않았다. 과거에는 부유층 고객이 주문한 스타일을 그대로 제작해 주고 금전적인 대가를 받는 기능인에 불과했었다. 그러나 현대에서는 대중스타에 버금가는 인기를 얻고 있는 인간 외적 꾸밈의 전문가 즉, 디자이너와 패션모델 등이 세계적으로 주목을 받고 당당한 위치에 있는 부류로서 자리 잡고 있다. 이렇게까지 된 알려지지 않은 흥미진진한 뒷 이야기가 있다.

영국 패션계 창시자 찰스 프레드릭 워스Charles Frederic Worth로부터 확실한 패션의 출발이 되었다고 한다. 그는 19세기말 파리에서 명성을 떨치던 디자이너로서 '오뜨꾸뛰르haute couture'를 일군 패션계 아버지라 불리운다.

그에게는 다른 패션디자이너들은 생각하지 못했던 자신만의 독특한 패션에 대한 개념이 있었다. 자신이 생각하는 스타일을 과감하게 고객에게 먼저 제시했을 뿐 아니라 쏘시에saucier:분신-지금의 모델라 불리는 여성에게 직접 디자인한 옷을 입혀 고객에게 선보였다고 한다. 이것이 바로 패션모델과 패션쇼라는 형식이 탄생하는 과정이었다.

19세기말이 패션 마케팅의 시작이라고 한다면, 마케팅이 패션에서 절대적으로 중요한 역할을 하게 된 시점은 1980년대라고 전문인들은 말한다.

1980년대는 산업혁명의 경제부흥과 함께 더불어 패션산업도 급속히 발맞춰 성장했던 시기다. 특히, 경제적으로 성공한 젊은 층이 등장했는데 외모를 중요시하는 이들은 옷으로 성공을 과시하고 싶어 했고 이때 이들이 자신의 색채와 지위를 나타낼 수 있도록 옷을 입기 시작하면서 사회적 지위를 돋보여주는 의상이라는 파워드레싱의 용어까지 등장하기도 했다.

문명이 진화하고 발달되어 가면 갈수록 인간은 치열한 경쟁과 승부 속에서 자신을 드러내고 존재함을 나타내기 위한 시각적 이미지의 명확한 수단으로서 외적 꾸밈과 가시적으로 또 다른 나를 부여해 주는 모든 것들을 활용하려는 욕망을 지닌다.

영국 공영방송 BBC는 세계 주요 133개 도시의 물가 순위을 인용해 서울이 싱가포르와 함께 가장 옷값이 비싼 도시로 조사됐다고 보도한 바 있다. 두 도시의 옷값은 미국 뉴욕보다 50% 이상 높은 것으로 나타났다.[1)]

옷이 없어 나눠입고 꼬매입던 시절을 어느새 뒤로 한 채 세계에서 가장 높은 패션

1) 영국 경제전문지 '이코노미스트'의 계열사 '이코노미스트 인텔리전스 유닛'(EIU)

소비를 하는 나라로 손꼽힌 뷰티대국으로 등장한 한국은 참으로 아니러니컬하다고 다양한 심리학연구자들이 언급한다.

철학자 데카르트가 "나는 생각한다. 고로 존재한다."고 말한 것처럼 한국사회 속에서는 "나는 꾸미고 입는다. 고로 존재한다."와 같은 외적 꾸밈으로서 자신의 존재와 위치를 알리고 있다.

앞서 언급한 사회적 배경인 산업혁명에서 패션의 발전이 치솟은 것처럼 어찌 보면 한국사회도 한강의 기적을 이룬 경제대국으로서 치열한 경쟁사회 속에서 살아남기 위해 미치도록 자신의 존재감을 내세우려고 하고 있는지도 모른다.

한국이란 나라는 독특하고 유별난 문화권을 지닌 국가이며 그러한 집단 속에서 살아가고 있는 한국인들은 더욱이 그러하다.

인간의 일반화되어진 감정과 사고의 심리분야에서 외국인들이 지니지 않은 한국인들만의 특별한 심리양상 '화'와 '한'그리고 '정'만 봐도 알 수 있다. 이러한 독특한 심리요소들은 한순간에 형성되어지거나 문화가 성장하거나 바뀌었다고 해서 나타난 증상들이 아니다. 오랜 역사와 함께 선조들이 지닌 혈통적인 심리적 유전기질이 강하게 나타난 부분이라 할 수 있다.

지금은 뷰티대국과 최고 패션소비국이 되어버린 한국이지만 실상 한국은 자연과 인간중심의 문화를 형성해 온 나라이며 개인의 존재감과 자율성보다는 집단중심의 조화로운 관계와 균형을 중시하는 문화사회특성을 지닌 나라이다.

표면상 보기에는 매우 개인적이고도 집단의식이 뚜렷하게 보이지 않는 모래와 같이 뭉치지 않는 국민성을 지녔다는 비판을 받고 있으나 절체의 위기에 놓여있거나 나라에 큰 일이 벌어졌을 때는 그 어느 나라의 국민보다도 집단의식이 투철하고 완강한 보이지 않는 힘을 지녔다. 예를 들어, 월드컵 때의 붉은 악마라는 국민응원, 새마을 운동, 금모으기 운동 등이 그러하다.

나는 특별하다는 정체성과 존재감을 알리는 시각적 이미지 '꾸밈'

자아정체감이 확립되는 청소년기는 더욱이 인간의 발달과정 속에서 자신을 독립적 존재로서 알리고자 하는 분명한 주장을 외적 꾸밈으로써 표출한다.

특히, 명품으로 특별함을 드러내는 청소년들이 그 대표적인 예이며, 자신들의 무리를 구성하여 그 또래 집단 안에서 관계를 맺기 위해 자신들만의 외적 꾸밈의 스타일을 분명히 가지고 있는 시기이다. 그래서, 겨울에 비싼 명품 패딩이 동이 나고 부모들의 자금줄이 바닥이 나는 사회적 소비현상이 있었다. 또한 청소년들은 그들의 롤모델로 삼거나 치열한 교육전쟁과 스트레스에서 벗어나 쉴 수 있는 또 하나의 공간이 되고 있는 대중연예인과 유명인들의 패션을 모방하는 행위를 하게 된다.

청소년기의 심리 발달학적 이론을 연구한 미국의 정신분석학자 에릭 에릭슨(E.Erikson)은 "인간에게는 전생애의 각 단계마다 수행해야 하는 발달 과업이 있는데, 그중 청소년기 최대의 발달 과업은 '자아정체감의 확립'이다"라고 했다. 그는 청소년들이 '나는 누구인가?'라는 질문을 스스로에게 하기 시작하면서 '자신을 찾아내는 일'을 시작한다고 했다. 이러한 과정에서 청소년들은 남들과 자신이 다름을 점차 인식하게 되고, 다시금 나만의 것을 찾아내는 과정을 거치면서 올바른 사회적 존재로서의 성장과정을 거치게 된다. 여기서 청소년기의 필수적인 특징으로 나만의 개성을 중시하고, 자아의 중심을 바로잡게 되는 시기를 거쳐야 한다.

그래서 청소년기의 특징으로 겉모습을 꾸미는 것에서 두드러지게 드러남을 알 수 있다. 그들은 옷이나 액세서리와 같은 외적 꾸밈을 통해 자신만의 개성을 표출하고 싶어하고 나라는 존재를 부각하려는 의지를 반영한다. 이러한 독립적 자아로서의 의지는 아동시기에 부모에게 무조건적인 의지와 보호를 받고 살아온 부분으로부터 독립되어지는 것부터 시작되어진다. 단순히 부모가 사주는 옷을 입기보다는 자신이 원하는 옷을 사고 싶어하는 것도 그런 특징을 반영한 것이다.

엄마가 모처럼 큰 맘 먹고 백화점에서 사준 비싼 옷은 옷장에 처박아 두면서도, 자신이 인터넷을 뒤져서 고른 저가 의류를 헤어질 때까지 입고 다니는 것이 청소년들의 독립적 심리 양상의 예다.

또한 청소년들은 옷을 통해 자신이 속해 있는 집단의 정체감을 드러내기도 한다.

이를테면, 같은 동아리 아이들끼리 드레스 코드를 정해 놓고 똑같이 입고 다니는 경우다. 청소년들은 같은 또래 집단에서 이질적으로 보이면 자신이 뒤쳐진다는 생각을 하게 되거나 소외감을 느끼기 때문에 이런 경우가 종종 있다. 외적 꾸밈을 다른 방향에서 보자면, '화장'을 예로 들 수 있다. 화장은 시각적으로 보여지는 데 있어 화장 전과 후가 너무나도 확연히 다른 모습을 창조해 내는 '화장발'이라는 마술적 기술을 지녔다. 화장이 지니는 마술적 기술은 관계를 형성하는 데 매우 이로운 효과를 주고 역할을 한다. 그래서 "화장술에 속았다!"라며 사기술로 이르기까지도 한다. 화장은 성형의 효과까지도 일궈내는 신비로움도 지녀 최소 비용과 성형의 아픔을 겪지 않고도 화장을 지우기 전까지는 아름다운 마술효과가 지속될 수 있다는 장점을 지니고 있다. 화장술로 인해 많은 이들이 자신의 콤플렉스를 보완하고 자신감마저 갖는 긍정적 심리효과까지 갖는다. 작은 눈을 크게 하고 얇은 입술을 도톰하게 보이게 하는 것은 기본이고 이제는 양악수술에 버금가도록 얼굴형을 변형하는 기술까지도 다양하게 나와 있다. 화장술에는 색상이 동반하기 때문에 색의 심리적 역할이 크다. 화장함에 있어 색의 배치와 조화는 실물의 인상을 변화시키는 힘이 있는데 마치 착시적인 효과와 흡사하다. 화장과 관련하여 자신감이라던지 자존감 그리고 자아정체성까지의 관련성을 연구한 실험들이 나오면서 화장이 심리적인 부분에 좋은 효과를 주고 있음이 거론되고 있다. 더욱이 신체질환이나 중증암으로 인해 신체의 결함이 생긴 스트레스에 화장의 효과가 있다는 연구들이 나오고 있어 신체고통을 겪는 이들이 심적 고통까지 겪어야 하는 불행함에 외적 꾸밈이 보조적으로 도움을 주고 있다는 희망의 메시지를 주고 있다. 심리적인 부분으로 접근해보면, 화장은 자신의 신체가 적나라하게 드러내는 발가벗겨진 내면의 모습을 보여줄 때 느끼게 되는 예민함을 안전하게 포장해 주는 역할을 한다. 타인의 시선으로부터 피하기 위한 화장술이 그 예이다. 화장 이외의, 타인의 시선에서 안정감을 갖기 위한 외적 가림의 수단으로 선글라스나 안경을 들 수 있다.

눈에 중점을 둔 화장술의 심리

자의식이 강하고 젊음을 유지를 하고 싶은 심리가 강하고 과시욕이 있다.

지적인 욕구 또한 강하며 사회적으로나 타인에게 인정받고 싶은 욕구를 지닌다.

입술에 중점을 둔 화장술의 심리

어린 여자아이가 거울 앞에서 엄마의 빨간 립스틱을 바르고 노는 것처럼 진화심리학적 관점에서 아름다움을 추구하고 성적인 짝짓기와 사랑을 받고자 하는 심리.

사회적으로 언어를 주로 사용하는 여성일 가능성이 높고 자신의 주장을 내세우거나 자신의 능력을 발휘해야 하는 곳에 갈 때 방어기전으로 입술을 중심으로 화장한다.

눈썹에 중점을 둔 화장술의 심리

인간관계를 중시하고 주변사람들에 대한 집착이나 소유욕구가 강한 심리

눈썹에 신경쓰고 관리가 철저한 이들은 대체로 관계를 중요시하고 인맥을 관리한다.

메이크업을 하지 않는 심리

자신만의 사고관과 틀이 강하며 자신의 고집을 내세우고 자기판단을 중시한다.

자신에게 중요한 부분과 중요하지 않는 부분에 대한 선이 명확하다.

손과 손톱에 중점을 둔 화장술의 심리

타인에게 과시하고 싶고 인정받고자 하는 욕구가 강하다.

속눈썹에 중점을 둔 화장술의 심리

여성성을 강조하면서 자기연민을 지니고 있으며 사랑받고 관심받고 싶은 욕구가 강하다.

의존성이 강하며 물질이나 사회적 성장으로의 욕구를 지닌다.

스모키화장술의 심리

자존심이 세고 타인으로부터 억압당하거나 명령당하는 것에 매우 예민하다.
정에 약하고 우유부단한 면이 있다.

피부결에 중점을 둔 화장술의 심리

집단에서 튀는 것을 피하는 보수적 성향을 가진 진중한 성향을 띤다.
집단중심적 사고와 행동을 하며 그 안에서의 규칙이나 규율을 중시한다.

최초의 화장은 원시시대 부족 간의 싸움을 두고 서로의 집단군을 표시하기 위함과 공동체의 결속력을 강화하기 위해 나타낸 표시로부터 왔다고 한다. 또한, 제례의식을 위한 샤머니즘의 행위에서도 나타났다. 그렇다면, 과거 화장이란 개인을 나타내는 표시였다기보다 집단을 표현하고 알리는 집단무의식의 표현이라고 볼 수 있다. 그러나, 지금은 그때와 달리 나를 알리고자 하고 존재감과 정체성 그리고 타인으로부터 나를 지키는 보호의 수단으로까지 의미가 부여된다. 근래에 들어 화장하는 세대가 변화되는 일이 벌어지고 있는데, 특히 남성의 기호에서 화장과 꾸밈이 주로 20대를 중심으로 이뤄졌던 것에서 이제는 중년세대 이후로 변화되기 시작하여 '꽃중년'이라는 소비세대가 등장되었다. 이는 먹고 살기 급급했고 가정을 부양하는 것에만 치우쳤던 과거 중년들의 심리가 자기중심적인 여유의 심리를 지니게 되었음을 보여주는 사회적 현상이다. 게다가 이제는 어린 초등학생 아이들까지 '프리틴' 세대를 불러온 화장을 하는 열풍이 불고 있어 자신의 외적 꾸밈이 세대를 거슬러 남녀노소 할 것 없이 이뤄지고 있다.

아름다움에 대한 인식변화

"마음의 아름다움을 잃어버린 육체의 아름다움은 동물들의 장식에 지나지 않는다.”고 데모크리토스Democritus는 말했다.

“고운 마음씨는 사람의 마음씨를 사로잡지만, 겉모양의 아름다움은 사람의 눈만을 즐겁게 한다. 아름다운 용모는 꽃과 같아서 한때 화려하지만 곧 시들기 마련이고, 시들고 나면 추해진다”고 장자 또한 말했다.

첫인상 즉, 상대를 처음 볼 때 보이는 것은 마음이 아니라 몸이다.

마음의 아름다움은 시간의 흐름이 알려주고 관계형성 후 한참 뒤에나 느낄 수 있다. 사람들은 그 사람이 얼마나 눈이 큰지, 얼마나 코가 높은지, 얼마나 말랐는지 등의 보이는 것부터 먼저 본다.

아름다움이란 주관적인 감정이다. 모두 똑같은 것에 대해서 아름답다고 느끼지 않는다. 서로의 기준이 다르다.

그런데 현대 사회에 사는 이들은 어느 정도 공통된 기준을 두고 아름다움을 느끼며 그렇게 되려고 노력한다.

과거에는 아름답게 치장하는 부류는 대체로 여성중심이었고, 강박적일 정도로 여성은 아름다워야 된다는 사회적 틀이 강했다.

그러나 이제는 여성도 남성과 같은 동일한 인격체로서 사회적으로 왕성한 활동을 하며 사회적 지위를 지니게 되었다.

진화심리학에서 말하는 동물 사회에서의 아름다움을 살펴보면, 인간사회와 반대로 암컷이 비교될 수 없을 정도의 외적 아름다움을 수컷이 지니고 있다.

인간처럼 스스로 꾸미거나 관리할 수 없는 동물은 그 자체 원래의 모습을 보고 판단되어지는 운명을 가졌다.

예를 들어, 날개를 한껏 펼쳐 자신의 화려함을 내보이는 공작새 경우 암컷의 날개보다 수컷의 날개가 훨씬 화려하고 아름답다. 자신만의 화려한 날개를 펼치며 암컷을 유혹하는 수컷들을 암컷은 그저 바라보며 맘에 드는 수컷을 선택하는 선택권이있다. 이는 동물 사회가 인간 사회와는 무척이나 반대되는 습성을 지니고 있음을 보여주는 것이다.

공작새 외에도 육지, 바다, 조류 등 모든 동식물이 보면 대체로 수컷이 아름답다.

수십년 전 진화론 학자들은 이러한 동물 사회의 미적 관계를 미래 인간사회를 빗대 인간사회도 점차 이런 동물의 사회처럼 변화될 것이라 예견하였다.

그런데, 그 말이 마치 정확히 맞아떨어지듯이 겉으로 어떤 몸을 가졌는지가 그 개인의 능력과 지위, 나아가 품성까지 규정하는 외모지상주의 사회로 변모되고 있다.

더욱이 인간은 아름다운 것은 선한 것이라는 강한 잠재의식을 갖고 있다.

외모를 중시하는 현대사회에서는 외모가 뛰어나다는 이유만으로 그 사람 자체를 긍정적으로 평가하는 경향을 종종 볼 수 있게 된다. 일반적으로 외모가 뛰어난 사람은 착하고, 친절하며, 또한 거짓말도 하지 않고 똑똑할 거라는 기대심리와 판단을 하는 경우가 많이 있다.

심리학 분야에서 이런 현상을 '후광효과[2) Halo effect]'라 부른다.

미국 토론토대에서 일반인들을 대상으로 외모가 주는 신뢰도를 실험한 흥미로운 연구가 있었다. 살인죄를 진 피고인들의 사진들을 보여주며 그들의 형량이 어느 정도 나왔을지에 대한 추론실험이었다. 평가자들은 외적으로 불량하거나 험악하게 생긴 죄수들이 좋은 인상을 풍기는 죄수의 형량보다 훨씬 많을 거라는 판단을 내렸다. 결과적으로 외적으로 풍기는 이미지가 형량 측정에 중요한 영향을 미쳤음을 확인할 수 있었다. 그렇다면, 실제 재판현장에서 이뤄지는 법정선고에 있어서 이렇듯 피고인의 인상이 배심원들과 판사에게 알게 모르게 중대한 영향을 미칠 수 있다는 우려를 낳을 수 있음을 예상할 수 있다.

이제는 타인의 눈을 즐겁게 하기보다 나 자신을 위해, 존재감과 심리적 안정감 그리고 사회로부터의 안전을 위해 자신을 꾸미고 관리한다.

아름다움 즉, 미적인 외적 꾸밈은 동물처럼 집단 속에서 생존하기 위해 또는 번식하기 위함은 아니다.

동물과 다른 점이 바로 인간이 자신을 위해 외모를 관리하고 꾸민다는 점이다.

만약 동물과 차이 없이 번식과 경쟁 그리고 생존을 위해서 아름다움이 존재한다

---

2) 어떤 대상이나 사람에 대한 일반적인 견해가 그 대상이나 사람의 구체적인 특성을 평가하는 데 영향을 미치는 현상 즉, 사회심리학이나 마케팅, 광고 등의 분야에서 나타나는 현상이다.

면 이 사회는 동물처럼 약육강식의 피라미드 사회가 될 것이다. 이제는 보여지는 시각 이미지와 보이지 않는 내적 이미지가 조화를 이루는 안정적인 인간중심의 문명시대가 도래되어져야 한다.

외적이미지 심리테스트

1. 전체적인 체형이 마르고 갸냘픈 타입이다. (YES-2, NO-5)
2. 목이 길거나 두꺼운 편이다. (YES-3, NO-9)
3. 턱이 좀 뾰족하고 얼굴은 역삼각형이다. (YES-4, NO-8)
4. 상당히 말을 잘하고 따지기 좋아하는 편이다. (YES-A, NO-18)
5. 손발이 통통한 편이다. (YES-9, NO-6)
6. 어깨가 비교적 넓고 쇄골이 튀어 나왔다. (YES-7, NO-11)
7. 앉으면 등과 허리가 휘어서 고양이 등이 되곤 한다. (YES-F, NO-12)
8. 피곤하면 어깨가 처져 숨쉬기가 곤란해 진다. 지구력이 없다. (YES-6, NO-12)
9. 가슴이 좁다. (YES-12, NO-11)
10. 낙담하거나 흥분하면 음식을 마구 먹어댄다. (YES-14, NO-13)
11. 몸에 비해 엉덩이가 큰 편이다. (YES-18, NO-19)
12. 몸에 비해 엉덩이가 작은 편이다. (YES-16, NO-15)
13. 가끔 이유 없이 설사를 하곤 한다. 또는 위장이 약하다. (YES-17, NO-15)
14. 살결이 희고 둥근 얼굴, 남들 보기에 애교가 있는 얼굴이다. (YES-C, NO-22)
15. 전체적으로 몸의 근육이 발달해 있다. (YES-23, NO-14)
16. 미간이 좁은 편이다. (YES-20, NO-21)
17. 웃으면 금방 눈물이 나오거나 항상 눈물이 고여있다. (YES-D, NO-22)
18. 긴장하거나 흥분하면 머리에서 땀을 흘린다. (YES-22, NO-16)
19. 말투가 똑부러지고 냉철한 편이다. (YES-23, NO-H)
20. 롱다리인 편이다. (YES-I, NO-15)

21. 이마가 튀어 나오고 넓은 편이다. (YES-J, NO-20)
22. 광대뼈가 볼록한 편이다. (YES-B, NO-19)
23. 침착하지 못하고 가만히 있지 못하는 성격이다. (YES-E, NO-G)

A. 이성적/ 언변가/ 논리정연형
B. 아이디어/ 창의성/ 자유추구형
C. 사회적/ 외향적/ 관계지향형
D. 우유부단/ 내향성/ 표현부족/ 인내형
E. 겉과 속이 다른 외강 내유형
F. 도전/ 새로움 추구/ 모험가형
G. 경쟁/ 승부욕/ 추진력/ 과시형
H. 평화주의/ 안전추구/ 관계중시형
I. 자기중심/ 추진/ 도전형/ 내추럴리더형
J. 적응/ 조화중시/ 배려/ 서번트리더형

① 외적으로 나는 어떤 유형에 속하나요?

② 내적인 나의 모습을 외적으로도 표현하고 있는가요? (일치 또는 불일치)

③ 변화되고자 한다면 어떤 부분이 변하도록 꾀하고 싶은가요?

자아개념 테스트

인간은 자신의 모든 경험과 생각과 신념에서 생기는 어떤 가식적인 모습을 지니고 있다.

이런 것들은 소위 '자아개념'이라는 것으로서 가식적인 자기 모습인 것이다. 이 자아 모습의 개념은 자신이 성취한 업적과 자기 또래의 친구들과의 관계에서 생기는 자신에 대한 스스로의 인식, 자신이 가치체계를 스스로 어떻게 다루고 있는가에 의해서 그려지게 된다. 나의 행위 모두가 나의 자아개념을 반영하고 있다.

자신이 어느 위치에 있는지를 알아보기 위해서 아래 보기에 대답을 하나만 표시하라.

1. 매력적인 면에서 나는?
① 아주 매력적이다. ② 꽤 매력적이다. ③ 보통이다. ④ 매력이 없다.

2. 내 성격은?
① 아주 흥미있다. ② 꽤 흥미 있다. ③ 보통이다. ④ 별로다 ⑤ 재미없다.

3. 내 코는?
① 썩 잘 생겼다. ② 보통이다. ③ 너무 크다. ④ 꽤 잘 생겼다. ⑤ 추하다.

4. 내 머리칼은?
① 언제나 산뜻하다. ② 꽤 산뜻하다. ③ 보통이다. ④ 관심없다. ⑤ 덥수룩하다.

5. 내 모습과 태도는?
① 매우 매력적이다. ② 꽤 매력적이다. ③ 보통이다. ④ 별로다 ⑤ 매력이 없다.

6. 나는 몸치장을?
① 아주 잘한다. ② 꽤 잘한다. ③ 보통이다. ④ 무관심하다. ⑤ 단정치 못하다.

7. 어떤 방에 들어갈 때 나는?
① 좋은 인상을 준다. ② 강한 인상을 준다. ③ 평범한 인상을 준다.
④ 아무런 인상도 안 준다. ⑤ 나쁜 인상을 준다.

8. 나는 양치를 한다.?
① 식사 후마다 ② 아침, 저녁으로 ③ 매일 ④ 이따금 ⑤ 거의 안한다.

9. 나는 이성 간의 사이가?
① 썩 좋다. ② 좋은 편이다. ③ 보통이다. ④ 썩 좋지는 못하다. ⑤ 아주 나쁘다.

10. 성숙한 면에 있어서 나는?
① 매우 성숙하다. ② 성숙한 편이다. ③ 보통이다. ④ 미숙하다. ⑤ 아주 미숙하다.

11. 나는 스냅 사진이?
① 아주 잘 받는다. ② 잘 받는편이다. ③ 보통이다. ④ 잘 안 받는다. ⑤ 끔찍스럽다.

12. 나는 데이트할 때?
① 아주 기분 좋다. ② 기분이 좋은 편이다. ③ 보통이다. ④ 불편하다.
⑤ 아주 불편하다.

13. 내가 만일 다시 태어날 수 있다면?
① 지금과 같기를 원한다. ② 거의 지금 이대로이기를 원한다.
③ 좀 달라지고 싶다. ④ 많이 달라지고 싶다. ⑤ 아주 딴사람이 되고 싶다.

14. 내가 만일 내 얼굴의 모습을 좀 고칠 수 있다면?
① 지금 그대로가 좋다. ② 한 군데쯤 고치겠다. ③ 두 군데쯤 고치겠다.
④ 세 군데쯤 고치겠다. ⑤ 여러 곳을 고치겠다.

15. 내가 비키니 차림을 한다면 나는?
① 아주 편하겠다. ② 꽤 편하겠다. ③ 보통이겠다. ④ 불편하겠다.
⑤ 아주 불편하겠다.

16. 내가 처음으로 강의실이나 회의장에 들어가게 되면?
① 앞줄에 앉는다. ② 앞쪽에 앉는다. ③ 아무데나 앉는다. ④ 뒷줄에 앉는다.
⑤ 맨 뒤에 앉는다.

17. 나는 성장해 감에 따라 점차로?
① 더욱 매력적으로 된다. ② 매력 있게 되는 편이다. ③ 그 모습 그대로다.
④ 매력이 없어진다. ⑤ 아주 매력이 없어진다.

18. 나의 친구들은 대개가?
① 아주 매력적이다. ② 매력 있게 생긴 편이다. ③ 보통이다.
④ 매력이 없게 생겼다. ⑤ 아주 매력이 없다.

19. 내가 사람들을 처음 만나게 되는 때에 사람들은 나를?
① 아주 좋아한다. ② 좋아한다. ③ 그저 그렇다. ④ 별로다 ⑤ 싫어한다.

20. 나의 육체에 관한 이미지 면에서 나는?
① 나 자신 그대로를 좋아한다. ② 나와 같은 동성이 좋다고 본다.
③ 확실히 모르겠다. ④ 나 자신이 싫다.
⑤ 나와 반대인 이성으로 되었으면 싶다.

모든 설문의 보기에 대해 점수를 매기고 더해서 당신이 어느 위치에 있는지를 알아보라.

①=2, ②=1, ③=0, ④=-1, ⑤=-2

플러스(+)합계가 +30이고, 마이너스(-)합계가 -5이면 →+25가 된다.

+29~15점은 건전한 자아개념을 나타내 준다.

-15~-29점은 자아개념에 영향을 미치는 어떤 자기거부 현상이 있다.

-30~-40점은 자기 자신에 대해 철저한 거부현상이 있는 것이며 비현실적인 자아개념이 있다.

30~40점은 대단한 자부심이 있다는 증거다.

* Self Journal *

Q. 나는 나에 대해 어떻게 생각하고 있나요?

Q. 나에 대해 긍정적인가요? 아니면 부정적인가요?

Q. 왜 나 자신에 대해 그렇게 생각하고 받아들이고 있는지에 대해 과거 어린 시절로부터 되돌아가서 주변사람들과의 관계 그리고 성장과정 속에서 어떤 영향을 받았는지 그 부분들이 지금의 나에게 어떤 영향을 미쳤는지 생각해 보는 시간을 갖고 정리해 봅시다.

몸을 바라보는 시각과 패션심리

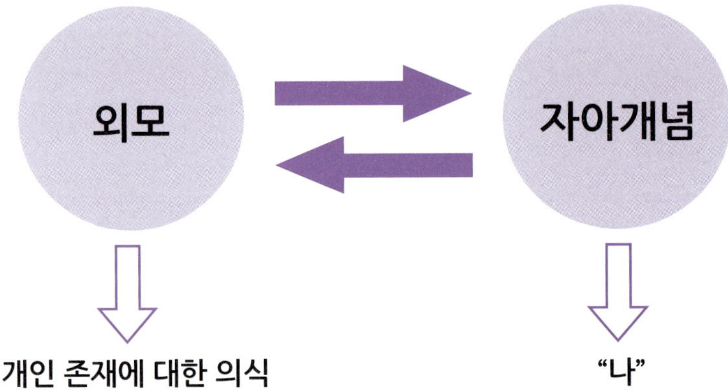

사회 속에서 타인과 함께 살아가면서 좋은 관계를 형성하고 사회적 존재감을 긍정적으로 형성하기 위해서 외모가 주는 영향은 매우 크다.

더욱이 외모지상주의의 현대 사회에서는 남녀노소 구분없이 외모영향력은 삶에 지장을 줄 정도로 지대하다.

인간 대 인간의 첫관계 형성에서 가장 먼저 보는 것도 외모이지 마음은 아니다.

외모를 더욱 보완해 주고 시선을 주목시키는 데에는 부수적인 외적 꾸밈 즉, 패션이 한 몫을 단단히 하고 있다.

그래서 외모란 개인 존재를 나타내주고 있는 하나의 의식으로서 자아의 한 개념으로서의 역할을 도맡아 하고 있기도 하다. 여기서, 자아개념이란 '나'라는 존재를 말해 주는 정의이다. 타인에게 외적인 인상 형성을 함에 있어 큰 영향을 미치는 외적 꾸밈인 패션은 부족한 자아를 충족시켜주는 도구로서 신체의 자아확장이라는 의미도 지닌다.

미국의 심리학자 로젠버그Rosenberg는 자기 자신을 하나의 대상으로 바라보는 사고와 감정의 총합제로 자아를 이야기한다. '나'라는 자아에는 몸과 가족, 살고 있는 환경 및 재산과 능력, 그리고 외적 꾸밈이 포함된다.

인간에게 있어 의복의 중요성을 강조하는 미국철학자 윌리엄 제임스William James는 인간의 구성요소를 세 가지로 보았는데, 몸과 정신 그리고 옷이 그것이다.

지구에서 유일무이하게 자기 스스로를 꾸미고 옷을 입는 존재가 바로 인간이다.

그리고 사회적 존재로서 타인들과 교류를 하고 소통을 하는 데 많은 부분을 차지하고 있는 요소가 외적 꾸밈이고 그를 통해 자신의 존재감을 알리는 수단으로 활용하고 있다.

프랑스 사회학자 부르디외Bourdieu는 몸이란 사회적으로 재생산되는 상징적 가치를 내장한 것이라고 주장하고 있다.

그는 몸이란 다양한 사회적 힘과 연관되어 발달되는 미완의 실체라고 하였다.

그 말은 사람들의 제스처, 걸음걸이, 말씨, 취향 및 차림새 등은 생득적인 것이 아니라, 학습되고 경험에 의해 발전되고 성취된 실체라는 것이다.

따라서 몸은 개인이 속한 문화의 수준을 나타내주는 명백한 상징물인 것이다. 그리고 이러한 몸은 한 사회 내에서 계급차별화의 중심이 됨을 설명하고 있다. 부르디외가 말하는 몸은 계급의 상징물이며, 육체의 자본이라는 견해를 지닌다. 특히 그는 육체의 자본은 개인의 사회적 지위라든가, 습관이나 취향을 측정할 수 있는 잣대로 작용한다고 말하고 있다. 그건 바로 패션 또한 몸의 계급과 차별화의 상징물이라는 사회적 속성을 지니고 있음을 알려주는 것이다.

남녀 이성 간의 "보고 보여지기를 원하는" 성적 욕구 이외에, 인간의 자기도취적인 나르시시즘적 속성은 인간으로 하여금 "보여지기를 원하는" 성적 욕구를 유발시킨다고 말해준다.

특히, 여성은 남성보다 심리적으로 미성숙하여 나르시시즘적 경향이 있으므로 더욱 옷으로 치장함으로써 관심을 끌며 허영심을 충족시킨다고 많은 진화심리학자들이 알려주고 있다. 이러한 여성의 패션심리에 비해 남성은 좀 더 이성적이며 도덕적으로 성숙하다고 하였고, 자아도취적인 성향을 극복함으로써 옷에 대한 관심이 약해졌다고 하였으나 현대사회에는 여성만큼이나 강한 관심을 보이고 있는 추세이다.

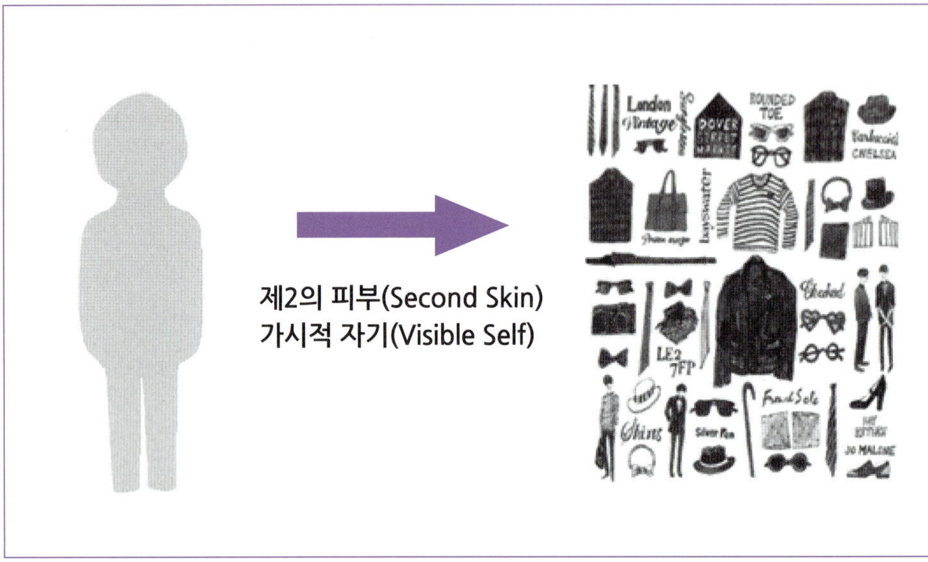

외적 꾸밈 즉, 패션에는 인간의 정체성이 함께 동반한다. 왜냐하면, 패션은 나 자신을 나타내주는 1차적 수단이기 때문이고, 또 제2의 또다른 피부이기 때문이기도 하다. 그것을 가시적 자기Visible self라고도 한다.

인간이 지니는 정체성은 개인적으로 타인과 개체를 구별하여 자신의 고유한 특성을 사회적으로 표명하고자 하는 개성과도 같다.

과거 종교의 본질적 측면으로 보면, 최초 인간인 아담과 이브가 신에게 죄를 짓고서 죄책감과 수치심을 느낀 이후 당당했던 나체에서 원죄를 지니고 몸을 가려야만 했다는 데에서 나체를 가림 즉, 옷을 입게된 시초설이 흘러내려왔다.

그러나, 진화심리학적 관점으로 보았을 때 원시시대 원시인들이 자연으로부터 생명을 지키고 보호하기 위해서 몸을 가리기 시작했다고 하였다. 외적 꾸밈은 어느 정도 인류문명의 삶이 발달되고 의식주의 여유가 생기기 시작한 이후부터 예술활동이란 것을 시도하고 행하면서 몸에 그림을 그리거나 새김으로써 시작된 미적 추구였다고 보고 있다.

의복의 착용동기설 - 신체보호
정숙설
장식설
예술성

옷을 과시함으로써 얻어지는 쾌감이란 먼저 자기 몸이라는 자기애적 외피에서 비롯된다. 이것이 나중에 옷이나 장신구 등을 몸에 착용하는 환유적 의미로 치환되는 것이다.

프로이트는 자기과시self display의 쾌감이 관음증voyeurism욕구의 변형이라고 본다.

노출증은 자기 몸을 바라보는 자기성애적 활동에서 비롯되는데, 나중에 일종의 비교 절차로 다른 사람의 육체를 바라보는 것으로 발전하게 되는 것이다.

그리고 나면 관음증 욕구가 다시 한번 자기 몸을 향하게 되지만 이번에는 누군가가 자신을 보아주었으면 하는 새로운 수동적 목표가 수반되게 된다.

마침내 다른 사람에게 보이기 위해서 자신을 과시하는, 새로운 주체가 형성된 것이다.

외부의 대상을 찾고 또 그를 외면하는 가운데, 주체는 자기 몸이 타인의 몸과 동일시되는 이미지를 얻는다.

이는 라캉Lacan의 거울 단계에서 "누군가가 바라보는 존재, 즉 나는 그림이다."라는 말로 요약된 통일적 신체상(이상적인 이미지)을 얻는 것이다.

이러한 여성이 보여지기 원하는 성적 욕망(나르시즘) 때문에 옷을 통해 과시한다는 이론에 대한 반론 또한 최근 포스트모더니즘의 부상과 함께 제기되고 있다.

6장_가시적 자기의 휴먼이미지와 커뮤니케이션 관리

미는 분노의 감정을 달랠 수 있다.
-괴테

'지금-여기'를 중요시하는 게슈탈트심리학

보통 형태심리학이라고 일컫는 게슈탈트 심리학은 1912년 막스 베르트하이머Max Wertheimer의 운동 시 실험적 연구로부터 시작되었다.

여기서 게슈탈트Gestalt는 우리가 어떤 사물이나 현상을 지각할 때 떠오르는 어떤 형태(모양)를 뜻한다. 보이는 형태의 전체 또는 모습을 말하는데 하나의 전체적인 형상 그 자체로 인간이 인식하고 받아들인다는 것을 말한다.

보이는 신체나 표정 그리고 보여지는 외적 꾸밈의 모습 등이 이에 속한다.

아무 의미가 들어 있지 않는 사물이나 객관적 형태의 이미지가 아닌 형태나 모습을 본 사람이 느낀 감정이나 욕구를 포함하여 지각한 것을 게슈탈트 심리학의 의미로 보고 있다.

모든 개체는 유기적인 활동 즉, 움직임을 통해 게슈탈트를 형성하고 조정한다.

인간은 순간마다 상황과 느낌을 받아들이는 바에 맞춰 자연스럽게 상대나 상태를 인지하는데 억지로 게슈탈트를 형성하고자 애를 쓰지는 않는 현상으로 지극히 자연스럽고 본능적인 현상이다. 예외적으로 이러한 자연스러운 유동적 움직임을 인위적으로 방어하고 차단함으로써 사고와 인지의 유연성에 방해를 하게 되는 경우도 있다. 이를 게슈탈트 심리학에서는 접촉과 경계의 혼란이라고 말한다.

게슈탈트 심리학은 현재에는 독자적인 학문으로 연구되고 있지 않으나 여러 분야에 큰 영향을 미친 중요한 발견이었고 독창적인 연구 분야였다.

게슈탈트 심리학의 가장 기초적인 단계의 논의 중 이른바 '착시'라고 불리는 현상이 있다.

검정 바탕의 회색은 흰색 바탕의 회색보다 밝아 보이고, 루빈의 컵은 마주보는 사람의 얼굴 모습으로 보이기도 한다. 거의 모든 인쇄물이 그러하듯, 우리가 지금 보고 있는 웹사이트의 모습도 확대해 보면 형상을 알아보기 어려운 수많은 픽셀들의 조합이고, 우리가 보는 영화도 착시 효과에 기댄 수많은 정지 장면의 연속이다.

인간이 다른 상대를 지각하는 과정에서 자신이 관심을 가진 영역에서는 지각의 중심부분으로 형성되는데 그 밖의 나머지 영역들은 관심사 주변의 배경으로서의 역할을 하게 된다. 마치, 영화 속 장면에서 주인공의 시선에 들어온 상대 배역 외의 모든 사람들이나 환경이 그저 희미한 움직임으로 연상되는 것과 같은 현상이다.

이와 같이 관심이 주목되는 영역을 전경이라고 하고, 관심 밖의 영역을 배경이라고 한다.

우리는 사물을 서로 다르게, 혹은 사실과 다르게 보는 것일까?

식탁 위의 접시가 완전한 원으로 보이는 경우는 없는데 어떻게 원으로 지각할까?

왜 흰종이는 그 위에 붉은빛을 비추더라도 하얀색이라고 생각하는 것일까?

게슈탈트가 사람마다 다른 방법으로 지각되기 때문이다.

루빈의 컵을 볼 때 지각을 결정하는 요인은 그 사람의 지각적 습관에서 나온다.

루빈의 컵

개인은 자신의 현재 욕구를 기초로 게슈탈트를 형성하여 지각한다.

백지에 그려진 원은, 배고픈 이에겐 음식이 되고, 어린아이에게는 갖고 노는 장난감이고, 또 어떤 사람에게는 그가 필요한 물체로서 지각된다.

게슈탈트 심리학에서 핵심은 알아차림과 접촉이라 할 수 있다.

알아차림awareness은 배경에서 흐릿한 대상이 주목되면서 전경으로 변화되고 의식의 표층으로 올라와 선명하게 나타나는 과정을 말한다. 이는 게슈탈트가 형성되고 해소되고 하는 끝없는 반복의 과정이다.

인간의 이러한 반복적인 유기적 삶은 게슈탈트의 끊임없는 반복과 순환을 통해 앞서 설명한 전경과 배경의 교체 속에서 알아차림 그리고 접촉이 이뤄진다.

게슈탈트 심리학은 인간관계의 중요성과 필연성에 대해 심리적으로 중요한 맥락으로 다루는 이론 중 하나이다.

인간관계를 중심으로 다룬 대상관계 심리학과는 달리 보는 것 즉, 시각적 측면에서 느끼고 받아들이는 것을 다루고 있어 이를 '형태심리학'이라고도 일컫는다.

게슈탈트의 전경과 배경을 인지하는 과정에서 중요하게 보는 것이 알아차림과 접촉의 부분인데 이는 인간관계에서 절대로 뺄 수 없는 만남과 접촉 그리고 받아들임의 관계형성인 것이다.

심리학의 이론들은 대개 두 가지 인간형에 대해 비교연구를 하는데, 정상과 비정상이라는 개념을 놓고 이야기한다.

게슈탈트도 마찬가지로 삶 속에서 자연스럽게 유기적 활동을 하는 사회적 존재로서의 건강한 자아의 삶과 건강치 못한 불안정한 자아의 삶을 게슈탈트의 형성과 해소과정으로서 설명하고 있다.

앞서 언급한 접촉과 경계의 혼란부분을 들 수 있는데, 건강한 사람들은 자신이 주목하고 관심을 갖는 것에 맞춰 배경과 전경을 자유롭게 사용하는 반면, 건강치 못한 자아의 상태에서는 상황에 대한 판단이 불분명하고 흐릿하여 무엇을 어떻게 할지 자가적으로 판단하여 행동하는 데 어려움을 겪는다.

자신이 무엇을 필요로 하며, 그 상황에서 어떻게 행동해야 할지에 대한 판단능력이 희미해지게 된다. 여기서 필요한 부분은 현재의 경험에 대해서, 존재하는 그대로 자각하는 것인데 이것이 바로 '알아차림'이 된다.

배가 고프면 무언가를 먹게 되고, 졸리면 잠을 자게 된다. 그러나 배가 고프거나 잠이 온다는 느낌에 대한 분명한 자각이 형성되지 않으면 그 부분에서 여러 가지의 불편함과 문제가 형성되게 된다.

그러한 자기조절 능력에 문제가 생기고 판단능력이 분명하지 못한 부분의 배후에는 과거 양육관계와 어린시절 부모와의 문제가 있다고 수많은 심리학자들이 강조하고 있다. 강압적인 부모 밑에서 자란 아이는 자신의 필요성보다도 부모의 욕구에 초점을 맞추는 경향이 강하다. 그러다보면 이들은 타인의 욕구에 대해서는 예민하게 알아차리는 눈치가 빠르게 형성되지만, 실상 자기에게 초점을 맞춰 자신의 욕구는 어떠한지에 대한 분명한 자각에 있어 혼란을 겪게 된다. 자신의 욕구나 필요성은 항상 뒷전으로 떠밀어 넣어 맞닥뜨리지 않고 살아가게 되는데 이것을 게슈탈트에서는 미해결 과제라고 한다. 마치 해결하지 못한 숙제가 되어 하나 둘 밀린 숙제가 많아지고 쌓이게 된다. 그리고 쓰레기통이 포화상태가 되어 넘치듯이 내면의 미해결된 과제가 포화상태가 되면 갑자기 짜증을 내거나, 화를 내면서 거칠게 자신을 표현하고 무관한 상대방을 공격하는 일들이 벌어지게 된다.

게슈탈트에서는 이러한 상황들을 해결하기 위해서 심리치료의 형태로서 게슈탈트 심리상담을 제시하는데 이는 치료사가 내담자의 이러한 문제를 자기 스스로 인지하고 수용하며 받아들이는 상담을 하도록 돕는다. 그것이 바로 알아차림과 접촉의 과정이다. 내면에 해결되지 못한 채로 잠재되어 있는 과거의 미해결 과제를 접촉하도록 돕고 배경 아래 놓인 미해결 과제를 전경으로 끌어올려 선명하게 알아차릴 수 있도록 치료사가 돕는 역할을 하는 것이다.

알아차림이란 이렇게 흐릿한 배경이 현재의 생생한 전경으로 전환되는 것을 의미한다. 되돌리고 싶지 않은 과거의 경험을 현실에 끌어올려 다시 인지하는 것이 중심이 되고 지나간 과거 이외에도 오지 않은 미래에 대한 근심과 걱정의 부분에서도 현재 일어나지 않는 과정임을 인식하고 받아들이는 것에도 초점을 두는 것이 게슈탈트이다. 또한 게슈탈트는 지금-여기 즉, 현재의 삶을 중심으로 이뤄지는 심리학이자 심리치료의 형태이다.

본다는 것은 눈이 보는 것을 넘어서는 것이다.
마음은 눈만 가지고는 볼 수 없는 대상들을 본다.

가시적 자기

인간은 사회적 존재로서 사회 안에서 자신을 외적으로 표현하고 살아간다.

물론 외적인 꾸밈의 목적과 이유, 정도 등은 동일하지 않으나 우리의 삶 속에서의 외적 표현은 중요한 부분을 차지하고 있다. 이러한 외적 표현은 우리 삶 그 자체이며 일부이기 때문에 일상을 보여주고 감정과도 영향을 주고받는다.

게다가 인간의 외적 표현은 시각적 감각의 부분이 많이 차지하기에 더욱이 직접적으로 타인으로부터 평가를 받고 타인을 평가하게 된다. 현대사회에 들어오면서 외적 표현에 대한 자유가 허용되고 소비시장의 폭이 확장됨에 따라 외적 표현은 보다 쉽게 자신을 나타낼 수 있는 매체로서 발돋움하게 되었다. 사회 속에서 나타내는 외적 표현은 나의 존재수단이 되고 타인과의 소통도구로서의 역할을 하고 있다. 그래서 외적 표현 수단 중 하나인 화장을 통해 언어를 사용하지 않고도 의견 교환이 된다고 보았으며 이러한 외모 관리를 통하여 건강한 이미지와 개인의 가치를 상승시킴으로써 심리치료가 가능하다는 가능성이 이미 과거에서부터 연구되어져 왔다.

인간이 입는 옷 역시 심리를 잘 반영하는 매개체이다. 매일 입고 생활하는 패션 속에는 과거나 주변인물 등의 삶이 연결되어 모든 것을 반영하고 있기 때문에 자기 자신, 그리고 삶에 대한 스스로의 관점을 정확히 보여주고 있고, 옷장에 걸린 옷의 스타일, 색깔 등은 자신의 무의식을 반영한다고 보았다Jennifer Baumgartner, 2012-You are what you wear.

이와 같은 현상은 고급 용품으로 자신을 꾸밈으로써 내적인 안녕감을 찾는 것이 아니라 자신이 입는 옷의 패턴을 통해 자기이해를 하고 자신의 개성을 나타내는 스타일을 통한 자기표현을 하며 외적 표현의 변화를 통한 자기만족도 향상 등을 추구할 수 있는 가능성을 말해주고 있다.

가시적 자기란, 타인에게 '보이는 나'로의 자아를 의미한다.

앞서 언급되었던 자아는 다시 말해, 윌리엄제임스가 3가지 자아 - 물질적 자아, 사회적인 자아, 정신적인 자아로 나누었다. 여기서 가시적 자아는 물질적 자아에 해당하는 것으로 외모, 신체적 특징, 소유물 등이 해당된다. 이는 외적 표현을 통해 자신을 나타내는 것은 타인이나 사회적으로 나타내는 나로서의 가시적 자기라고 할 수 있다. 이와 같은 가시적 자기를 표현할 수 있는 자기표현 방법으로 언어적 표현과 비언어적 표현 방법이 있는데 비언어적 표현 방법 중에 옷이 70%를 차지하고 있다. 이는 옷과 같은 외적 표현이 자기를 표현하는 데 있어 그만큼 상당한 비중을 차지하고 있음을 나타내주고 있는 것이다. 외적 표현과 꾸밈은 자신의 정체성을 포함한 사회적으로 보여지는 나를 나타내는 수단으로 삶 전반적인 부분에 영향을 주며 사용되어진다. 여기에는 화장, 헤어, 옷, 액세서리 등이 다채롭게 포함된다. 또한 옷이나 액세서리 등은 다른 사람들의 심미적인 반응에 대한 자극물로서의 역할을 하며, 기분이라고 일컫는 주관적인 상태와도 밀접한 관계를 지니고 있어 외적 표현을 통하여 나를 보여줌으로써 다른 사람들의 관심과 반응을 이끌어올 수 있고, 비가시적인 기분과 감정 역시 외적 표현을 통하여 타인에게 보여질 수 있게 된다.

또한, 외적 표현은 사회적 관계와 자신이 자신을 드러내고자 하는 의미들을 함축하고 있어 타인에게 나를 나타내주는 수단으로서 활용되고 있다.

이와 관련된 연구 결과로 20~30대 젊은 층에게 있어 의복은 타인으로부터 인정받는 수단이 되기 때문에 외적 관리의 중요함을 보여주었고(심정은, 1997)[1] 여성들의 외모 만족이 심리적 안녕감에 유의미한 영향을 주었으며(박혜원, 2013)[2], 그밖에 여성들은 자신이 아름다워 보인다고 느낄 때 기분이 전환되고 삶에 대한 태도가 긍정적인 방향으로 변한다는 것을 밝힌 연구가 있다(Ash, M. K, 2003).

이와 같이 화장, 옷, 액세서리, 향수 등과 같은 외적 표현과 관리는 사회적으로 타인에게 보여지는 모습인 가시적 자기를 직접적으로 잘 나타낼 수 있는 상관성을 지니고 있기 때문에 가시적 자기로의 외적 표현이 삶에 중요한 역할을 하고 있음을

1) 심정은, 1997, 청소년기의 자의식 및 체중조절 행동과 의복행동과의 관련연구

2) 박혜원, 2013, 자기표현 외모관리 행동 및 외모만족이 심리적 안녕감에 미치는 영향

알 수 있다. 이러한 외적 표현은 고정된 사회적 신분관계가 무너지고 자유로운 소비가 가능해지면서 점차 자신을 다른 사람과 어떻게 차별화하고, 또는 어떻게 동일화할 것인지, 그리고 감정을 드러내고, 어떠한 욕망을 충족해야 할 것인지 등을 결정하게 되는 역할을 하면서 외적 표현에 대한 자의식이 과거보다 더욱 복잡하고 첨예한 양상을 띠며 드러내주고 있어 이에 관한 연구에 더욱 주목하여 바라보아야 한다.[3] 가시적 자기에서 자기self의 개념은 심리학과 철학 그리고 과학으로부터의 개념인지, 그 일부인지, 사고과정의 일부나 대뇌피질 속 존재하는 실체의 일부인지에 관해서는 명확하게 밝혀진 바가 없다. 자기에 대한 심리학적 개념이 전체로서 개인 혹은 개인 내부의 구조나 요소를 지칭하고 있어 자기가 개인의 정체성과 자존심 및 자아와 같은 개념들과 관련되는지도 분명하지 않는 것으로 과거 연구에서부터 주장되고 있다. 그러나 자기에 대한 철학적 관심은 과거 소크라테스의 "너 자신을 알라"라는 명언에서부터 시초된 것으로, 심리학에서의 자기라는 개념은 과거 1890년 윌리엄 제임스James에 의해 최초로 사용된 것으로 알려져 있다.

자기는 '경험적 자기Empirical self' 또는 '지각된 자기Perceived self' 곧, 나의 이름으로 불리우고 싶은 모든 것으로 규정되었으며 자기의 구성요소는 물질적 자기, 사회적 자기, 정신적 자기 그리고 순수자아로 세분화되었다.

또한 제임스는 물질적 자기를 자신과 관련된 가시적인 물질의 소유물, 예를 들어, 신체, 의복, 가족, 재산 등으로, 사회적 자기를 개인이 자기를 인정하고 기억하는 이들로부터 얻은 승인으로 정의하였으며 물질적 자기의 가장 깊숙한 부분이 신체이고 그 다음이 의복이라고 하였다.

가시적 자기로 나타나는 외모는 신체 각 부위의 생김새로 머리에서 발끝까지 보이는 전체적인 실재를 의미하는데 이는 개인의 타고난 신체에 일시적이거나 영구적인 장식과 꾸밈을 가미하여 형성되는 총체적인 인간상이다.

3) 가시적 자기로의 외적 표현과 자기 효능감 및 심리적 안녕감의 상관관계(임윤선, 2015, 예술치료교육 Journal of Art Therapy &Education 제5권 제2호, 2015, pp. 17-36)

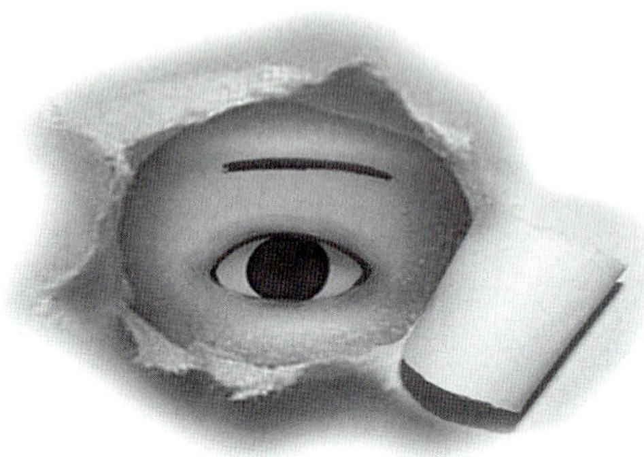

한국사회의 특성과 가시적 자기로서 외적 표현의 중요성

한국 사회가 지닌 독특한 사회, 문화의 특징으로 여러 가지가 있는데 그중 한국인의 심리특성으로 두드러진 우리성, 체면 그리고 집단중심사회에서 이뤄진 집단예의가 있다. 한국사회는 과거에서부터 현재까지 집단이 중심된 사회적 특성을 지녀 개인이 독립된 주체성을 지니고 자기존재성을 부여하며 살아가기에는 다소 무리가 있는 독특한 문화사회를 형성하고 있다. 더욱이 '우리'라는 집단 속에서 상호 동질감을 느끼고 공유하며 살아가는 게 삶의 기본이 되었고, 타인과 함께 살아가는 데 필요한 '체면'은 자신을 온전히 드러내는 것에 큰 걸림돌이 되는 심리적 요인이 된다. 그리고 '집단 예의성'은 집단주의 사회 속에서 타인과의 안정된 관계를 형성하는 데 있어 중요한 부분을 차지하는데 의례적인 인사치레나 관혼상제 등의 행사 등 개인적 행사를 넘어 아예 국가공휴일이나 행사와 같은 공공연한 집단행사로 이어져 개인적으로 부담과 불편함이 형성되고 있는 실정이다.

이처럼 타인과의 관계 속에서 보이는 나를 중요시 여기는 한국 문화의 특징 때문에 외적 표현 또한 적지 않은 영향을 받게 된다.

특히 1990년대 이후부터 한국 사회에서 볼 수 있는 개인들의 소비 행위가 상품의 유용성과 사용 가치 때문이 아니라 자신의 정체성을 표현하고 싶어하는 차별화와 위장 욕구 등에 의해 특징지어진다고 보았는데(김은실, 2001) 이와 같은 현상은 사회 속에서 외적 표현과 관련된 소비 과정을 통하여 자신을 규정하고 타인에게 어떻게 보이는지를 드러내주어 자신의 존재감을 알리는 표현인 것이다. 또한 가시적 자기로서의 외적 표현이 단순히 자아를 중심으로 이루어지는 것이 아니고 타인을 의식한 상태에서 이루어지고 있기 때문에 이를 통해 사회적 관계의 매개 역할을 하고 사회적 분위기에 따라서도 스타일이 변하게 된다고 많은 사회심리학자들이 말하고 있다. 이렇듯 우리성, 체면, 의례성 등을 중시하는 집단중심의 한국사회에서는 외적 표현과 관리가 두드러지는 특징이 더욱 잘 드러나게 된다. 따라서 집단주의의 특징과 타인을 많이 의식하는 한국 문화 속에서 가시적 자기는 중요한 위치에 있으며 이러한 가시적 자기를 직접적으로 드러낼 수 있는 외적 표현은 한국인의 심리와 정서에 많은 관계성을 가지고 있음을 알아볼 수 있다. 또한 현대사회가 되면서 소비에 대한 자유가 확대되고 이를 통한 외적 표현이 더욱 활발해지면서 한국 사회 내에서 가시적 자기의 중요성과 특징이 더욱 두드러지고 있다(임윤선, 2015).[4]

한국인의 문화사회심리 특성과 외모심리

한국문화의 특성

1) 샤머니즘: 한국인의 심성과 문화에 영향을 미친 최초의 토대

2) 불교문화

3) 유교문화와 유학사상의 사대주의 영향

4) 가시적 자기로의 외적 표현과 자기 효능감 및 심리적 안녕감의 상관관계(임윤선, 2015)

한국의 집단주의 문화에서는 상호의존성, 자기 억제, 행위 가변성 측면을 강조하여 타인에의 관심과 배려, 소속집단에의 동조, 단결심, 겸양, 호감(선량함, 온화함 등), 신뢰성(믿음직함, 건실함, 참을성 있음 등), 양보, 협동, 신중함, 과묵함, 노력 등의 특성을 상대적으로 높게 평가하는 경향이 짙다.

4) 들여온 서구문화(서구문화의 4가지 측면)

① 과학기술문화 : 논리성, 합리성, 유물론, 실용주의 강조
② 천주교와 기독교 유입 : 일신론적 세계관, 내세주의, 청교도적 가치관, 사회봉사정신 등
③ 자본주의적 시장경제의 가치관
④ 서구의 자유민주주의 사상과 개인주의 문화: 자율성과 자기주장 강조, 수월성, 전문성, 외향성, 주도성, 적극성, 자발성, 유능함, 창의성

서울대 심리학자 권석만이 말하는 한국문화의 일반적인 특징*

1. 대인관계를 중요시 하는 '의존적 또는 상호의존적 문화'
2. 유교적 전통에 영향을 받은 '권위적 문화'
3. 감정의 표현을 자제하는 '억제적 문화'
4. 의사소통의 많은 부분이 비언어적 방식에 의해 이루어지는 '비언어적 or 음성적 문화'
5. '투사적 문화(자신의 길흉화복이 초자연적인 신, 자연 환경적 요인, 자신의 신체적 요인 등에 의해 결정된다고 생각하는 수동적 운명관이 잠재의식 속에 지배하는 문화 - 사주, 궁합, 풍수지리, 기복 신앙적 종교가 유행하는 이유)

서구와 한국의 자아비교

서구의 자아(개인주의문화)	한국인의 자아(집단주의문화)
개인의 내면에 존재하는 실체(entity)로 간주되어, 개인 자신의 고유한 특성을 안정적으로 갖고 있는 구조체이며, 이성적 인식을 통해 발견할 수 있는 것으로, 갈등을 일으키는 상황에서 해결을 위한 중요한 준거로 활용된다. 즉, 서구문화에서 자아는 삶의 과정에서 결정화된, 개인의 고유한 특성(자신의 행동과 생각, 선호, 동기, 가치, 목적)으로 엮어진 존재론적 실체(ontological entity)이며, 삶을 영위하는 과정에서 늘 참고해야 하는 준거이며, 행위와 선호의 가장 중요한 결정요인이 된다(고정적/개인적/내부지향적/기술적).	자신이 처한 주변상황, 관계에서의 역할, 의무와 분리되어 생각할 수 없는 가치지향적인 마음가짐으로 고정적 실체라기보다는 상황에 따라 변화 생성되는 유동적인 것이며, 가족집단으로 확대된 자아이며, 수양을 통해 그 발현을 다스려야 하며, 사회적 이상이 내면화된 것으로 궁극적으로는 자연과 합일을 지향하는 특성을 지닌다(상황적/관계적(사회적)/외부지향적/규범적).

한국인의 심리적 특성

국민성 : 한 국가에 살고 있는 사람들에게서 가장 흔히 발견되는 대표적이고 평균적인 성격

한국인이 지니는 사고방식의 특징

감수성(감정의 우위), 과거에의 집착(보수성), 권위주의(열등의식), 체면(형식주의), 공리적 경향(현세 중심)

한국인이 지니는 다양한 심리적 특성의식

열등의식, 서열의식, 상향의식, 집단의식, 은폐의식, 금욕의식, 가족의식, 체면의식, 내향의식, 공공의식 등

한국인의 심리를 '심정心情'이라는 용어를 들어 한국인의 특성적 심리라고 강조한 한국인심리연구가 최상진(2011)에 따르면 심층심리를 정과 한의 요소로 설명하였

고 마음과 감정을 합한 '정'의 요소라는 한국인의 심정심리를 강조하였다. 여기서 심정이란, 마음씨를 뜻하며 마음속으로 품고 있는 생각과 감정 등을 담고 있다.

한국인의 심리연구학자 최상진이 말하는 정의 4가지 형성조건

(1)역사성(시간)

삶 속에서 상대방과 함께하는 모든 접촉과 교류의 축적된 시간으로 인해 정이 형성된다.

(2)동거성(공간)

공간적인 의미로 타인과 함께 주거하는 환경 속에서 이뤄지는 접촉을 통해 정이 형성된다.

(3)다정성(성격)

상대에 대한 포근하고 편안한 감정의 경험과 긍정적 이미지형성으로서 정이 형성된다.

(4)허물없음(관계)

상대에 대한 경계정도와 친근감 정도에 따른 오픈마인드 정도 차이를 보여준다.

'정'의 기능

정이 들었다고 하는 인간관계는 너와 나의 구별을 바람직하게 보지 않는 우리성의 관계이며, 개인이 함몰된 관계를 형성하기도 한다.

- 긍정적 기능 : 편안한 느낌을 갖게 함/ 상대방에 대한 의지와 신뢰
- 부정적 기능 : 상대를 위한 희생이 요구됨/ 상대방의 요구를 거절하기 어려움 / 공정성과 합리성을 유지하기 힘들다.

체면

체면의 정의 : 나 이외의 타인을 대함에 있어 떳떳한 도리나 당당한 외적 모습

(1) 남을 대한다는 외적 요소와 떳떳함이라는 내적 요소로 구성된다.

(2) 떳떳하기 위해서는 도덕적으로 혹은 능력 면에서 인정을 받을 자격이 필요하다.

(3) 도덕적인 인격을 갖춘 사람은 예의와 염치를 아는 사람이며, 이를 갖추지 못한 사람은 부끄러움을 느껴야 한다.

(4) 자괴적 부끄러움

: 자신이 생각하는 기준이나 사회적으로 보이는 체면의 기준에 못 미친다는 것을 인식하게 되면서 자신만이 느끼게 되는 부끄러운 정도

수치적 부끄러움

: 타인이 기준에 못미친 자신을 알게 되었을 때 느끼는 창피함의 부끄러운 정도

(5) 체면은 특히 외적 요소(남을 대한다)와 결부된 수치적 부끄러움과 관련되며, 체면유지에 실패하게 될 경우 사회적으로 자신의 권위와 함께 영향력이 상실되며, 상급자에 대한 불신, 인격이 하락되며 무능하다는 부정적 평가를 받게 되는 경우가 더러 생기게 된다. 체면이 손상될 수 있는 상황에서 체면손상을 면하기 위해 한국에서는 핑계, 흰 거짓말, 인사치레에서의 거짓말 등이 자주 사용되는데, 예를 들어 이중인격과 같은 양상을 보인다. 그 밖에 자기 과시성, 권위주의적 심리가 있다.

체면의 행위적인 측면에서 '지키는 체면'과 '내세우는 체면' 두 가지로 나뉜다.

지키는 체면

: 체면관계에서도 상하관계에서 체면이 깎이는 상황 가운데 이를 방어하거나 회복하는 행위로서의 보편적 현상

내세우는 체면

: 내세우는 체면은 한국사회에 강하게 드러나는 체면의 행위이다.

예를 들어 자기과시, 허세 등과 같은 반동형성의 자기방어기제와 빈 수레가 요란하다, 빛 좋은 개살구 등의 속담이 있다.

눈치

영국의 심리학자 마이클 아가일Michael Argyle의 동양문화권 조사내용에서 동양인이 지니는 독특한 사회문화 심리특성으로 '눈치'를 꼽았다.

서양문화권과 달리 동양문화권은 서로의 의를 상하지 않고, 체면을 잃지 않도록 정서의 직접적인 표현을 자제하는 것을 규범으로 여기는 집단중시 특성을 지니기 때문에 더군다나 눈치의 심리행위는 강할 수밖에 없다.

한국사회는 의사소통의 고맥락 문화high context culture에 속한다고 연구에서 밝혀졌다. 여기서 고맥락 문화란 용어는 미국의 인류학자 에드워드 홀Hall이 각 문화권의 의사소통내용의 해석과 관련하여 제시한 개념이다. 고맥락 사회에서는 소통을 주로 문자나 말에 의존하는 특성을 지닌다. 중요한 특징의 하나는 눈치의 주고받음에 의한 내용의 해석이다. 홀에 의하면 저맥락 문화는 의사소통이 직설적이고 명시적인 데 비해, 고맥락 문화는 암시적이고, 함축적이며, 비언어적 소통이 중심으로 이뤄진다고 하였다. 소통의 논리 과정에 있어서 저맥락 화법은 선형 논리이며 고맥락 화법은 나선형 논리라는 점에 있어 서로 매우 상이하다. 대체적으로 동양은 서양에 비해 고맥락의 문화권에 속한다.

동서양의 의사소통의 방식을 비교해 보도록 하자.

- 분명하고 직설적인 서양인의 의사소통 방식
  예) "사랑한다.", "보고 싶으니 만나자", "입에 맞지 않아 먹고 싶지 않다."
- 비유적이고 은유적인 간접적 동양인의 의사소통 방식
  예) "마음에 매우 든다.", "자꾸 생각나고 눈에 아른거린다.", "속이 좋지 않아서 도저히 못 먹겠다."

눈치기제는 상호교류에서 피차 체면을 잃지 않고, 상을 찌푸리는 일이 발생하지 않도록 하면서, 상대방에게 스스로의 의도를 자연스럽게 전달하는 간접적인 의사소통기술로 자기중심적 표현이라기보다는 타인을 배려하는 표현에 속한다.

과거 선조들이 생활 속에서 펼친 지혜로운 의사소통에 대해 전해져 내려오는 눈치에 관한 말들이 있다. 절에 가도 눈치만 좋으면 새우젓 얻어먹는다는 눈치의 지혜에 관한 민담도 있고 그와 반대로 지나친 눈치의 습관화에 대해 부정적인 시선을 주는 민담인 눈칫밥 먹고 산다는 말도 있다.

눈치는 주는 사람과 채는 사람의 역동적 관계에서 전달내용 그 자체가 아니라 다른 숨겨진 내용을 전달하고 싶다던가, 혹은 '내 말을 그대로 믿지는 말아 달라'는 의도의 은밀한 표현과 접수행위이다.

눈치가 제대로 작동하지 못한 경우의 관계를 보면, 주된 피해자가 주로 상하관계인 아랫사람일 확률이 높아 상하관계에서 아랫사람의 비중이 크다. 왜냐하면 눈치는 한국적 공손성의 표현기제이기 때문에 관계에서 기존의 서열이 잘 유지되고, 부드러운 분위기를 영위하기 위한 사회적 목적도 함께한다.

눈치기제가 한국사회에서 활발하게 작동하는 이유는 한국사회가 고맥락사회이며, 상하질서를 중시하고, 의사소통에 있어 단어와 문장의 해석을 보편적 의미에 비추기보다는 관계의 특수성에 비추어서 하기 때문이다.

집단예의성(의례성, 형식주의, 표리부동, 겉치레)

표리부동의 기능적 측면: 대화의 주기능을 단순한 정보의 전달이 아니라 상호 간의 관계에 대한 정보를 전달하는 것으로 본다면 표리부동한 언행은 부정적인 성격특성이라기보다는 교류과정에서 나타나는 상대방에 대한 배려방식으로 볼 수 있다.

표리부동한 언행은 이런 의례성의 표현 방식이기에, 이를 이해하고 있는 한 거짓말의 교환은 역설적으로 관계를 보다 수용적이고 부드럽게 해주는 기능이 있다.

의례성: 언행자가 상대방의 욕구를 충족시키거나 또는 자신의 욕구를 충족시키려는 동기를 지닌 상태에서 상대방과 우호적인 관계를 유지, 증진시키기 위한 기능을 위해 상황에 적합하게 속마음과는 다른 언행을 보이는 심리적 상태를 나타내준다.

핑계

'처녀가 애를 배도 할 말이 있다', '핑계없는 무덤 없다'

1) 변명 : 핑계의 의미를 지니고 있지만 미안함의 의미를 담음
2) 정당화 : 그 벌어진 상황 및 자신의 행위가 어쩔 수 없는 것으로 정당화될 수 있음을 표현
3) 자신의 행위에 대해서 꾸며낸 이유를 대는 행위이며, 그 부정적 결과에 대한 책임회피적 변명의 성격이 강하다.

한국인의 핑계의 기능적 측면 - 해명성 핑계와 의례성 핑계

해명성 핑계 : 자신의 잘못된 행위에 대해 스스로의 책임을 모면하기 위해 제시하는 설명(상황적 적합성과 진실성 필요)

의례성 핑계 : 대인관계나 상호작용을 원활하게 하기 위한 목적에서 건네지는 것으로 상대방의 체면을 유지하거나, 상대방의 자존심을 고양시키는 기능

한국인의 경우 상호관계에서 마찰을 없애고자 하는 경향이 강하기에 상대방의 자존심을 부추기고 자신을 겸허하게 보이는 효과를 지닌 의례성 핑계를 다른 문화권에 비해 많이 보인다.

한국인심리연구학자 최상진은 한국인 개인 간의 심정심리와 심층심리가 사회심리 구조 안에서 상호작용을 한다고 보았고 사회심리의 요소로서 '우리성'을 강조하며 체면, 눈치, 핑계, 의례성을 대표적인 한국사회의 성격이라고 하였다. 이는 곧 집단 중심적인 사회, 문화심리가 한국사회에 이미 오래전에 고착되었음을 알 수 있게 해준다.

한국인은 과거 유교적 강한 틀 속의 집단중심 사회형태를 지니면서 살아왔기 때문에 아무리 서구화된 현대문명이고 이제는 기계중심의 디지털문명일지라도 그 혈통은 아직도 건장하게 뿌리박혀 있다. 한국은 개인의 존엄성과 존재를 중시하기보다는 소속된 집단의 형태를 중요시하고 그에 따라 기준이 형성되기 때문에 서양이건 다른 동양권 문화의 나라건 간에 상관없이 한국만의 독특한 사회심리적 특성을 지니고 있어 많은 외국 학자들의 지대한 관심대상이 되고 있다.

그러나 이러한 사회문화적 특성들은 타인이나 집단의 3인칭 시점으로의 판단과 평가에 대한 강한 의존성을 형성하게 되어 다양한 심리적 불안과 또 다른 사회적 문제를 야기하게 된다.

타인을 주로 의식하면서 집단을 중심으로 사는 한국사회에서 사람들은 보다 더 나은 외모가 사회적으로 인정을 받게 된다는 외모중시 사고를 불러일으키고 그에 따른 성형중독과 무리한 다이어트 그리고 명품 열풍을 야기시킨다.

이와 같은 한국사회의 사회심리 특성은 획일적이고 규격화된 외모 규범을 제시하게 되고 이에 준하지 못하는 이들에게는 열등감을 비롯한 다양한 심리적 문제들을 갖게 하여 인간의 존중성을 떨어뜨리는 차별적 사회로 피폐해지게 된다(홍승표, 2010).[5] 현대 우리 사회는 외모로 타인의 내면이나 특질에 대해 평가하는 성향이 점차 분명해짐에 따라 외모가 자신을 외부로 표현하는 데 중요한 요인이 되었다(김국희, 김덕하, 2010).[6][7]

한국인의 언어문화 특성

말을 아끼는 문화

(1) 할 말과 안 할 말을 명확히 구분하고 강조하는 언어문화

5) 홍승표, 2010, 한국인의 사회심리적 문제점과 동양사상을 통한 해결방안, 한국학논집
6) 김국희, 김덕하, 2010, 외모관련태도에 따른 현실적 자기이미지와 이상적 자기이미지의 차이, 한국디자인문화학회, 16(1), 11-25
7) 한국인의 외모심리에 관한 예술치료적 접근으로의 프로그램 개발연구(임윤선, 2014)

(2) 때와 장소를 못 가리면 '경망스럽다, 방정맞다' 는 평판을 듣는다.

(3) 수직적 질서가 강조된 전통 사회에서는 말을 아끼는 문화 중시

농경사회 협업체제의 대가족 중심 사회: 말로 인한 분란을 경계하였다.

(4) 다변보다는 침묵을 중시했던 가치관은 동서양 공히 같이 나타남.

(5) 말로 인해 화를 입는, '설화舌禍'의 개념이 문화적 코드로 자리 잡았다. - '가만히 있으면 중간은 간다.'의 언어 실천관 중시

이러한 언어문화는 시민 사회의 역동성과 민주성을 발전시키는 데는 문제가 있다. 현대 사회적 재개념화가 필요하다.

(6) 말이 많거나, 말을 옮기는 경우를 악덕시 함 - 다변췌사(多辯贅辭)

- 말이 많음으로 인해 인간관계의 파탄을 가지고 오는 경우
- 어른 말씀하시는 데 끼어들지 않는다.
- 윗사람에게 바로바로 말대꾸하지 않는다.

(7) '말로서 말 많으니 말을 아끼는 것이 좋다'

쓸데없이 남의 말 하는 것을 소인배적 행태로 보았다.

감각과 감정이 두드러지는 표현 문화

(1) 감각적인 언어 표현이 다양하고 섬세하게 발달되어 있다.

예) 색채 의미의 표현 스펙트럼이 넓다.

(노랗다/노리끼리하다/누렇다/노르스름하다/샛노랗다/노릇노릇하다)

예) 아픈 감각(통각)을 나타내는 말도 섬세하게 발달되어 있다.

(명치끝이 무지륵하다/아랫배가 싸르르 하다/골치가 지끈지끈하다)

예) 날씨나 계절 감각을 섬세하게 잘 드러내는 말도 발달되어 있다.

(후덥지근하다/칼바람이다/희끄무레하다/아지랭이가 아라아리하다/밥 굶은 시어머니 같은 날씨다 등)

(2) 이런 감각적 표현은 심리 상태나 가치 판단 등, 다른 상황을 나타내는 데로 전이시켜 사용하기도 한다.

예) 싹수가 노랗다/새빨간 거짓말/검은 속셈 등

(3) 감각적 표현이나 감정 표현이 승한 장면에서는 논리적 표현이나 이성적 사고가 위축되는 현상이 나타난다.

(4) 토착적 감각어는 우리말의 향토성, 서정성을 살리는 데 도움이 된다.

성격, 심리 등의 상태를 신체 표현과 결부시킨 표현

(1) 두려움/담대함의 심리 상태를 표현하는 말

예) 담대함 - 간이 배 밖으로 나왔다/겁 없음 - 간(땡이가)이 부었다.

소심함 - 간이 콩알 만해졌다/간이 졸아 들다.

(2) 당황하거나 미칠 것 같은 심리 정황을 일컫는 말

예) 환장하겠다. 창자가 뒤집어진다.

(3) 슬픔이나 마음의 아픔을 나타내는 말의 예: 애(창자)가 끊어진다.

(4) 초조, 아쉬움 등을 나타내는 말의 예: 애(창자)가 탄다.

(5) 웃음이 헤프고 행동이 실없는 경우의 예: 허파에 바람이 들다.

(6) 주견이 없고 싱거운 상태의 예: 쓸개가 빠졌다.

(7) 경황 없이 바쁜 경우의 예: 눈코 뜰 새 없다.

(8) 지혜가 없고 무지하여 바보스러움의 상태

예) 밥통(밥통에 불과한 몸, 밥이나 축내는 몸)

(9) 모진 상처에 대한 감정적 반응의 예: 한이 뼈(골수)에 맺힌다.

(10) 기타 신체적 상관에 의존하여 표현하는 경우

예1) 곤궁하여 밥을 굶는 경우의 가난 - (밑이) 찢어지게 가난하다.

예2) 배고픔을 나타내는 과장 - 배가 등가죽에 가 붙었다.

예3) 도망가는 심리 장면 - 오금아 날 살려라.

예4) 음식의 양이 성에 차지 않음 - 간에 기별도 안 간다.

한국인의 문화심리 특성

미국 MIT연구진이 2008년 최초로 미국인과 동아시아인을 비교한 연구에서 문화적 차이가 두뇌활동 패턴에까지 영향을 미친다는 사실을 신경학적 증거로서 보여준 결과 미국인은 상대적 판단을 어려워했고 동아시아인은 절대적 판단을 더 어려워하는 것을 알 수 있었다. 이와 같이 서로 다른 문화권 사람들은 기본적인 개념을 이해할 때 서로 다른 방식으로 두뇌를 사용하면서 판단하며 행동을 하게 되는데 이는 두뇌를 중심으로 한 신경학적 현상이라기보다 오랫동안 습관이 몸에 배인 사회문화심리적인 것이라 볼 수 있다.

세계 33개국 7300명을 대상으로 문화적으로 경직된 사회를 알아보는 설문조사를 미국 메릴랜드대 연구팀에서 실시한 결과 인도, 말레이시아, 싱가폴, 파키스탄과 함께 한국이 가장 경직된 나라로 분류되었다.

외국 학자들의 동양인 심리분석에서도 한국은 집단주의 성향과 불확실성 회피가 매우 강한 국가로 나타났으며 특히 한국인은 가족중심의 집단성향이 두드러지게 나타난다고 보고하였다. 이 부분에 대해 한국인 심리학자 최상진은 전통적인 집단주의 성향을 띤 관계 지향적 한국문화는 개별적 자기보다 타인 지향적 관점을 매우 중요시 해왔다는 것을 강조한 바 있다. 이렇듯 집단주의의 문화 특성이 강한 한국사회는 남녀노소 할 것 없이 타인과의 관계성이 자아구성에 매우 중요한 요인이 되면서 한국의 문화 심리적 특성을 형성하였다.

한국인과 서양인의 다른 사고에 관한 경험적 연구를 살펴보면 한국인의 집단주의는 서양의 내집단 개념과는 차원이 다른 개체를 '우리' 집단 속에 함몰시키는 탈자기적 '우리성'으로 나타내고 있다(최상진, 최수향, 1990).[8] 이것을 통해 한국의 '우리' 개념과 서양의 'we' 개념의 차이가 확실히 다름을 인지할 수 있는데 여기서 '함몰시키는 탈자기'란 우리 안에서 내가 사라지는 것이 아닌 전체 집단을 위해 개인 스스로 순응하고 자신을 잠재시키는 것을 말한다(한나미, 2011).[9]

8) 최상진, 최수향, 1990, 정의 심리적 구조. 한국심리학회 연차대회학술발표논문
9) 한나미, 2011, 한국인의 사회심리와 대상관계비교연구:위니컷을 중심으로

우리문화는 관계지향성을 지니기 때문에 나 의식 안에 관계성의 측면이 포함되어 서양의 개인 중심적 문화와 달리 나 의식과 우리 의식이 밀접한 상관관계를 지니게 된다(조윤경, 2003).[10] 한국인의 '우리'는 가족을 중심으로 한 '정'의 인간관계가 넓혀지며 이러한 관계적 밀착은 자기 또는 자아정체성과 같은 현상적 경험이 연결되어 있다.

이와 같은 현상적 경험은 문화적 경험과 일치하는데 사회문화적 맥락과 심리적 속성이 함께 어우러져 구성되어진다는 전제에 입각하여 한국인의 우리의식을 보여주게 된다. 한국사회 속에서 나타나고 있는 강한 정서의 억압 성향은 유교문화를 바탕으로 이뤄진 문화 심리적 특성과 매우 밀접한 연관성을 지닌다.

이러한 강한 관계지향적인 한국사회에서는 타인과의 관계를 원만하게 유지하는 댓가로서 한 개인의 개성과 자유가 억압되는 경향과 비례하게 된다. 그러한 사회적 현상으로 인해 개인은 심신의 다양한 문제를 겪게 되는데 이에 한국은 세계적으로 독보적인 우울증과 자살 최대국으로 우뚝 서게 되었다.

10) 조윤경, 2003, 한국인의 나의식-우리의식과 개별성-관계성, 심리사회적 성숙도 및 대인관계문제와의 관계. 한국상담 및 심리치료학회지, 15(1), 91-109

유교문화 속에서 성장한 한민족은 과격한 정서표출을 어리석은 일로 여기며 내면의 감정을 드러내지 않고 곰삭이는 것을 장려했는데 이것이 바로 한국인의 독특한 정서로 여겨지는 '한'으로 응축되었다(한규석, 1991).[11)]

한국인의 문화심리 특성은 세계적으로도 독특한 정신적 분야로 나타나 이미 DSM-IV에서 '화병'으로 기재되었고 화병은 '분노의 억압으로 인한' 한국민족의 고유한 증후군으로서 한국사회에서 가장 흔한 심리장애이기도 하며 화병의 분노억압은 '한'에서부터 비롯된 것이라는 심리학자들의 소견들이 있다. 이렇듯 한국인의 문화심리특성인 '한'과 '화'는 한국에 토착화된 사회문화 기류의 정신의학적 성향으로 내비치고 있다. 외국에서는 이에 대해 유사한 예도 찾아보기 힘든 한국만이 지닌 독특한 문화심리 증후군이라 할 수 있다.

사회 전반적으로 정신장애에 대한 한국인의 부정적인 인식이 심화되고 있는 가운데 이러한 문제에 상호영향을 미치는 요인들에 대해 살펴보도록 한다.

첫째, 대인관계를 중요시하는 상호 의존적 집단중심문화의 한국사회특성을 들 수 있다. 대표적인 예를 들어보면 한국인만이 사용하는 집단속성 언어 '우리'가 있다. '우리'는 집합단위의 언어로 개인보다 집단을 강조하는 의미를 지니고 있어 개인존중, 욕구, 특성 등을 표출하는 데 제약을 준다.

일상 속에서조차 이런 강한 집단을 상징하는 단어를 사용하는 한국인은 타국인에 비해 자아정체성이 미약해지고 개인의 감정을 억제하고 표면화하지 못하게 된다. 또한 한국인들의 타자 지향적 문화특성으로 보이는 외적인 부분을 중요시 하게 되어 성형대국이 되고 그로 인해 성형중독이나 섭식장애 등의 정신장애가 문제시 되고 있다.

둘째, 한국의 특수한 사회의식구조로 예를 들어 '체면중시 경향'을 볼 수 있다. 체면은 권위나 지위를 중시하고 그에 부응하는 외적 행동양식을 드러냄으로써 자신의 존재감을 부양하고 보장받으려 하는 특징이 있다. 그리고 체면은 수치심의 기제를 동반한다. 이러한 체면과 수치심은 집단중심문화에서 흔히 볼 수 있다.

11) 한규석, 1991, 사회심리학이론의 문화특수성: 한국인의 사회심리학 연구를 위한 고찰. 한국심리학회지, 10, 132-155.

미국의 앨퍼드Alford 정치학 교수는 한국인과 미국인의 사회문화적 심리비교를 들면서 집단중심사회의 한국은 체면과 수치심을 지니고 개인중심사회의 미국은 죄의식을 지니고 있어 서로 다른 양상의 특성이 있다고 하였다. 그는 수치심 문화권의 사람들은 부정행위와 같은 것을 저질렀을 때 '체면'을 잃는 것과 유사한 감정을 느낀다고 하였다.

셋째, 한국인이 지니는 수동-공격적 성향을 들 수 있다.

여기서 수동-공격적 성향이란 다른 사람에 대한 공격적인 감정을 직접적으로 표현하지 않고 우회적인 방법으로 수동적 저항을 함으로써 부정적 정서를 은둔시키는 것을 말한다.

예를 들어 상대에게 불만 등의 부정적 감정이 있을 경우 전화기를 꺼놓는다던지 무음상태로 놓고 받지 않는다거나 말을 하지 않는 표현방법들이 이에 속한다. 이렇게 자신의 감정을 직접적으로 표현하지 못하는 수동-공격적 성향은 감정을 다시금 안으로 삭이기 때문에 그로 인한 여러 가지 정신장애가 형성된다.

OECD34개국 '삶의 질' 순위 자료: 보건사회연구원

1	덴마크	17	미국
2	오스트레일리아		
3	노르웨이	32	한국
4	오스트리아	33	터키
5	아이슬란드	34	멕시코

한국인의 우울증과 불안증도 여기에서 파생된 질환이라 할 수 있는데 전문가들은 한국인들의 우울증이 개인의 문제로부터 파생되었다기보다 사회적 병폐가 만들어낸 질병의 문제로 보고 있다.

집단 중심의 대인관계를 중시하는 한국사회 속에서 표현하지도 풀지도 못하는 한국인들의 행복지수는 어떠한가? 경제협력개발기구OECD 34개 회원국 중 최하위

의 32위를 차지해 행복하지 않음을 나타냈다(임윤선, 2013)[12)13)].

한국사회와 우울증

우울증 현황과 증상

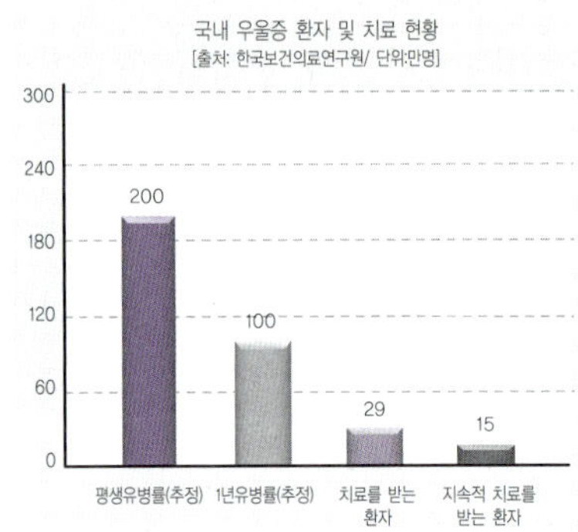

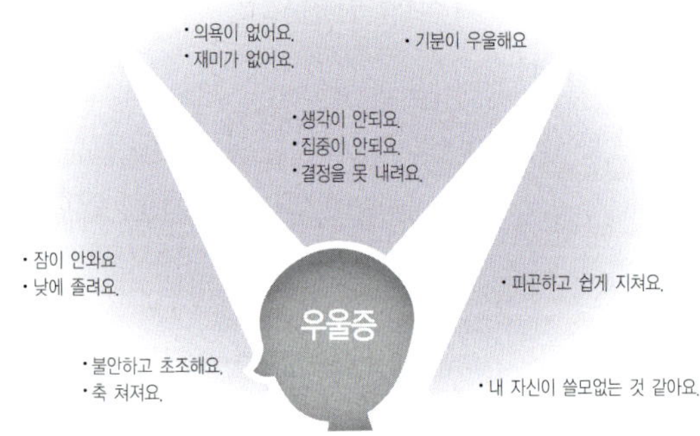

우울증은 삶을 매우 고통스럽게 만드는 정신장애인 동시에 '심리적 독감'이라고 부를 정도로 매우 흔한 장애이기도 하다. 마음의 감기였던 우울증이 이제는 독감으로 불리울 정도로 심각해졌음을 불리는 명칭으로 봐서도 익히 알아볼 수 있다. 감기는 가벼운 처방과 쉼만 있어도 거의 완쾌되는 흔한 질병이지만 독감이란 방치하는 시간이 길면 길수록 폐질환이나 호흡기질환 등의 또 다른 합병증을 불러일으켜 목숨이 위태롭기까지 한 위험한 질환에 속한다. 그만큼 우울증이란 주변인들의 도움과 관심이 필요하며 자신 또한 그냥 쉽게 방치하거나 간과해서는 안 될 주의를 요하는 심리적 문제이다. 또한 우울증은 개인의 능력과 의욕을 저하시켜 현실적 적응을 어렵게 만드는 주요한 요인으로 알려져 있다. 뿐만 아니라 우울증은 흔히 자살에 이르게 한다는 점에서 치명적인 심리적 장애이기도 하다. 의학지식을 지닌 의사들과 같이 전문지식이 높은 이들에게서 자살률이 높다는 연구보도가 있다. 특히 자살하는 의사들은 정신

12) 보건사회연구원, 2012
13) 한국인의 문화심리 특성에 관한 예술치료적 개입으로의 방안모색(임윤선, 2013)

질환(주로 우울증 등)을 동반한다. 이들은 자신의 정신적 문제의 치명적인 원인이 의사라는 직업적 자부심에서 비롯된다고 한다. 완벽한 의료에 오점을 남길 것을 걱정해 속앓이 하다가 심각한 상태에 이르게 되는 것이다. 의사들은 쉽게 자살에 이르는 정교한 방법을 자살전문가로서 익히 알고 있기 때문에 자살시도의 성공률이 높기도 하다. 미국에서 한 조사결과 매년 약 400여명의 의사가 자살을 시도한다는 보고가 있다. 그리고 자살하는 의사들의 남녀비율은 거의 비슷해 성별의 영향은 강하게 나타나 있지 않다. 다음은 우울증이 지니는 주요 증상에 대해 알아보도록 하자.

우울증의 주요 증상

(1) 우울한 기분

① 우울하고 슬픈 감정, 좌절감, 죄책감, 고독감, 무가치감, 허무감, 절망감

② 무표정하고 무감각한 정서상태

③ 아동, 청소년의 경우 불안정하고 짜증스러운 감정

④ 일상 활동에 대한 흥미와 즐거움 저하

⑤ 의욕저하, 위축

(2) 부정적이고 비관적인 생각

① 자기비하적인 생각

② 타인과 세상이 비정하고 적대적이며 냉혹하다고 생각

③ 미래를 비관적이고 절망적으로 생각

④ 허무주의적인 생각 → 죽음과 자살에 대한 생각 증가

⑤ 인지적 기능 저하(주의집중의 곤란, 기억력 저하, 판단력의 어려움, 우유부단)
→ 학업이나 직업 활동에서의 어려움

(3) 행동상의 문제

① 어떤 일을 시작하는 데 어려움

② 해야 할 일을 자꾸 미루고 지연
③ 쉽게 지치며 피곤함
④ 사회적 활동을 회피하고 위축
⑤ 행동과 사고 지체
⑥ 자학적인 행동이나 자살시도

(4) 신체생리적 변화

① 수면장애
② 식욕과 체중의 변화
③ 활력저하, 피곤함
④ 성적 욕구나 성에 대한 흥미감소
⑤ 소화불량이나 두통
⑥ 면역력 저하(전염성 질환에 약함)

우울증은 우울증상의 심한 정도나 지속기간 등에 따라 다양하게 구분된다. 미국 정신의학회American Psychiatric Association의 정신장애 진단 통계편람DSM-Ⅳ-TR에서는 우울증을 3가지 하위유형 즉, 주요우울장애, 기분부전장애, 미분류형 우울장애로 구분하고 있다.

(1) 주요우울장애(major depressive disorder)

가장 심한 증세를 나타내는 우울증의 유형으로서 그 진단 기준은 다음과 같다.

A. 다음 9개 증상 중 ①, ②항의 증상을 필수적으로 포함하여 5개 이상의 증상이 거의 매일 연속적으로 2주 이상 나타나야 한다.

① 하루의 대부분, 그리고 거의 매일 지속되는 우울한 기분이 주관적 보고나 객관적 관찰을 통해 나타난다.

② 거의 모든 일상활동에 대한 흥미나 즐거움이 하루의 대부분 또는 거의 매일같이 뚜렷하게 저하되어 있다.

③ 체중조절을 하고 있지 않은 상태에서 현저한 체중감소나 체중증가가 나타난다. 또는 현저한 식욕감소나 증가가 거의 매일 나타난다.

④ 거의 매일 불면이나 과다수면이 나타난다.

⑤ 거의 매일 정신운동성 초조나 지체를 나타낸다. 좌불안석이나 처져 있는 느낌이 주관적 보고나 관찰을 통해 나타난다.

⑥ 거의 매일 피로감이나 활력상실을 나타낸다.

⑦ 거의 매일 무가치감이나 과도하고 부적절한 죄책감을 느낀다.

⑧ 거의 매일 사고력이나 집중력의 감소 또는 우유부단함이 주관적 호소나 관찰에서 나타난다.

⑨ 죽음에 대한 반복적인 생각이나 특정한 계획 없이 반복적으로 자살에 대한 생각을 하거나 자살기도를 하거나 자살하기 위한 구체적 계획을 세운다.

B. 이러한 우울증상으로 인하여 사회적, 직업적, 기타의 중요한 기능 영역에서 임상적으로 심각한 고통이나 손상이 초래되어야 한다.

C. 우울증상이 물질이나 일반적 의학적 상태의 직접적인 생리적 효과에 의한 것이 아니어야 한다.

D. 우울증상이 사별에 의해 잘 설명되지 않아야 한다. 즉, 사랑하는 사람을 상실한 후에 우울증상이 2개월 이상 지속되거나 현저한 기능장애, 무가치감에 대한 병적인 집착, 자살에 대한 생각, 정신증적 증상이나 정신성 운동지체가 특징적으로 나타날 경우에만 주요 우울장애의 진단이 내려진다.

(2) 기분부전장애(dysthymic disorder)

주요우울장애보다 경미한 증상이 2년 이상 장기간 나타나는 경우를 말한다.

① 지속적인 우울한 기분

② 식욕부진이나 과식

③ 불면이나 과다수면

④ 활력의 저하나 피로감

⑤ 자존감의 저하

⑥ 집중력의 감소나 결정의 곤란

⑦ 절망감

이중 2가지 이상의 증상이 나타나면 기분부전장애로 진단될 수 있다.

(3) 미분류형 우울장애

주요 우울장애와 기분부전장애의 진단기준에 미치지 못하는 가벼운 우울장애, 단기 우울장애, 월경전기의 우울장애 등이 포함된다. 이 밖에도 우울증은 증상의 강도, 지속되는 기간, 증상의 양상이나 패턴, 원인적 요인에 따라 다양한 하위유형으로 구분될 수 있다. 우울증은 단극성 우울증과 양극성 우울증으로 구분하는 것이 일반적이다. 우울증은 반대되는 기분상태인 조증mania과 함께 번갈아 나타나는 경우가 있다. 조증 상태에서는 기분이 비정상적으로 고양되고 과도하거나 무모한 행동을 나타낸다. 양극성 우울증bipolar depression은 현재 우울증 상태를 나타내지만 과거에 조증상태를 나타낸 적이 있는 경우를 말한다. 반면에 과거에 전혀 조증상태를 경험한 적이 없이 우울증상을 나타내는 경우를 단극성 우울증unipolar depression이라고 한다.

우울증은 증상을 유발한 외부적 촉발사건이 있는지 여부에 따라서 외인성 우울증과 내인성 우울증으로 구분하기도 한다. 외인성 우울증exogenous depression은 비교적 분명한 환경적 스트레스가 계기가 되어 우울증상이 나타난 경우를 뜻하며 반응성 우울증reactive depression이라고 불리기도 한다. 반면 내인성 우울증endogenous depression은 흔히 유전적 요인, 호르몬 분비나 생리적 리듬 등과 같은 내부적인 생리적 요인에 의해서 우울증상이 나타나는 경우를 의미한다.

우울증은 우울증상의 심각성에 따라 신경증적 우울증과 정신증적 우울증으로 구분하기도 한다. 신경증적 우울증neurotic depression은 현실 판단력에 현저한 손상이 없는 상태에서 다만 우울한 기분과 의욕상실을 나타내며 자신에 대한 부정적 생각에 몰두하지만 이러한 생각이 망상수준에 도달하지는 않는다. 무기력하고 침울하지만 현실 판단 능력의 장애는 보이지 않는다. 반면, 정신증적 우울증psychotic depression은 매우 심각한 우울증상을 나타냄과 동시에 현실 판단력이 손상되어 망상수준의 부정적 생각이나 죄의식을 지니게 된다. 정신증적 우울증에서는 환각과 망상이 나타나며 현실세계로부터 극단적으로 철수하는 경향을 보인다.

여성의 경우 출산 후 4주 이내에 우울증상이 나타날 수 있는데 이를 산후 우울증postpartum depression이라고 한다. 또한 계절의 변화에 따라 주기적으로 특정한 계절에 우울증이 나타는 경우를 계절성 우울증seasonal depression이라고 한다. 때로는 우울증이 겉으로는 우울한 기분을 두드러지게 나타내지 않으나 내면적으로 우울한 상태에서 비행이나 신체적 문제로 위장되어 나타나는 경우가 있는데 이를 위장된 우울증masked depression이라고 한다.

우울증의 역학적 특징

(1) 평생 유병률

① 주요우울장애 : 10~25%(여), 5~12%(남)

② 기분부전장애 : 약 6%

(2) 성차 : 여〉남 (단극성 우울증에만 해당) 남녀 성차는 25~44세 가장 높게 나타남

(3) 발병 시기 : 20대 중반, 청소년기에 급증, 아동기에는 남아가 여아보다 높으나 청소년기에는 여자가 남자보다 2배 많다.

(4) 재발 확률 높음(반복적으로 경험할수록 재발가능성 점점 높아짐)

(5) 자살시도 - 특히 충동성이 강한 청소년기에 자살 비율 높음

(6) 가족 중에 우울증을 겪은 사람이 있으면 1.5~3배 정도 발병가능성이 높다.

(7) 인종, 교육, 수입, 결혼상태와는 무관

우울증의 원인

우울증을 설명하는 대부분의 심리학적 이론은 부정적인 생활사건이 우울증의 발생에 중요한 역할을 한다고 본다. 우울증은 진공상태에서 발생하지 않는다. 상실과 실패를 의미하는 부정적인 생활사건이 우울증을 촉발한다. 생활사건life events은 생활 속의 변화를 의미한다. 우리로 하여금 새로운 변화에 적응해야 하는 심리적 부담, 즉 스트레스를 주는 사건들을 뜻한다. 우울증의 발생에 영향을 주는 부정적인 환경적 요인은 크게 세 가지 유형 즉, 주요한 생활사건, 미세한 생활사건, 사회적 지지의 결여로 나누어 살펴볼 수 있다.

주요한 생활사건(major life events) - 커다란 좌절감을 안겨주는 충격적인 사건들
미세한 생활사건(minor life events) - 사소한 부정적인 생활 사건들 : 오랜 기간 누적되면 우울증이 유발될 수 있다.
사회적 지지(social support) - 개인으로 하여금 삶을 지탱하도록 돕는 심리적 또는 물질적 지원

그러나 이러한 부정적인 생활 사건들을 경험한 모든 사람이 우울증에 걸리는 것은 아니다. 매우 충격적이고 고통스러운 생활사건을 경험하고도 꿋꿋하게 잘 견뎌내는 사람들이 있는 반면, 사소해 보이는 사건에도 심한 마음의 상처를 입고 우울증에 빠져드는 사람들이 있다. 즉 우울증이 환경적 요인만으로 설명될 수 없으며 개인의 심리적 요인이 고려되어야 함을 뜻한다.

(1) 정신분석적 이론에서 본 우울증

정신분석적 입장에서는 인간의 심리적 문제를 무의식적 동기와 갈등의 문제로 설명하며 우울증의 경우도 마찬가지이다. 프로이트Freud는 우울증을 분노가 무의식적으로 자기에게 향해진 현상이라고 본다. 그는 우울증을 기본적으로 사랑하던 대상의 무의식적 상실에 대한 반응이라고 보았다. 사랑하는 대상의 상실은 실제 일어난 일일 수도 있고 상상 속에서 또는 상징적으로 일어난 일일 수도 있다. 어떤 경우이든, 사랑하는 대상을 상실하는 경험을 하게 되면, 자신의 중요한 일부가 상실되었다는 슬픔뿐만 아니라 자신을 버려두고 떠나간 대상에 대한 분노를 느끼게 된다. 그러나 이러한 분노의 감정이 향해질 대상이 사라진 상태이면 도덕적 억압 등으로 인해 분노감정이 무의식 속으로 잠복하게 되며 자기 자신에게로 향하게 된다. 이렇게 분노가 자기 자신에게로 내향화되게 되면, 자기비난, 자기책망, 죄책감을 느끼게 되어 자기 가치의 손상과 더불어 자아기능을 약화시키게 되고 그 결과 우울증이 나타나게 된다. 이러한 과정은 무의식적으로 진행되기 때문에 당사자에게 지각되지 않는다.

(2) 행동주의적 이론에서 본 우울증

행동주의적 입장에서는 우울증이 사회 환경으로부터 긍정적 강화가 약화되어 나타난 현상이라고 본다. 행동주의 입장의 이론가들은 주로 스키너Skinner의 조작적 조건형성이론에 기초하여 우울증을 설명하고 있다. 우울증은 긍정적 강화의 상실, 강화유발 행동의 감소, 우울행동의 강화에 의해서 발생하고 유지된다고 본다. 우울증을 유발하는 사건들은 긍정적 강화의 원천을 상실하는 것이기 때문에 즐거운 경험이 감소하고 불쾌한 경험이 증가한다. 이러한 경우, 개인이 다른 사람으로부터 강화를 얻을 수 있는 사회적 기술이 부족하거나 불쾌한 상황에 대처하는 기술이 부족하면, 긍정적 강화의 결핍상태가 지속되고 그 결과 우울증상이 나타난다. 슬픔, 무기력, 사회적 고립과 같은 우울증상이 때로는 다른 사람으로부터 강화를 얻어내는 기능을 할 수도 있다. 이러한 강화가 일시적으로 우울감을 완화시킬 수 있으나, 우울증상을 지속시키는 역효과를 나타낼 수도 있다. 더구나 우울증상에 대한 강화는 대부분 일시적이고 단기적인 것이다. 또한 우울증이 지속되면 다른 사람들에게 혐오감을 주기 때문에 결국에는 우울한 사람을 피하게 되고 긍정적 강화가 사라지게 되어 우울증이 악화되는 결과를 초래하게 된다.

우울증으로 인해 나타나는 현상적 문제는 다음과 같다.

① 환경의 문제

부정적 사건이 지속적으로 발생하면, 과거에 주어지던 긍정적 강화가 현격하게 감소된다. 또는 환경으로부터 주어지는 긍정적 강화가 거의 없거나 처벌적인 요인이 많은 경우에도 우울증이 발생할 수 있다.

② 사회적 기술과 대처 능력 부족

다른 사람으로부터 긍정적 강화를 유도하는 사회적 기술이 미숙하거나, 불쾌한 혐오적 자극상황에 대처하는 기술이 부족한 경우이다. 사회적 기술은 대인관계에서 긍정적으로 강화될 행동은 행하고, 처벌되거나 비판될 행동은 하지 않는 복합적인 능력을 말한다.

③ 긍정적 경험을 즐기는 능력 부족, 부정적 경험에 대한 민감함

우울증에 취약한 사람들은 긍정적 강화는 덜 긍정적인 것으로 받아들이며 부정적 처벌은 더 부정적으로 받아들이는 경향이 있다.

(3) 인지적 이론에서 본 우울증

현재 우울증을 설명하는 가장 대표적인 심리학적 이론은 아론벡A.Beck에 의해 제

시된 우울증에 대한 인지이론cognitive theory of depression이다. 인지이론에 따르면, 우울증을 유발하는 일차적인 요인은 부정적이고 비관적인 생각에서 비롯된다고 한다. 이러한 부정적인 생각은 기분을 우울하게 할 뿐만 아니라 부적응 행동을 초래한다. 우울한 사람들이 지니는 부정적인 사고 과정은 흔히 자신에게 잘 자각되지 않는 경우가 많다. 왜냐하면 부정적 생각들이 재빨리 순간적으로 스쳐지나가기 때문이다. 따라서 사고 내용보다는 그 결과로 나타나는 우울한 기분만이 느껴지게 된다. 여기서 아론벡은 이러한 사고 과정을 매우 중요하게 여기면서 이를 자동적 사고automatic thoughts라는 용어로 지칭하였다.

우울한 사람들이 지니는 부정적인 자동적 사고를 분석해 보면 그 내용이 크게 세 가지 주제로 나누어진다. 즉 우울한 사람들은 자기 자신, 자신의 미래, 주변 환경을 부정적으로 평가하는 독특한 사고방식을 지니고 있다. 이러한 세 가지 주제에 대한 독특한 사고패턴을 인지삼제cognitive triad라고 한다. 그렇다면 우울한 사람들이 부정적인 사고를 하는 이유는 무엇인가? 이들이 어떻게 현실을 부정적인 방향으로 왜곡하는가? 이러한 물음에 대한 Beck의 설명은 우울증 환자들이 인지적 오류를 범하기 때문이라는 것이다. 인지적 오류cognitive error란 우울한 사람들이 생활사건의 의미를 해석하는 과정에서 흔히 범하게 되는 논리적 잘못을 말한다. 우울한 사람들이 범하는 인지적 오류는 매우 다양하며 대표적인 것들이 흑백논리적 또는 이분법적 오류, 과잉일반화의 오류, 정신적 여과 또는 선택적 추상화의 오류, 의미확대 및 의미축소의 오류, 감정적 추리의 오류, 개인화의 오류, 잘못된 명명의 오류, 독심술적 오류, 예언자적 오류 등이다. 인지적 오류를 많이 범하는 사람들은 편향된 인식의 틀, 즉 독특한 인지도식을 지니고 있다.

아론벡의 이론에 따르면, 우울한 사람들은 자신과 세상에 대해서 완벽주의적이고 당위적이며 융통성이 없는 경직된 신념을 지니고 있다고 보았다. 이러한 신념은 당위적 명제의 형태를 지니며 현실적인 삶 속에서 실현되기 어려운 것으로서 흔히 좌절과 실패를 초래하기 때문에 역기능적 신념dysfunctional belief이라고 부른다. 우울증을 유발하는 역기능적 신념은 크게 사회적 의존성sociotropy과 자율성autonomy

이라는 두 가지 주제의 신념들로 구성되어져 있다. 사회적 의존성은 타인의 인정과 애정에 과도하게 집착하는 경향성을 의미하는 반면 자율성은 개인의 독립성과 성취에 과도하게 집착하는 경향성을 의미한다.

(4) 생물학적 이론에서 본 우울증

생물학적 입장에서는 유전적 요인, 신경전달물질, 뇌구조의 기능, 내분비계통의 이상이 우울증과 관련된 것으로 주장되고 있다. 유전적 요인이 미치는 영향은 단극성 우울증과 양극성 우울증의 경우에 차이를 보인다. 가계연구에 따르면, 단극성 우울증 직계가족에서 우울증이 발생할 확률은 일반인의 경우보다 1.5~3배 정도 높음이 나타났다. 입양아가 단극성 우울증을 나타낼 경우, 그의 친부모와 양부모의 우울증 유병률을 조사하여 비교한 결과 차이가 없었다는 연구보고가 있어 이를 뒷받침해주고 있다. 그러나 양극성 우울증을 보인 입양아의 경우, 친부모의 우울증 유병률이 31%인 데 비해 양부모는 12%의 유병률을 나타냈다. 쌍둥이 연구에서는 단극성 우울증의 경우 이란성 쌍둥이의 평균적 일치율이 11%이고 일란성 쌍둥이는 40%인 반면, 양극성 우울증의 경우 이란성 쌍둥이의 평균적 일치율이 14%이며 일란성 쌍둥이는 72%다. 이와같은 연구결과는 단극성 우울증보다 양극성 우울증이 유전적 영향을 많이 받는다는 것을 보여주는 결과이다.

특히 특정한 계절에 주기적으로 나타나는 계절성 우울증은 생체리듬과 밀접한 관계가 있는 것으로 여겨지고 있다. 일반적으로 생물학적 리듬은 일상적인 생활과제의 진행에 맞춰지는데, 만약 여러 가지 생활사건으로 정규적인 사회적 리듬이 깨지게 되면, 생물학적 리듬이 불안정해지게 되고 그 결과 취약한 사람들에게 우울증이 유발될 수도 있다고 말한다.

우울증의 치료

우울증은 시간과 상황이 변함에 따라 자발적으로 회복되는 경우가 많다. 그러나 때로는 의욕상실과 사회적 위축 등으로 인해 인생의 중요한 단계에서 업무수행이

나 대인관계를 소홀히 하여 평생 동안 부정적인 영향을 미칠 수도 있다. 뿐만 아니라 우울증이 심한 경우에는 자살과 같은 치명적인 결과를 낳을 수도 있으므로 가능한 한 빨리 전문가의 치료를 받는 것이 바람직하다.

우울증의 보편적인 치료방법으로 인지치료와 약물치료를 들 수 있다. 인지치료에서는 우울한 내담자의 사고 내용을 정밀하게 탐색하여 인지적 왜곡을 찾아내어 교정함으로써 보다 더 현실적이고 긍정적인 사고와 신념을 지니도록 유도한다. 내담자로 하여금 자신의 내면적 사고를 관찰하고 조절하는 능력을 향상시킨다. 자신을 우울하게 만드는 현실왜곡적인 부정적 사고를 자각하여 보다 합리적인 사고로 대체함으로써 현실에 효과적으로 적응하는 능력을 키우게 된다. 아울러 자신과 세상에 대한 잘못된 믿음과 비현실적 기대로 구성되어 있는 역기능적 신념을 깨닫게 되고 이를 보다 유연하고 현실적인 신념으로 대체하게 된다. 인지치료는 근본적으로 내담자가 자기 자신과 삶에 대해서 보다 더 현실적이고 유연한 태도를 갖도록 유도한다. 이를 통해 인생의 좌절을 유연하게 극복하고 현실에 효과적으로 적응할 수 있는 지혜롭고 현명한 사람이 되도록 돕는 것을 목표로 하고 있다.

인지치료는 내담자를 우울하게 만드는 부정적인 자동적 사고와 역기능적 신념을 찾아내고 변화시키기 위해 다양한 구체적 기법들을 갖추고 있다. 아울러 인지의 변화뿐만 아니라 내담자의 부적응 행동을 변화시키기 위한 여러 가지 행동치료기법이 적용되기도 한다. 우울증의 경우에 적용되는 행동치료기법에는 자기생활 관찰표 작성하기, 시간계획표를 만들어 생활하기, 점진적인 과제 수행표를 만들어 실행하기, 긍정적 경험을 체험하고 평가하기, 대처기술 훈련하기, 사회적 기술 훈련하기, 의사소통기술 훈련하기, 문제해결법 훈련하기, 자기주장 훈려하기 등이 있다. 이렇게 인지의 변화뿐만 아니라 행동의 변화를 유도하기 위해 행동치료기법을 사용하기 때문에 인지치료를 인지행동치료라고 부르기도 한다.

인지치료는 우울증을 단기간에 치료할 뿐만 아니라 치료효과도 우수한 것으로 확인되고 있다. 특히 약물치료와 달리 부작용이 없으며 치료효과가 지속적이어서 재발률이 낮다는 장점을 지니고 있다.

정신역동적 치료에서는 내담자의 무의식적 갈등을 잘 파악하여 내담자에게 적절한 방법으로 직면시키고 해석해 준다. 내담자는 자신의 무의식적 좌절과 대인관계방식을 이해하게 할 뿐만 아니라 중요한 타인에 대해 억압하고 있었던 분노감정을 자각하게 한다. 치료자는 이러한 분노감정을 공감적으로 잘 수용하여 해소하도록 도와주어야 한다. 아울러 내담자가 비현실적인 이상적 소망을 현실적인 것으로 변화시키고 이러한 소망을 성취하기 위한 새로운 생활방식과 대인관계방식을 찾도록 도와주게 된다. 정신역동적 치료는 내담자의 우울증상을 삶의 전반적 맥락에서 이해하고 우울증에 대해서 심층적이고 포괄적인 치료적 접근을 하는 장점을 지니고 있다. 그러나 치료의 효과에 대해서는 논란이 많다. 정신역동적 치료의 효과는 대부분 임상적 치료사례를 통해 보고되었을 뿐이며 객관적이고 체계적인 실험적 연구를 통해 검증되지 못했다. 아울러 정신역동적 치료는 장기화되는 경향이 있어 내담자에게 경제적으로나 시간적으로 많은 부담을 주는 문제점이 있다.

약물치료는 우울증에 대한 가장 대표적인 물리적 치료법이라고 할 수 있다. 우울증을 치료하는 대표적인 약물은 삼환계 항우울제, MAO 억제제, 세로토닌 재흡수 억제제이다. 삼환계 항우울제tricyclic antidepressants는 주요 우울장애에 치료적 효과가 있는 것으로 보고되고 있다. 양극성 우울증과 단극성 우울증 환자의 일부는 이 약물에 대한 반응으로 조증 삽화를 보이기도 한다. MAO 억제제monoamine oxidase inhibitor는 비전형적인 양상을 보이는 단극성 우울증에 치료적 효과를 보이는 것으로 알려져 있다. 이 약물을 사용할 때는 엄격한 식이요법을 해야 하므로 다른 항우울제의 치료 효과가 없을 경우에 사용한다. 세로토닌 재흡수 억제제는 치료 효과가 빨리 나타나고 부작용이 적다. 특히 부프로피온Bupropion: 항울제로 니코틴 금단 증상 완화제로도 사용과 플루세틴Fluxetine: 항우울제의 근육이완 같은 약물은 우울한 상태에 있는 양극성 환자들이 나타내는 심리적, 신체적 기능이 느려지는 정신운동 지체에 효과적이며 아울러 조증 증상의 촉발 가능성이 적은 것으로 알려지고 있다. 우울증 치료에 효과적인 약물로 각광을 받고 있는 프로작Prozac도 이 계열의 약물이다. 약물치료는 우울증의 치료에 효과적이지만 몇 가지 한계가 있다. 첫째, 우울증을 겪고 있는 사람 중에는 약물치료를 거부하는 사람들이 많다. 둘째, 대부분의 약물은 여러 가지 부작용을 지니고 있다. 셋째, 항우울제에 치료효과가 나타나지 않는 사람들도 있다. 마지막으로, 항우울제는 우울증의 증상을 완화시키는 효과를 지닐 뿐 근본적 원인에 대한 치료방법이라고 할 수 없다.

전기충격치료는 머리에 일정한 전압의 전류를 연결하여 의도적인 경련을 일으키는 방법으로서 특정한 종류의 우울증에 효과적이라는 것이 밝혀져 1950년대와 1960년대에 널리 사용되었다. 그러나 이 방법은 기억상실증과 같은 심리적 부작용과 부정맥, 고혈압 등의 신체적 부작용을 초래하기도 한다. 계절성 우울증의 경우에는 눈을 아주 적은 양의 자외선을 포함한 빛에 노출시키는 광선치료light therapy를 사용하기도 한다.

외모지상주의가 낳은 외모 증후군

인간은 사회적 존재로서 타인과 더불어 살아가면서 실제 자신의 신체뿐 아니라 더 나아가 부수적으로 외적 꾸밈을 하고 살아간다. 외적 표현과 꾸밈은 인간 삶 그 자체이며 일부라 할 수 있으며 삶 일상 그 자체를 가늠하게 해주기도 하며 감정상태를 그로 인해 표현하기도 하고 외적 꾸밈과 표현으로 인해 부정 정서를 스스로 위로하기도 하는 자기 치유성을 지니기도 한다.

인간의 외적 표현은 시각적 감각의 부분을 주로 차지하고 있는데 이를 통해 사회 속에서 타인과의 관계 가운데 서로 평가를 주고받거나 관계를 형성하게 될 때 큰 영향을 미치게 된다. 게다가 자본주의가 팽배해진 소비문명의 현대사회중심에서 외적 표현은 보다 더 쉽게 나를 표명할 수 있는 중요한 매개체가 되었다. 이는 곧 외적 표현과 꾸밈이란 것이 나 자신의 존재 수단과 함께 사회적 소통의 도구가 된다는 것을 알려준다.

가시적 자기는 타인에게 보이는 나로서의 자아를 나타내주는데 여기서 자아는 물질적 자아, 사회적 자아, 정신적 자아로 나눠진다. 이에 가시적 자기는 물질적 자아에 해당하는 것으로 간주된다. 물질적 자아에는 외모와 신체적인 특징 그리고 소유물품 등이 이에 해당된다. 외적 표현을 통해 자신을 나타낸다는 것은 사회적 존재로서 타인에게 자신의 존재를 알리고 홍보하는 나로서, 즉 가시적 자기인 것이 된다. 가시적 자기를 부가적으로 더욱 표현해 줄 수 있는 자기표현 방법은 두 가지로 - 언어적인 표현과 비언어적인 표현 방법으로 - 나눌 수 있다. 가시적 자기가 포함되는 비언어적 표현방법으로는 시각적으로 많은 부분을 자극하는 패션의 분야가 70% 이상의 대부분을 차지하고 있다. 이는 바로 패션이 나를 사회적으로 표명하는 데 있어 상당한 비중을 차지하고 있음을 보여준다. 이와 같이 외적 표현은 단순히 신체를 보호하고 몸을 가리는 것에만 국한되는 것이 아닌 자신의 정체성을 포함한 사회적인 나를 나타내고 있는 수단이 된다. 외적 표현의 수단도구로서 화장, 헤어스타일, 패션, 장신구 등이 포함된다. 여기서 옷이나 장신구 등은 타인의 심미적인 반응에 대한 자극물로서 역할을 하게 되고 기분과 같은 감정과도 밀접한 상관관계를 지닌다.

그래서 인간은 자신의 감정상태에 따라 그에 맞는 패션을 선택하고 꾸미게 되는데 몸에 걸치고 입는 모든 패션은 나 자신의 부가적인 상태를 대변해 주는 역할을 하고 있다. 이제는 패션이란 것은 남에게 보이는 미적인 도구와 사회적 소통의 도구에만 국한되어지는 게 아닌 더 나아가 심리를 반영하고 심리를 컨트롤할 수 있는 하나의 셀프힐링의 매체로서 활용되어질 것이다.

독일의 패션치료 심리학자 제니퍼 바움가르트너Jennifer Baumgartner는 이에 대해 매일 입고 생활하는 패션 속에는 자신의 과거나 주변인물 등 모든 삶이 연결되어 나를 반영해 주고 있다고 하였다. 그녀는 또한 패션이 자신의 삶에 대한 관점을 정확하게 드러내주고 있으며 옷장 속에 걸린 옷의 스타일과 색상 등은 자신의 무의식을 반영해 주고 있다고 주장하였다. 즉, 이것은 자신의 패션 스타일과 자신만의 패턴을 통해 자기 이해를 돕고 사회적으로도 자신의 존재감을 부각시키고 자아정체성까지도 튼튼하게 해줄 수 있는 일상의 자기관리와 계발을 도모하는 것이라는 희망적인 메시지를 주는 것이다.

최근 뇌과학 연구보고에 따르면 전문가들이 예상한 것보다 훨씬 자기중심적인 성향을 띠는 게 인간이라는 결과가 나왔다. 유사성에 관한 전문심리학자 팀 엠스윌러Tim Emswiller의 외모심리연구결과를 보면, 사람들은 자신과 외모만 비슷해도 긍정적으로 되고 우호적으로 대하고, 자신과 반대되는 외적 스타일을 지닌 이들에게는 본능적으로 경계와 방어를 하게 되고 친해지는 데 시간이 오래 걸림을 보여주었다. 인간의 뇌는 자신과 비슷한 외적 이미지의 사람에 대해 생각할 때와 자신과 다른 외적 이미지의 특성을 가진 사람에 대해 생각할 때 상반되게 작용된다고 한다. 아래 그림을 보면 자신과 비슷한 사람을 생각할 때는 진한색 부위의 뇌(그림 상단 부위)가 활동하고, 다른 부류의 사람을 생각할 때는 연한색 부위(그림 하단 부위)가 활발해짐을 보여주고 있다. 외적 이미지뿐만 아니라 인간관계에 있어 상대와 그 어떤 공통 관심사나 유사성을 느끼게 되면 더욱이 라포를 형성하는 데 용이한 것이 뇌과학연구에서도 밝혀진 셈이다.

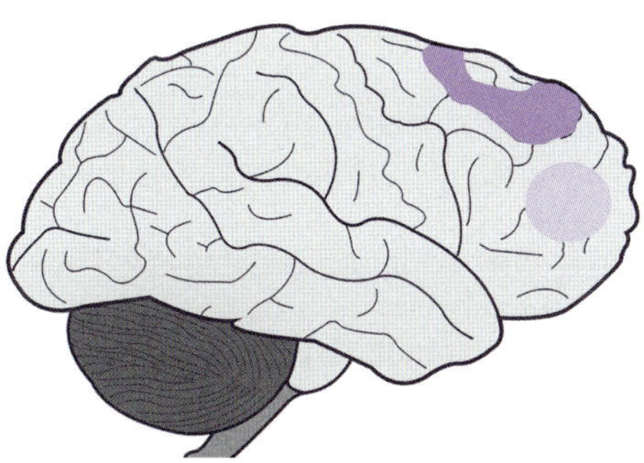

대상에 따라 작동 부위가 달라지는 뇌

외모와 관련된 사회적 증후군 및 특성

아도니스 증후군(Adonis Syndrome)

아도니스Adonis란 용어는 그리스 신화의 인물에서 따온 것으로 미美의 여신 아프로디테의 사랑을 한 몸에 받고, 죽어서 아네모네라는 꽃이 되었다는 미청년으로 외모가 출중한 꽃미남의 상징이다. 현대사회에서 외모를 중시하는 사회풍조에 따라 타인에게 인정받고 인기있는 사람이 되기 위해 남성들도 외모에 관심을 갖게 되면서 나타난 새로운 현상이다. 외모집착이 강한 남성을 뜻하는 것으로 자신의 외모에 집착하고 자신보다 잘생긴 사람을 보면 부러움과 질투로 심한 두통에 시달리는 증후군이다. 누군가로부터 외적 비하의 "못생겼다"는 소리 듣는 것을 죽기보다 싫어하는 왕자병형 증후군에 속한다. 자신의 외모와 신체가 추하다고 생각하는 자기비하와 비판형으로 '식스팩'이라고 말하는 복근, 가슴근육 등을 선망하고 이를 갖기 위해 애쓰고 성형수술까지 서슴치 않는다. 남들이 보기에 완벽한 몸매와 얼굴을 지녀도, 자신은 만족하지 못한다. 20~30대 남성에게 잘 생기는 것으로 알려져 있다. 정신과적 질병인 '근육 추형Muscle Dysmorphia', '신체 추형 장애Body Dysmorphic Disorder'의 일종이라고 주장하는 학자도 있다. 실제로 아도니스 증후군을 겪는 사람들은 대체로 자존감이 낮다.

뷰캐넌 증후군(Buchanan syndrome)

예를 들어 루이비통, 샤넬 등 명품을 통해 느끼는 감정. 명품 열풍에 대한 사회적 현상을 연구한 미국 대학 광고학자 제임스 트위첼James B.Twitchell이 말한 럭셔리 신드롬에서 파생된 용어로 대중mass과 명품prestige product의 결합은 현대 사회가 낳은 모순이라고 주장하였다. 그는 사람들이 사치품이나 명품 등을 사는 행위의 배경에는 타인으로부터 우선권과 대접받고자 하는 욕구가 있다고 말했다. 이 모든 것이 지극히 정상적이고 당연한 심리, 즉 현대사회 속에서 인간이 자신의 삶을 향상시키고자 하는 욕구의 결과라고 설명한다. 뛰어난 미술품이나 아름다운 예술작품을 보는 순간 정신적 충동이나 흥분을 느끼면서 심한 경우 환각을 경험하거나. 외모가 출중한 사람들을 보면 자괴감에 빠지는 현상인 스탕달 증후군과 비슷한 의미를 지닌다. 유명 명품을 통해 정복감, 해방감과 같은 환상적인 감정이나 서러운 감정을 느끼는 현상을 말한다. 자기성취 즉, 명품을 통한 쾌감이나 정복감, 억압으로부터 해방적 감정을 복합적으로 가리키는 말로서 명품을 통한 자기만족과 자기도

취현상을 뜻한다.

백설공주 증후군

하루에 한 번 보던 거울을 세 번 이상씩 보는 현상이며 사과를 먹으면 안된다는 사고의 오류도 지닌다고 한다. 자기도취 즉 나르시시즘의 특성도 지닌다. 연애를 하는 시기에는 평소보다 외모에 집중적으로 신경을 쓰며 상대에게 대접을 받고자 하는 욕구가 강하다. 사랑을 받고 인정받고자 하는 콤플렉스와도 상관관계를 지닌다.

렌미스페셜 증후군(Let me special syndrome)

'나는 남들과 달라. 나는 사람들 사이에서 유독 튀어'라고 생각하며 자신의 처지를 잊어버리고 다른 사람들 사이에서 눈에 띄고 싶어하는 증상으로 타인으로부터 관심을 받고자 하는 욕구가 강하다. 관심을 끌기 위해 일반적이지 않은 행동을 일삼기도 하여 괴짜나 이상한 사람이라는 이미지를 갖기도 한다.

다음은 전 세계적으로 널리 사용되는 'Beck 우울증 검사'이다.

---

01)

1. 나는 슬프지 않다.
2. 나는 슬프다.
3. 나는 항상 슬프고 기운을 낼 수 없다.
4. 나는 너무나 슬프고 불행해서 도저히 견딜 수 없다.

02)

1. 나는 앞날에 대해서 별로 낙심하지 않는다.
2. 나는 앞날에 대해서 용기가 나지 않는다.
3. 나는 앞날에 대해 기대할 것이 아무것도 없다고 느낀다.
4. 나의 앞날은 아주 절망적이고 나아질 가망이 없다고 느낀다.

03)

1. 나는 실패자라고 느끼지 않는다.
2. 나는 보통사람들보다 더 많이 실패한 것 같다.
3. 내가 살아온 과거를 뒤돌아보면, 실패투성이인 것 같다.
4. 나는 인간으로 완전한 실패자라고 느낀다.

04)

1. 나는 전과 같이 일상생활에 만족하고 있다.
2. 나의 일상생활은 예전처럼 즐겁지 않다.
3. 나는 요즘에는 어떤 것에서도 별로 만족을 얻지 못한다.
4. 나는 모든 것이 다 불만스럽고 싫증난다.

05)

1. 나는 특별히 죄책감을 느끼지 않는다.
2. 나는 죄책감을 느낄 때가 많다.
3. 나는 죄책감을 느낄 때가 아주 많다.
4. 나는 항상 죄책감에 시달리고 있다.

06)

1. 나는 벌을 받고 있다고 느끼지 않는다.

2. 나는 어쩌면 벌을 받을지도 모른다는 느낌이 든다.

3. 나는 벌을 받을 것 같다.

4. 나는 지금 벌을 받고 있다고 느낀다.

07)

1. 나는 나 자신에게 실망하지 않는다.

2. 나는 나 자신에게 실망하고 있다.

3. 나는 나 자신에게 화가 난다.

4. 나는 나 자신을 증오한다.

08)

1. 내가 다른 사람보다 못한 것 같지는 않다.

2. 나는 나의 약점이나 실수에 대해서 나 자신을 탓하는 편이다.

3. 내가 한 일이 잘못되었을 때는 언제나 나를 탓한다.

4. 일어나는 모든 나쁜 일들은 다 내 탓이다.

09)

1. 나는 자살 같은 것은 생각하지 않는다.

2. 나는 자살할 생각을 가끔 하지만, 실제로 하지는 않을 것이다.

3. 자살하고 싶은 생각이 자주 든다.

4. 나는 기회만 있으면 자살하겠다.

10)

1. 나는 평소보다 더 울지는 않는다.

2. 나는 전보다 더 많이 운다.

3. 나는 요즈음 항상 운다.

4. 나는 전에는 울고 싶을 때 울 수 있었지만, 요즈음은 울래야 울 기력조차 없다.

11)

1. 나는 요즈음 평소보다 더 짜증을 내는 편은 아니다.

2. 나는 전보다 더 쉽게 짜증이 나고 귀찮아진다.

3. 나는 요즈음 항상 짜증을 내고 있다.

4. 전에는 짜증스럽던 일에 요즘은 너무 지쳐서 짜증조차 나지 않는다.

12)

1. 나는 다른 사람들에 대한 관심을 잃지 않고 있다.

2. 나는 전보다 다른 사람들에 대한 관심이 줄었다.

3. 나는 다른 사람들에 대한 관심이 거의 없어졌다.

4. 나는 다른 사람들에 대한 관심이 완전히 없어졌다.

13)

1. 나는 평소처럼 결정을 잘 내린다.

2. 나는 결정을 내리는 때가 전보다 더 많다.

3. 나는 전에 비해 결정 내리는 데에 더 큰 어려움을 느낀다.

4. 나는 더 이상 아무 결정도 내릴 수가 없다.

14)

1. 나는 전보다 내 모습이 더 나빠졌다고 느끼지 않는다.

2. 나는 나이들어 보이거나 매력 없어 보일까봐 걱정한다.

3. 나는 내 모습이 매력 없게 변해버린 것 같은 느낌이 든다.

4. 나는 내가 추하게 보인다고 믿는다.

15)

1. 나는 전처럼 일을 할 수 있다.
2. 어떤 일을 시작하는 데에 전보다 더 많은 노력이 든다.
3. 무슨 일이든 하려면 나 자신을 매우 심하게 채찍질해야만 한다.
4. 나는 전혀 아무 일도 할 수가 없다.

16)

1. 나는 평소처럼 잠을 잘 수가 없다.
2. 나는 전에 만큼 잠을 자지는 못한다.
3. 나는 전보다 한두 시간 일찍 깨고 다시 잠들기 어렵다.
4. 나는 평소보다 몇 시간이나 일찍 깨고, 한 번 깨면 다시 잠들 수 없다.

17)

1. 나는 평소보다 더 피곤하지는 않다.
2. 나는 전보다 더 쉽게 피곤해진다.
3. 나는 무엇을 해도 피곤해진다.
4. 나는 너무나 피곤해서 아무 일도 할 수 없다.

18)

1. 내 식욕은 평소와 다름없다.
2. 나는 요즈음 전보다 식욕이 좋지 않다.
3. 나는 요즈음 식욕이 많이 떨어졌다.
4. 요즈음에는 전혀 식욕이 없다.

19)

1. 요즈음 체중이 별로 줄지 않았다.

2. 전보다 몸무게가 2kg가량 줄었다.
3. 전보다 몸무게가 5kg가량 줄었다.
4. 전보다 몸무게가 7kg가량 줄었다.

20)
1. 나는 건강에 대해 전보다 더 염려하고 있지는 않다.
2. 나는 여러 가지 통증, 소화불량, 변비 등과 같은 신체적 문제로 걱정하고 있다.
3. 나는 건강이 염려되어 다른 일은 생각하기 힘들다.
4. 나는 건강이 너무 염려되어 다른 일은 아무것도 생각할 수 없다.

21)
1. 나는 요즈음 성sex에 대한 관심에 별다른 변화가 있는 것 같지는 않다.
2. 나는 전보다 성sex에 대한 관심이 줄었다.
3. 나는 전보다 성sex에 대한 관심이 상당히 줄었다.
4. 나는 성sex에 대한 관심을 완전히 잃었다.

자신의 상태를 4개 문장 중 하나에 표시한 후 1번=0점, 2번=1점, 3번=2점, 4번=3점으로 채점하여 총점을 구하면 우울증상의 정도를 평가할 수 있다. 16점 이상의 경우는 전문가의 상담이 필요하다.

0~9점 : 우울하지 않은 상태
10~15점 : 가벼운 우울 상태
16~23점 : 중한 우울 상태
24~63점 : 심한 우울 상태

사회적 존재라면 그 누구든 어느 정도 외모에는 관심을 갖기 마련이다.

더욱이 집단중심적 사고가 강한 한국인은 타인과 더불어 살아가기 위해 자신의 외모를 관리하고 살아간다.

외모와 사회적 존재로서 가시적 자기의 중요성과 필요성

영국의 유명 모 방송국에서 시청자를 대상으로 외모심리를 알아보는 실험을 한 적이 있어 이슈가 된 바 있다.

방송은 가상의 법정 사건을 보도하면서 가상 피고인의 사진을 공개하도록 했다.

실험 대상을 비교 2개군으로 분류하여 나눠 A집단에게 외적으로 추남의 청년을, B집단에는 미남의 청년을 피고인으로 내세웠다.

그리고 시청자들은 재판의 배심원으로서 A집단의 추남 청년에게는 40%가 유죄 판결을 내렸고, B집단의 미남 청년에게는 29%만 유죄로 인정하는 결과가 나타나 외적 이미지가 인상형성과 죄질의 형량에 미치는 바에 얼마나 큰 영향을 주는지를 알게 되었다.

이처럼 현대사회의 외모 중시 풍조는 과할 정도로 보이는 현시부분을 중요시하고 있다.

이러한 사회적 현상은 부를 추구하는 소비문화와 자본주의를 부추기는 양상이다.

점차 인간중심으로의 사회라기보다 인간을 둘러싸고 있는 물질중심의 비양심적이고 비도덕적이며 비인간적인 형태의 사회로 접근되어지고 있다.

심리적인 문제도 다양하게 불거지고 있어 양심과 인간미가 떨어지는 인격장애인들이 사회적으로 물의를 일으키고 있으며 그들이 뭉쳐 반사회성 집단테러까지 일으키고 있어 안전하지 못한 사회를 형성하고 있다.

한국의 실제 취업문제에서조차 '스펙보다는 외모'라는 말이 공공연히 떠돌고 있어 취업을 하기까지도 성형은 기본이 되고 외모를 가꾸는 관리까지 해야 하는 어려움을 취업준비생들은 겪게 된다.

최근 한 취업 포탈사이트에서 구직자들을 상대로 설문조사를 한 결과 42.4%가 외모 때문에 불이익을 당했거나 피해를 봤다는 결과가 나와 외적 이미지가 얼마나 사회적인 영향을 미치고 있는지를 적나라하게 보여주고 있다.

'아예 취업이 안 됐다'는 취업실패자가 반 이상이 넘는 53.4%였는데, 게다가 '노골적으로 외모 비하 발언을 들어 상처를 입었다'는 사람들도 적잖게 20.6%나 됐다.

한국 사회에 만연화된 외모 지상주의의 성별구조를 알아보니 아이러니컬한 결과도 나와있었다.

대체적으로 외모에 대한 관심은 남성보다 여성이 훨씬 많이 차지하고 있는 것은 과거에서부터 현재까지 기본적인 비율이었다. 그런데 외적 자신감에 대해서 늘 꾸미고 자기관리를 하는 여성에 비해 남성이 훨씬 높은 비율로 나타났다.

조사결과, 남성 응답자보다는 여성 응답자가 외모를 중시하고 있음을 나타냈는데, 특히 연령층에서도 20대의 41%가 외적이미지가 삶에서 가장 중요한 부분을 차지한다는 결과가 있었다.

결과에 나타난 특이한 점을 들자면 50대 이상의 여성들을 볼 수 있는데 반에 다다르는 45%가 자신의 외모에 '자신없다'고 말해 나이가 들수록 자신감과 자존감이 떨어지는 것을 알 수 있었다. 신체노화의 부분과 경제적 활동의 미약함과 자녀들의 독립과 결혼으로 인해 삶에 나타나는 부정적 느낌이 자신에게 화살이 되어 되돌아오는 시기가 되는 것인데 자신의 외모에 시간을 할애하는 여유가 많아지면서 더욱 자신에 대한 비하가 강화되게 된다.

그래서, 여성의 뷰티 소비층을 보면, 젊은 층보다는 50대 이후 중년과 노년층에서 새로운 소비 연령층이 형성되었다.

이는 경제적 여유와 수명의 연장 등의 사회적 현상이 초래한 결과이기도 하다.

외모에 신경 쓴다고 답한 응답자가 가장 주의를 기울이는 부분은

옷(30%)

헤어스타일(25%)
피부(21%)
화장 · 얼굴(13%)
몸매(10%)
구두 · 가방(2%) 등이었다.
성별로 분류해 보자면,

남성의 관심사 → 옷(38%)과 헤어스타일(31%)에 집중
여성의 관심사 → 피부(27%), 옷(23%), 헤어스타일(20%), 화장 · 얼굴(18%) 등 골고루 분포되어 관심을 보였다.

성형수술 경험을 묻자 남성의 1%, 여성의 14%가 성형수술을 한 적이 있다고 답했다. 여성 20대는 31%, 30대는 16%, 40대 이상은 10% 내외였다.

서울 남성 청소년 2명 중 1명은 외모를 가꾸기 위해 성형수술을 할 수 있다고 생각하는 것으로 나타났다.

서울의 젊은 남성들은 외모를 사회에서 차별받는 주요 요인 중 하나로도 꼽았는데 대학생들은 타인의 언행 중 외모에 대한 지적 때문에 모멸감을 가장 많이 느낀다는 설문조사 결과도 있다.

휴먼이미지커뮤니케이션: 자기 효능감 및 심리적 안녕감

인간의 외적 표현은 시각적 감각의 부분이 많이 차지하기에 더욱이 직접적으로 타인으로부터 평가를 받고 타인을 평가하게 된다. 또 현대사회에 들어오면서 외적 표현에 대한 자유가 허용되면서부터 소비시장이 대폭 확장됨에 따라 외적 표현은 보다 쉽게 나 자신을 나타낼 수 있는 커뮤니케이션의 도구가 되었다. 특히, 외적 꾸밈의 패션은 인간의 심리를 표면적으로 반영해 주는 가시적 자기로의 매개체이다. 매일 입고 생활하는 패션 속에는 과거나 주변인물 등 모든 삶이 연결되어 있어 자신의 모든 것을 반영해 준다. 패션심리연구가 제니퍼 바움가르트너Jennifer

Baumgartner는 인간의 외적 꾸밈 그 자체가 자신의 무의식을 반영하고 있다고 주장하였다. 인간이 자신의 외모를 꾸미는 것은 인간이 좀 더 고급화된 상품으로 자신을 꾸민다는 행위에 들어있는 심리로서 사회적 존재로서의 자기가치를 부여하는 의미를 나타내주기도 하며, 자신의 노고에 대한 대리적 보상행위로서 자신에게 주는 위로의 선물이기도 하다. 그러나, 외적 꾸밈이 자신이 중점이 되는 것이 아닌 다른 목적하에 자신을 도구로 삼는다면 좋은 의미이기보다는 그와 반대되는 의미가 된다. 더군다나 남에게 보이기 위한 외적 꾸밈이나 신체적으로 가하는 외형적 변화 예를 들어, 성형수술과 같은 변화의 시도는 과도한 수위를 넘어서 병적으로 파생될 위험성이 다분하다. 따라서 이러한 사실 역시 내적 심리의 건강함을 일상의 외적 관리활동을 통해 이뤄지도록 하고 가시적 자기로의 외적 표현을 심리치료의 매개체로서 활용할 수 있음 또한 알려주는 중간역할로서 적절히 이뤄져야 한다.

화장, 옷, 액세서리, 향수 등과 같은 외적 표현과 관리는 사회적으로 타인에게 보여지는 모습인 가시적 자기를 직접적으로 잘 나타낼 수 있는 상관성을 지니고 있기 때문에 가시적 자기로의 외적 표현이 삶에 중요한 역할을 하고 있음을 알 수 있다. 그리고 이러한 외적 표현과 꾸밈은 고정된 사회적 신분관계의 틀을 넘나들게 하는 효과도 있다. 예를 들어, 귀족이나 상류층 부류가 소비하는 명품이나 고급품이 사회적으로 유행되는 풍조를 꼽을 수 있다. 나도 그들과 같고 싶은 신분상승의 무의식적 소망이 깃든 행위이기도 하다. 게다가 비싼 명품을 소유할 수 없는 이들에게는 또 다른 방법인 명품 그대로를 모방한 일명 짝퉁이라는 명품카피를 소유하면서 이를 대신하여 자기 위안을 하기도 한다. 이렇듯 누구나 자유로운 소비문화가 가능해지면서 외적 표현에 대한 자의식이 과거보다 훨씬 복잡하고 첨예한 양상을 띠며 다양성을 부여하고 있다.

한국인의 자기 효능감과 연구들 보고에 의하면, 자기 효능감은 자신뿐만 아니라 가족의 삶의 질에까지도 긍정적인 영향을 미치는 것으로 나타났을 정도로 한 개인의 자기효능감은 소집단인 가족구성원에게까지 미침을 알 수 있다. 더 나아가 한국 사회에서의 삶의 질을 구성하는 요인으로도 개개인의 자기효능감이 영향을 주고 있음을 보여주는 연구보고들도 있어 자기효능감이 개인과 집단에서의 총체적인 신념 및 수행능력을 의미함을 알리는 자료가 된다. 그리고 한국의 성장과 발전에 있어 대기업을 중심으로 영향력을 미치는 게 아닌 한 명 한 명의 자기효능감과 자기만족도 그리고 자아정체성이 성장의 기반이 됨을 피력해 주고 있다. 외적 이미지의 부분에서도 자기효능감과 연계성이 있음을 나타내주는 여러 선행 연구보고들이 있다. 여성으로 하여금 화장은 미적 수단으로서의 기능을 넘어 타인에 의한 수행은 물론 화장을 하였을 때 자신감이 상승되어 사회활동을 돕는 사회심리의 기반이 되는 것이라고[14] 하였으며(조안진, 2014) 또 다른 연구 역시 화장 후에는 자신감 증대, 적극적 상승과 같은 심리적 기대효과가 있다고 말하고 있다[15](최수경, 2007). 즉, 가시적 자기로서의 외적 표현은 자기효능감과 관련된 이러한 특징들과의 연관된 관계를 가지면서 상호작용을 하고 있으며 특히 매스컴의 발달, 외적 표현의 시장이 커지는 현대 사회에서 그 상관관계에 관한 연구는 더욱이 필요하다. 한국 사람들이 가지고 있는 자아의 개념 중에 외적인 가시적 자기가 상당한 비중을 가지고 있고 이것이 심리적 안녕감과 관련이 있다는 연구 결과가 있으며(박정현, 2006),[16] 대학생의 대인관계 성향에서 심리적 안녕감이 긍정적인 매개 효과를 보인다는 연구(박재석, 2008)[17] 등을 통하여 가시적 자기와 심리적 안녕감과의 관계성을 알아볼 수 있다.

타인과의 관계 속에서 보이는 나를 중요시 여기는 한국 문화의 특징 때문에 외적 표현 또한 적지 않은 영향을 받게 된다. 또한 가시적 자기로서의 외적 표현이 단순히 자아를 중심으로만 이루어지는 것이 아닌 타인을 의식한 상태에서 이루어지고 있기 때문에 외적 꾸밈과 표현은 사회적 관계로의 매개역할을 충분히 하고 있으면서 환경과 분위기에 따라서 적응하며 외적으로도 변화를 주게 된다. 이렇듯 우리성, 체면, 의례성 등을 중시하는 집단 중심특성을 지닌 한국에서는 더군다나 이러

14) 조안진, 2014, 화장의 사회심리적 기대효과와 심체 매력성이 자기효능감과 심리적 안녕감에 미치는 영향)
15) 최수경, 2007, 화장행동에 미치는 영향요인
16) 박정현, 2006, 가시적 자아와 개인의 인지 및 정서특징
17) 박재석, 2008, 대학생의 사회적 관심과 대인관계 성향간의 관계에서 심리적 안녕감의 매체효과

한 외적 표현과 꾸밈 그리고 관리가 두드러지는 특징을 지닐 수밖에 없다.

집단주의의 특징과 타인을 많이 의식하는 한국 문화 속에서 가시적 자기는 중요한 위치에 있으며 이러한 가시적 자기를 직접적으로 드러낼 수 있는 외적 표현은 한국인의 심리와 정서에 많은 관계성을 가지고 있음을 알아볼 수 있다. 또한 현대 사회가 되면서 소비에 대한 자유가 확대되고 이를 통한 외적 표현이 더욱 활발해지면서 한국 사회 내에서 가시적 자기의 중요성과 특징이 더욱 두드러지고 있다.

다음은 한국인 성인 남녀 총 329명을 대상으로 설문 조사를 실행하여 가시적 자기로의 외적 표현과 자기효능감 및 심리적 안녕감의 상관관계를 조사한 예술치료교육학회 소논문(임윤선 연구내용)을 참조로 설명하려고 한다.

설문지는 자기효능감과 심리적 안녕감의 하위요소를 선행연구에서 참고하여 일반 문항(총 8문항)을 구성한 뒤, 이에 따라 가시적 자기로의 외적 표현에 의한 자기효능감과 심리적 안녕감 문항(총 20문항)으로 전체 28문항으로 구성하였다.

설문지 결과는 설문지 문항의 신뢰도 분석을 통해 설문지 검증하였고, 자아효능감 및 심리적 안녕감의 변수 간과 그에 따른 각각의 문항 간 상관분석을 실시하여 분석하였으며 나아가 나이, 성별, 결혼유무, 학력, 직업이 자기효능감 및 심리적 안녕감에 영향을 미치는지에 대해 SPSS 21(9. 5.0.0)을 사용하여 분석하였다.

이 설문조사를 통한 연구는 한국인들의 일반적 심리에서 자기효능감과 심리적 안녕감에 초점을 두어 알아보려 하였고, 또한 외적 표현 즉, 자신의 패션 - 외적관리를 통해 나타나는 자기효능감과 심리적 안녕감에 대해 알아보고자 하는 데 그 중점을 두었다.

1. 나이, 성별, 결혼 유무, 학력에 따라 나타나는 외적 표현에 의한 자아효능감 및 심리적 안녕감

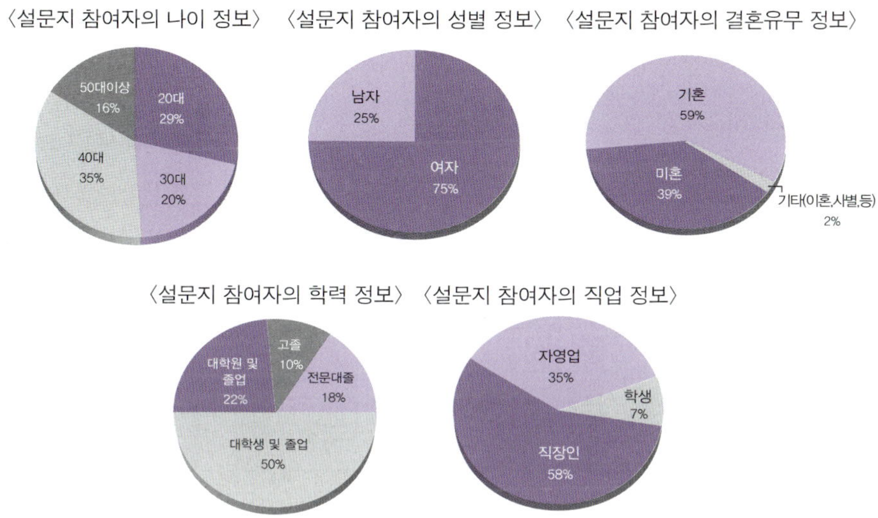

설문 참가자들의 기본 정보

가시적 자기로서의 외적 표현과 자기효능감 및 심리적 안녕감의 상관관계에 관한 설문에 응한 참가자들의 기본 정보는 다음과 같다.

설문지 참여자의 연령대는 20대 95명(27.6%), 30대 66명(20.8%), 40대 116명(34.8%). 50대 이상 52명(15.8%)이며, 성별은 남성이 81명(24.5%), 여성 248명(75.5%)이다. 또 참여자들의 직업은 학생 7%, 자영업 35%, 직장인 58%이고 참여자의 학력은 고등학교 졸업 33명(10%), 전문대 졸업 59명(18%), 대학생 및 대학교 졸업 163명(50%), 대학원생 및 대학원 졸업 74명(22%)이며 결혼 유무는 기혼이 194명(59%), 미혼이 129명(39%), 기타(이혼, 사별 등)가 2%로 나타났다.

이러한 참여자들을 대상으로 이루어진 외적 표현에 의한 자기효능감 및 심리적 안녕감에 대한 설문조사에서 도출된 결과는 나이, 성별, 결혼유무, 학력, 직업에 따라 각각 다른 양상이 나타났다.

첫째, 나이에 따라 나타나는 외적 표현에 의한 자아효능감 및 심리적 안녕감은 다음과 같다.

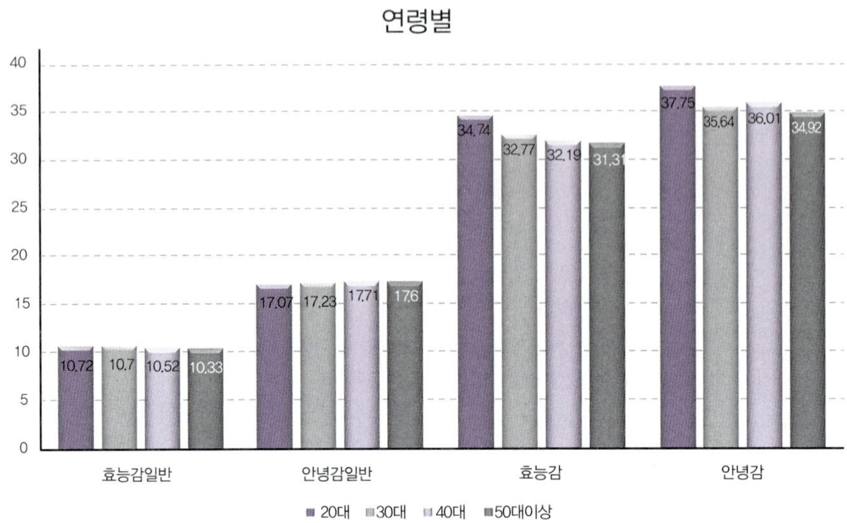

나이에 따른 외적 표현에 의한 자기효능감 및 심리적 안녕감

분석 결과를 보면, 자기효능감 및 심리적 안녕감에 대한 일반적인 질문에서는 나이에 따라 유의한 차이가 나타나지 않는 것으로 나타났으나, 외적 표현에 따른 자기효능감(F=7.297, P=0.000***) 및 심리적 안녕감(F=7.350, P=0.000***)은 나이에 따라 유의한 차이가 나타났다.

이는 나이에 따라 나타나는 일반적인 문항에서의 자기효능감 및 심리적 안녕감과 외적 표현에 의한 자기효능감 및 심리적 안녕감이 서로 대비되는 결과를 의미하는데 다시 말해, 나이가 적든, 많든 일반적인 자기효능감 및 심리적 안녕감은 차이가 나지 않지만, 나이가 어릴수록 외적 표현에 의한 자기효능감 및 심리적 안녕감은 높아짐을 의미한다.

어릴수록 외모에 대한 관심이 높아지기 때문에 외모에 대한 관심이 자기효능감 심리적 안녕감과 같은 심리적 요인에 영향을 미치는 데에도 나이대에 따라 다르다는 것을 알 수 있다.

즉, 젊을수록 가시적 자기에 더 많은 관심을 기울이고 외적으로 표현하는 것을 통해 만족감과 심리적 안녕감을 얻게 되는 것이다.

그리고 일반적 심리에서의 자기효능감과 심리적 안녕감은 수치가 낮게 나온 반면 외적 꾸밈을 통한 수치는 높게 나옴을 양쪽 비교표를 봐서 확연하게 알 수 있다. 이것은 노화와 외적 변화에 대한 대처가 꾸밈으로서 어느 정도 긍정적인 영향력을 미침을 보여주는 것이다. 더욱이 동안열풍과 외모지상주의의 한국사회에서는 노화로 인한 외모의 퇴행은 심리적인 부분과 함께 사회적으로도 여러모로 영향을 미치고 있기 때문에 연령과 외모는 어느 정도 상관관계를 지님을 이 연구를 통해서도 나타내주고 있다.

둘째, 성별에 따라 나타나는 외적 표현에 의한 자아효능감 및 심리적 안녕감은 다음과 같다.

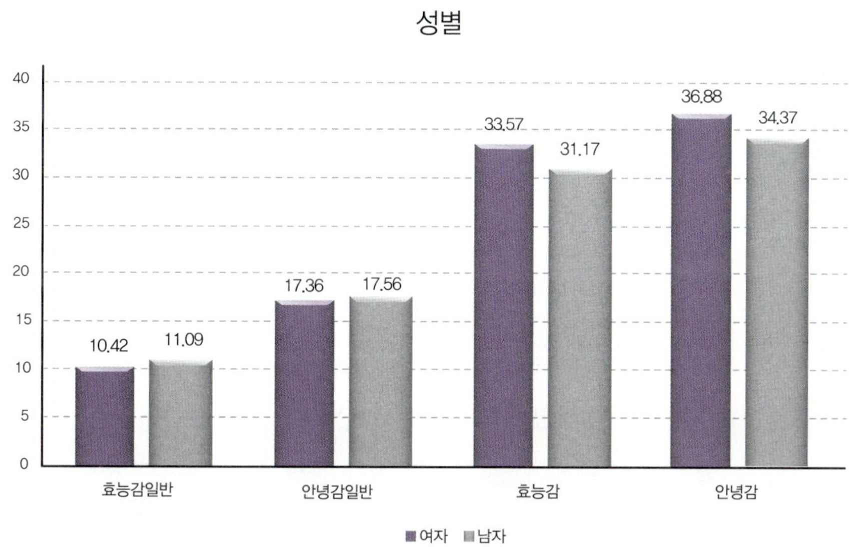

성별에 따른 외적 표현에 의한 자기효능감 및 심리적 안녕감

성별에 따른 분석 결과를 보면 일반적인 질문에서는 자기효능감(F=9.114, P=0.003***)이 유의하게 나왔고 외적 표현에 따른 자기효능감(F=17.368,

P=0.000***) 및 심리적 안녕감(F=25.702, P=0.000***)은 성별에 따라 모두 유의한 차이가 나타났다.

특히, 자기효능감과 관련된 일반적인 질문에서는 남자가 여자보다 높았으나 외적 표현과 관련된 자기 효능감 부분은 여자가 남자보다 높게 나타났다.

그리고 심리적 안녕감과 관련된 일반적인 질문에서는 여자가 남자보다 높았으며 외적 표현과 관련된 심리적 안녕감 역시 여자가 남자보다 높게 나타났다.

즉, 개인과 집단에서의 필요한 행동을 성공적으로 수행할 수 있는 신념인 자기효능감은 일상생활에서 남자가 더 높게 가지고 있으나 외적 표현과 관련된 자기효능감은 여자가 더 높다는 사실이다.

여성들이 친밀한 관계를 선호하고 보다 사회적인 것에 비하여 남성들은 보다 자기 중심적이고 자존심과 경쟁적인 노력을 필요로 한다고 보았는데[18] 여성들은 관계와 집단적인 성격이 보다 강하기 때문에 타인과의 관계의 영향을 많이 받는 가시적인 외적 표현에서 얻을 수 있는 자기효능감 및 심리적 안녕감은 보다 높게 나타났다 할 수 있다.

또한 성별로 보는 소비 가치에서 남성은 자기중심적이면서 쾌락적인 가치를 중요시 여기는 반면, 여성은 타인과의 인간관계를 중요한 요소로 보는 서로 다른 관점을 지닌다. 그래서 여성들은 타인에게 보여지는 가시적인 외적 표현을 통하여 자기효능감과 심리적 안녕감을 만족시키지만 상대적으로 남자는 외적 표현이 심리에 영향을 덜 미치는 것이다. 그리고 외적 표현에 있어서 여성이 남성보다 자신을 꾸미고 표현할 수 있는 패션 매체가 많다 보니 이를 통한 외적 표현과 관련된 자기효능감 역시 여성이 더 높게 나왔으며, 또 예전부터 여성의 미와 아름다움을 강조하는 사회문화적 배경 역시 이러한 조사결과를 보여주는 데 영향을 미치는 것으로 보인다.

그러나 이 연구결과에서 흥미로운 점은 물론 여성이 남성보다 높은 수치를 나타

18) Roy F, Baumeister, 2011,Is there anything good about men?,ISBN 978-1-59420-307-7

냈으나 남성들의 외적 꾸밈에 대한 관심도도 여성 못지 않게 매우 높음을 나타내주고 있음에 주목해야 한다. 과거에 비해 남성들의 미에 대한 관심과 자기 외모의 관리는 엄청난 투자와 노력이 이뤄지고 있는 현실이기도 하다. 화장품 소비에서도 남성 화장품의 구매도가 여성 못지 않게 높음을 봐서도 이를 알 수 있다.

셋째, 결혼 여부에 따라 나타나는 외적 표현에 의한 자아효능감 및 심리적 안녕감은 다음과 같다.

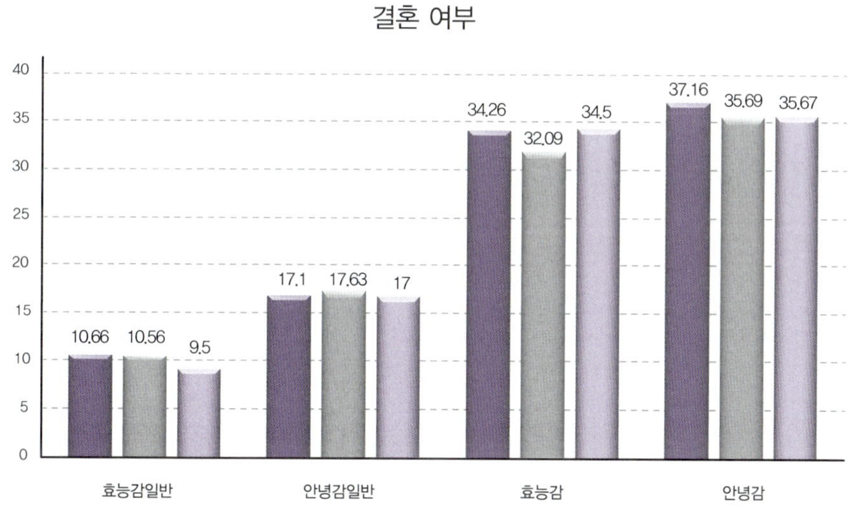

결혼 여부에 따른 외적 표현에 의한 자기효능감 및 심리적 안녕감

결혼 여부에 따른 결과를 보면, 자기효능감 및 심리적 안녕감과 관련된 일반적인 질문에서는 결혼 여부에 따라 유의한 차이가 나타나지 않는 것으로 나타났으나, 외적 표현에 따른 자기효능감(F=9.353, P=0.000***) 및 심리적 안녕감(F=5.454, P=0.005***)은 결혼 여부에 따른 유의한 차이가 나타났다.

즉, 미혼인 사람들은 기혼에 비하여 상대적으로 시간과 여유가 있기 때문에 외적 표현을 통하여 자기효능감 및 심리적 안녕감에서 만족을 느끼지만 기혼인 사람들은 외적 표현에 대한 경제적, 시간적 여유가 부족해지면서 이와 함께 자기효능감 및 심리적 안녕감이 낮아지는 영향을 받고 있음을 보여준다.

결혼유무에 따른 헤어스타일 변화에 관련된 연구들을 보면, 미혼여성들은 롱헤어스타일을 대부분 선호하고, 헤어스타일 선택에 있어 유행성과 심미성을 가장 중요시 여기는 반면, 기혼 여성들은 짧은 기장의 스타일을 가장 선호하고 헤어스타일 선택에 있어 경제성과 대인지향성을 중시 여겼다[19](임미지, 2012).

이를 통하여 미혼들은 유행에 따라 아름답고 멋있게 보이는 외적 표현을 중시하지만 기혼은 가족소비규모가 커지면서 외적 표현에도 소홀해지기 때문에 외적 표현에 따른 심리적인 측면 역시 영향을 받게 된다.

더불어 분석 결과 중 자기효능감 부분에서는 기타(이혼, 사별 등)에서 다시 자기효능감이 높아졌는데 이 역시 다시 가정에서 벗어나 외적 표현에 대한 소비 및 자신에 대한 여유가 생기면서 그에 따라 외적 표현에 따른 자기효능감 및 심리적 안녕감도 높아지게 되는 현상을 보여준다.

결혼 전과 후의 인간 삶은 가정이 생기고 가족이 형성되면서 포괄적으로 다른 양상을 띠게 된다. 결혼 전에는 자신 개인적 삶을 중심으로 살아가기 때문에 타인에 대한 책임감과 가정의 부양 의무감이 거의 없다. 물론 미혼임에도 불구하고 부모나 형제 등을 부양해야 하는 특별 케이스를 제외하고 말이다. 그렇기 때문에 미혼의 경우 자신의 인간관계나 사회적 생활을 영위하기 위해 자신을 도구로 관리하고 꾸미게 되는 생활을 하게 된다. 그러나 가정이 생기고 더욱이 자녀를 부양하게 되면서부터는 나 자신 중심의 생활에서 가족 중심의 생활로 변화되게 된다. 한국 가정같은 경우는 외국과 달리 자녀 중심의 부부생활을 하는 경우가 일반적이기 때문에 부부의 나와 너보다는 누구의 엄마, 아빠의 부모로서의 삶을 살아간다. 그래서 더욱이 나의 외적 꾸밈과 관리가 미혼이었을 때보다 훨씬 미약하게 될 수밖에 없게 된다.

넷째, 직업에 따라 나타나는 외적 표현에 의한 자아효능감 및 심리적 안녕감은 다음과 같다.

19) 임미지, 2012, 여성의 결혼 전후에 따른 헤어 태도와 헤어 관여도 및 실태 비교

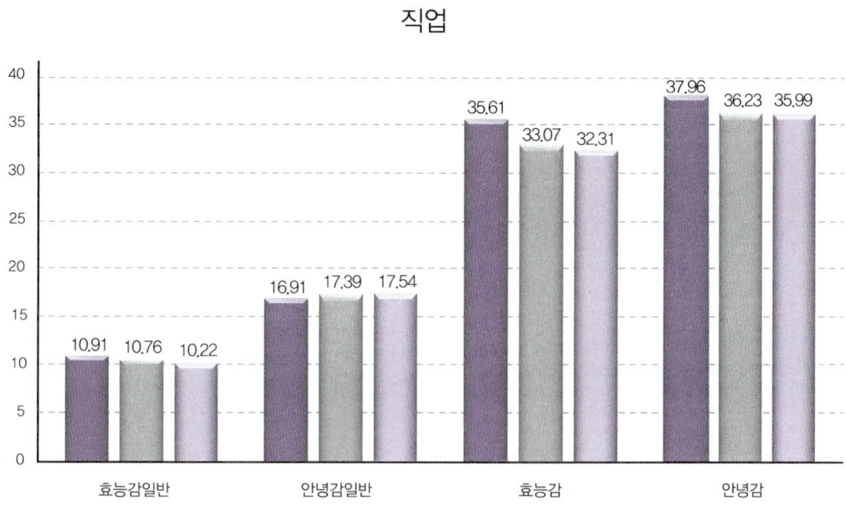

직업에 따른 외적 표현에 의한 자기효능감 및 심리적 안녕감

분석 결과를 보면, 자기효능감과 심리적 안녕감에 대한 일반적인 질문에서는 직업에 따라 유의한 차이가 나타나지 않는 것으로 나타났으나, 외적 표현에 따른 심리와의 상관관계에서는 자기효능감이 F=5.127, P=0.006***으로 유의한 결과가 나타났다. 외적 표현에 따른 심리적 안녕감에서는 유의한 결과가 나타나지 않았는데 이는 직업보다는 개인의 연봉이 더 영향을 미치기 때문으로 보인다.

외적 표현은 소비를 통해 이루어지므로 개인의 소득에 영향을 받는다. 외적 표현에 따른 심리적 만족감을 얻기 위해 명품, 과소비 등으로 연결지어지는 것은 옳지 않으나 자본주의 한국사회에서 개인의 소득은 삶의 기본 욕구를 충족시킬 수 있는 기반이 되며 외적 표현을 통한 자기효능감 및 심리적 안녕감 역시 이와 관련이 없을 수는 없다. 또 우리 사회가 여전히 외모에 대한 중요성을 크게 생각하여 외모관리에 대한 태도가 사회적으로 직종에 관계없이 사회생활의 필수 불가결한 요소로 그 중요성이 강조되고 있다(임윤선, 2015).[20]

20) 임윤선(예술치료교육 Journal of Arts Therapy & Education, wp 5권 제2호, 2015, pp, 17-36)

7장_휴먼이미지 테라피(Human Image Therapy)의 이론과 실제

자존감과 외모 그리고 패션의 관계

외형적인 비만은 미국과 같은 정크푸드Junk Food나 육식중심으로 살아가는 외국에서 빈번하게 나타나는 현상이지만, 한국도 이제는 비만의 위협을 받게 되었다. 특히 24시간 야식과 배달이 발달한 한국사회의 환경은 날씬하고 건강한 외모를 지니기에는 큰 걸림돌이 된다. 게다가 음식문화가 서구에 비해 매우 다양하기 때문에 식욕충족으로서 선택의 폭이 넓은 점도 이에 한 몫을 한다. 그러면서 점점 한국사회의 비만도가 증가하고 있는 추세에 놓여 있다.

비만은 자존감과 외모 그리고 패션의 관계에 있어 가장 이해하기 쉽게 보여줄 수 있는 예이다. 실제로 2005년 국내 비만학회지[1)]에 실린 내용에 따르면 자존감은 비만도가 증가할수록 낮아지는 경향을 보인다고 하였다.

비만을 지닌 이들이 대체로 자존감이 낮은 이유는 무엇일까?

한국사회는 눈에 비치는 시각적 요소를 중요시하는 체면과 가식이 예의화된 유교사상이 뿌리박힌 나라이다.

그래서 한국사회가 루키즘Lookism과 같은 현상이 확산되고 세계적인 외모지상주의 국가로 추대되는 것은 과히 이상하거나 이해불가의 상황이 아니다. 한순간에 형성된 사회적 현상이 아니라 이미 과거 선조때부터 형성되어진 독특한 한국의 문화라고 보면 된다. 더욱이 한국의 외모지상주의를 부추기게 된 것은 서양의 자본주의가 흘러들어와 한국경제의 급성장과 함께 전국민이 하나로 서로를 참견하고 견주게 되는 디지털 문명으로의 새로운 도래에서 비롯되었다. 가뜩이나 너와 나가 분리되지 않은 우리의식이 뿌리내린 한국사회에서 타인의 범주를 쉽게 침범할 수 있는 매스미디어의 발달은 다양한 문제를 급속히 확산시키게 된 경우가 되어버렸다.

그렇다면 외형적인 비만형은 이런 사회 속에서 긍정적인 시각이미지를 형성하기에 다소 무리가 있게 마련이다. 더군다나 한국은 타국에 비해 이상하리만큼 마른

1) 2005/12월호 제 5권 제1호 p75-85, 저자:최형석. 전세일, 최승

체형을 이상형으로 선호하는 특징을 갖는다. 그런 특징 때문에 한국인 다수가 이상형의 체형을 지니고 있어 시각적으로 보기에는 나쁘지 않은 장점 아닌 장점을 지니는 아이러니컬함을 형성한다. 그리고 이제는 더 이상 마른 체형이 못먹고 살았던 과거 서민층의 외모가 아니라 그와 정반대로 상류층의 외모 유형이 되어버렸다. 오히려 과거 먹을 것이 풍족하지 못했던 시기에는 살이 토실 토실 찌고 비만형이 보기 좋단 말을 듣고 부유층 집안사람을 나타내는 외형의 기준이었다.

많은 한국 여성들은 스스로를 비하하는 말을 서슴없이 내뱉곤 한다. 이 상황이 다른 나라 사람들에게 얼마나 독특하게 비춰졌으면 프랑스 한 언론이 한국남녀 모두 마른 체형을 절대적으로 선호한다고 강조했을 정도이다.

이렇듯 외적이미지에 예민하고도 민감한 사회 환경 속에서 비만인들은 마른 체형의 기준에서 뒤떨어져 있기 때문에 자신감도 떨어질 뿐더러 자존감도 낮아지게 마련이다. 그것을 뒷받침해 주는 증거는 바로 패션이다.

과히 뚱뚱하고 살찐 몸매가 아니어도 평소보다 체중이 늘어나면 옷맵시가 나지 않게 되고 자신도 모르게 살찐 부위에 온통 신경이 곤두서게 된다. 일반적으로 허리부분과 뱃살 주위로 시선이 머무르게 되는 경우가 많다. 여성들의 경우 팔뚝 살과 등살에까지도 무척이나 민감하다. 비만도가 높을수록 늘어지는 살과 셀룰라이트cellulite가 눈에 도드라지게 드러나면서 미관상 보기 좋지 않아 펑퍼짐한 옷이나 가디건 같은 겉옷 등으로 가리게 된다.

더군다나 마른 체형이 일반화된 한국 패션사회에서는 비만인들이 입을 만한 옷들은 상당히 제한되어 있다. 이건 마치 사회 전반적인 분위기가 그들의 자존감을 떨어뜨리게 내모는 현상처럼 보인다. 그들이 입을 수 있는 옷은 그저 살을 가리기에 급급한 박스티나 셔츠 등의 헐렁헐렁한 스타일들뿐이다. 게다가 옷 색상이나 패턴에도 한정된 스타일의 제약을 받게 된다. 사람들은 살이 찔수록 진한 색상의 옷을 선호하고 밝은 톤이나 패턴이 들어간 옷은 입지 않으려 하는 경향이 있다.

어두운 색상을 입어야 사람들 속에서 살찐 자신의 모습이 눈에 띄지 않고 묻힐 수 있다는 잘못된 판단을 하게 되지만 사실 그렇지 않다.

그래서 평소 어두운 색상의 박스 스타일 옷이 비만인들이 주로 입고 다니는 패션의 특징이다. 외모에 대한 열등감으로 인해 자신감과 자존감이 낮아지게 되면서 자신의 패션 스타일에 스스로 두려움을 갖고 위축되게 된다.

국내 케이블 채널 스토리온이 대한민국 여성들의 외모와 자존감에 대한 인식 조사 결과를 공개한 적이 있는데, 조사결과 응답 여성의 79%가 '외모에 만족하지 못한다'고 고백했고, 34%는 '외모 때문에 우울증이나 대인기피, 자살충동 같은 부정적인 감정까지 느꼈다'고까지 답해 외모로 인해 심리적으로 문제가 일어나는 위험성을 보여주었다. 게다가 '기회만 주어진다면 성형으로 외모를 바꾸고 싶다'는 응답자도 전체의 71%에 달했다.

여기서 주목할 만한 부분은 응답자의 절반 정도가 타인에게 '예쁘다'는 평가를 받고 있음에도 불구하고 자기 스스로를 전혀 예쁘다고 생각하지 않는다는 점이다.

자신의 외모가 예쁘다고 답한 비율은 전체의 1/4 정도에 불과하다.

스토리온 채널 관계자는 "상당수의 여성들이 외모에 대한 자신감이 떨어진 채 살아가고 있다는 사실을 다시 한 번 확인했다고 한다.

외모뿐만 아니라 내면의 아픔까지 치료할 수 있고, 여성들의 자존감을 회복시키고 희망을 줄 수 있는 치료 프로그램이 시급히 필요하다.

자존감, 정체성 그리고 성형문제

"성형외과가 즐비한 압구정동 거리에 정신과 의원을 세우면 대박 날 것"이라며 "성형외과를 찾는 사람들 중 내면의 문제를 갖고 있는 경우가 그만큼 많기 때문"이라고 전문의들은 말한다.

이는 성형이 '자존감'과 '정체성' 문제에도 깊은 연관이 있음을 보여주는 증거이기도 하다.

외모에 대한 관심이나 강박이 지나친 것도 치료가 필요한 질병이다.

"끊임없이 성형을 하는 사람들 중에는 자신의 외모에 대해 부정적으로 왜곡된 '망상'을 갖고 있는 사람들이 많은 반면 본인이 심각성을 인정하지 못하는 경우가 많다"고 전문의들이 지적했다.

또한, 10~20대 젊은 층의 성형에 대해서도 매우 조심스러운 입장을 보였다.

그 이유는 외모도 정체성과 직결되는 중요한 요소 중 하나인데 성형을 하기 전 자신의 '아이덴티티정체성'에 대한 탐색 및 확립이 없이 성형에 의존하게 될 수 있기 때문이다.

자신에 대한 '자아존중감'이 낮아서 찾아오는 '결핍'이나 '불안'을 성형으로 해결하는 것은 매우 위험한 판단이다.

자신에 대한 자존감이 낮으면 성형을 해서 만족하더라도 그것은 그저 일시적인 방법에 그치기 쉬우며 더욱이 나아가 결과가 흡족하지 않을 경우에는 낮은 자존감으로 인해 "나는 어차피 안돼"라고 생각하며 자살과 같은 극단적인 선택을 하게 될 우려가 깊다.

또한, 사회적으로 성형을 강박적으로 몰고 가고 있는 '미디어'와 사회적 '비교의식'의 풍토가 좋지 않은 사회적 우려를 낳게 하는 원인이 된다.

최근 젊은 세대는 어렸을 때부터 꾸준히 미디어가 제공하는 왜곡된 이미지에 노출되어 왔다.

정상적인 범위를 벗어나는 '마르고 아름다운' 모델과 배우들을 보며 그것이 마치 '일반적인' 기준이 되어버린다.

우리나라에서 최근 유행하는 '성형 변신 프로그램들'을 보면 지나치게 외모지상주의적으로 끌고 나간다. 해외에도 유사한 방송 프로그램들이 있으나 국내 프로그램과는 사뭇 다른 시스템을 형성한다.

해외프로그램은 국내 프로그램과는 달리 심리적인 부분에 좀 더 중점을 두면서 정신과 의사와의 상담을 통해 자신의 내면을 치유하는 과정도 외적 변화와 함께 진행하는 과정을 보여주어 몸과 마음이 균형을 이루고 안정되는 치유프로그램으로서 성공적인 면모를 보여주었다. 반면, 국내의 경우 외적인 변화에 치중되게 대중에서 내비쳐 사회적으로 외모지상주의를 더욱 부추기는 현상을 초래하게 되었다. 이런 대중매체나 사회의 오류와 왜곡 속에서 제대로 된 자기상과 이미지를 형성하고 유지하기 위해서는 가족이나 주변인들의 역할과 영향이 매우 중요하다.

그러나 안타깝게도 보이는 외적인 아름다움을 추구하는 것처럼 보여져 더욱 사회적 현상을 외모지상주의로 몰아가게 되었다.

이런 환경 속에서 부모 및 주변사람들의 역할이 매우 중요하다.

'너의 외모는 있는 그대로 아름답고 너는 가치로운 사람'이라는 것을 자각할 수 있게끔 긍정적인 반응과 대화를 통해 자아존중감을 건실히 형성시키는 과정이 무엇보다도 중요하다.

외모에 대해 지나치게 민감하게 반응한다고 판단되면 정신건강의학과를 방문해 상담을 받는 것을 권장한다. '정신과의 문턱'을 너무 높게 여겨 방치했다가는 병을 악화시킬수도 있다.

있는 그대로의 자연스런 모습을 좀 더 개성적으로 보완할 수 있도록 하는 새로운 방향으로의 미디어프로그램으로 개선되어질 필요도 다분히 있다.

이제는 동양인의 모습 그대로 아름다운 형상이라는 것을 강조하고 오히려 서양인들이 동양인의 외적 모습을 부러워하는 시대가 오지 않을까 한다.

그때가 도래되면 이미 서구사람처럼 온통 얼굴을 뜯어고친 이들은 다시 되돌릴 수 없는 자신의 모습을 한탄하게 될 것이다.

작은 눈은 작은 눈 그대로 낮은 코는 낮은 코 그 나름대로의 귀염성과 장점을 살릴 수 있도록 조언해 주는 전문가와 시스템들이 형성되어져야 할 것이다.

자아존중감 척도

Ⅳ. 다음은 내가 나 자신을 어떻게 생각하는가에 관한 문항입니다.

각 문항을 읽고 여러분의 생각을 잘 나타내주는 칸에 ∨표를 해주시기 바랍니다.

문항	내 용	매우 그렇지 않다	그렇지 않다	그렇다	매우 그렇다
1	나는 내가 다른 사람들처럼 가치 있는 사람이라고 생각한다.	①	②	③	④
2	나는 좋은 성품을 지녔다고 생각한다.	①	②	③	④
3	나는 대체적으로 실패한 사람이라고 생각한다.	①	②	③	④
4	나는 다른 사람들만큼 일을 잘 할 수가 있다.	①	②	③	④
5	나는 자랑할 것이 별로 없다.	①	②	③	④
6	나는 나 자신에 대하여 긍정적인 태도를 가지고 있다.	①	②	③	④
7	나는 나 자신에 대하여 대체로 만족한다.	①	②	③	④
8	나는 나 자신을 좀 더 존중할 수 있으면 좋겠다.	①	②	③	④
9	나는 가끔 나 자신이 쓸모없는 사람이라는 느낌이 든다.	①	②	③	④
10	나는 때때로 내가 좋지 않은 사람이라고 생각한다.	①	②	③	④

* 자아존중감 척도는 Rosenberg(1965)가 개발하고, 전병제(1974)가 번역한 Rosenberg Self-Esteem Scale(RSES)을 사용하였다. 이 도구는 총 10문항이며 신뢰도와 타당도가 매우 높고 총체적인 자아존중감을 측정하는 데 권장할 만한 도구로 알려져 있다.
RSES는 5점 척도지만 4점 척도로 변형하여 사용하였다. 부정적 문항은 역점으로 처리하여 점수가 높을수록 자아존중감이 높은 것을 의미한다.

외모와 성격의 관계

좋은 외모를 갖고 태어난 사람은 성격도 좋다?

외모와 성격에 대해 실험한 연구들이 간혹 있는데 호주의 어느 대학에서는 설문대상 총 2만여 명이나 되는 대인원을 대상으로 조사한 결과를 보도록 하자. 호주 대학은 키와 연봉의 상관관계에 대해 설문조사를 펼쳤고 그 결과 신장이 10cm 늘어날 때마다 연봉이 3% 증가되는 효과가 있었다는 아이러니컬한 상관관계의 결과가 나왔다. 진화론적 관점으로 봤을 때 동물이나 인간에게 있어 자신의 이성상대를 찾을 때 되도록 가능하면 신체 건강하고 무리에서 힘이 있는 대상을 선택하게 된다는 결론은 지금껏 숱한 연구 결과에 의해 보여주었다. 얼굴, 키, 몸매 등을 포함한 보이는 외적 이미지가 살아가는 데 있어 인간사회에서 커다란 역할을 한다는 것은 누구나 다 알고 있는 사실이다.

외모는 특히 여자에게 더 많은 영향을 주게 되므로 여자를 기준으로 알아보자.

남자든 여자든 어려서부터 외모가 다른 사람에게 긍정적으로 보이는 소위 잘난 외모를 갖게 되면 다른 아이들에 비해 주목을 받고 예쁘다, 귀엽다 같은 표현을 들을 기회가 훨씬 많다.

인간은 사회 속에서 어려서부터 함께 어울리며 경쟁과 함께 공생을 하는 법을 배운다. 따라서 타인과 구별되는 어떤 점이 있다면 그리고 그것이 긍정적인 면으로 작용하는 특성이라면 당연히 그것은 이득과 연결되기가 쉽다. 이런 성장과정을 거치게 되면 누군가는 100의 노력을 해서 A를 얻었다면 누군가는 200의 노력을 해도 겨우 얻을까 말까 하는 상황이 벌어진다. 즉, 동일한 물건을 주고 밖에 나가서 팔아오라고 하면 예쁜 얼굴을 가진 여자가 그렇지 못한 여자에 비해 훨씬 빠른 시간에 물건을 다 팔 수 있다. 여기에는 다른 요소가 있다. 즉, 고객에게 물건을 홍보하거나 전달할 때 성격도 큰 역할을 하기 때문이다.

일반적으로 사회 속에서 타인과 더불어 살아가는 데 좀 더 도움을 받거나 기회를 얻고자 하는 데 있어 영향을 미치는 것이 바로 타인의 호감이다. 대체로 유사한 성향과 동등한 위치에 놓여있을 때 누구를 선택하겠느냐를 가정한다면 외적으로 호감이 더 가는 상대를 선택하게 된다. 예를 들어 회사 내부에서 얼굴이 예쁜 여자 직원이 복사기를 사용할 줄 몰라 쩔쩔 매고 있는 상황에 놓여있을 때 그것을 본 남자 직원들은 서슴없이 도움을 주게 된다. 이는 여자 직원에 대한 긍정적인 호감이 형성되었기 때문이다. 그 배후에는 시각적인 영향이 매우 크다.

예쁜 여자가 회사에 들어가서 복사기를 사용하지 못하고 쩔쩔매고 있으면 남자들이 줄서서 대신 복사를 해주는 장면도 간간히 볼 수 있다.

영국 과학잡지 뉴사이언티스트New scientist는 동물의 진화심리학 관점에서 다시 보면 못난 암컷 새는 가까운 곳에 잘난 수컷이 있더라도 볼품없고 노래 소리가 형편없는 못난 수컷을 짝으로 선택한다는 연구에 대해 보도한 바 있다. 네덜란드 라이덴 대학 연구진은 얼룩무늬금화조를 새끼 때부터 두 그룹으로 나눠 키웠다. 한 그룹은 2~3마리씩 짝지어 모이를 놓고 싸울 필요가 없는 유복한 환경에서 키웠고, 다른 그룹은 5~6마리씩 무리지어 모이를 놓고 싸우는 척박한 환경을 조성했다. 여기서 유복한 환경의 수컷은 몸집도 크고 노래도 잘 불렀지만 척박한 환경에선 암수컷이 모두 못나게 자라는 현상을 나타냈다.

연구진은 이렇게 키운 암컷 24마리를 새장 안에 넣고 잘난 수컷과 못난 수컷의 노랫소리를 들려주면서 새장 속의 빨간 단추 2개 중 어느 쪽을 누르는지를 관찰했는데 그 결과 잘난 암컷은 잘난 수컷을, 못난 암컷은 못난 수컷을 선택하는 것으로 나타났다고 한다. 실제 이들 암컷을 수컷과 한 우리에 넣어 짝짓기를 시켜 봐도 잘난 암수끼리, 못난 암수끼리 짝을 이룰 때 더 빨리 교미하는 것으로 다시금 확인됐다. 못난 암컷과 잘난 수컷을 한 우리에 넣어 주면 교미하는 데 시간이 오래 걸린다고 한다. 본래 유유상종이라는 말이 나올 정도로 얼룩무늬금화조 암컷의 이런 행동에 대해 연구진은 자기보다 우월한 수컷을 만나게 되면 수컷을 자신보다 나은 암컷에게 빼앗길 것만 같은 두려움을 본능적으로 지니기 때문이라고 설명했다.

한편 못난 암컷이 잘난 수컷과 교미를 하면 더 큰 알을 낳는 것으로 나타났다.

이는 과분한 수컷을 맞이한 암컷이 알에 더 큰 노력을 쏟기 때문으로 해석됐다.

패션과 심리: 나를 알려주고 보여주는 언어 '패션'

인간에게 패션은 사회적 존재로서 동물과 완연히 차별되게 하는 고유의 표시이다. 인간은 이 세상에서 자기 몸을 다른 매체로 가꾸고 장식하는 단 하나의 존재이기도 하다.

그리고 패션이란 제2의 피부라 불리울 만큼 그 사람 자체를 고스란히 반영해 준다.

옷을 입는 스타일에 따라 성향이나 직업 또는 생활방식 그리고 보여지지 않는 심리까지도 엿볼 수 있다.

프릴이 달린 공주풍 원피스를 입은 여성은 보여지는 그 자체가 "난 여자 그 자체야!"라는 여성성을 나타내준다. 이런 스타일은 주로 서양여성들보다 동양여성들에게서 많이 볼 수 있다. 패션을 통해 문화를 엿보는 자료도 된다.

여자는 여자다워야 하고 남성의 보호를 받는 연약한 존재라는 인식이 부드러워 보이는 리본이나 프릴장식의 원피스에 담겨져 있다.

우울증- 무채색이나 어두운 색상의 의류, 패션에 무감각해짐, 유행에도 뒤쳐짐.

강박증- 깔끔한 스타일 추구, 청결중요시, 단추 잠금, 스카프나 커프스단추 등의 장식

살면서 기분에 따라 모든 것들이 그에 따른 영향을 받게 된다.

영향을 받는 게 가장 확실하게 보이는 게 시각적인 부분이다. 그 중 컬러가 가장 빠르게 변화되는데 컬러를 포함한 전체적인 가시적 자기인 패션이 모든 것을 함께 내포해 준다.

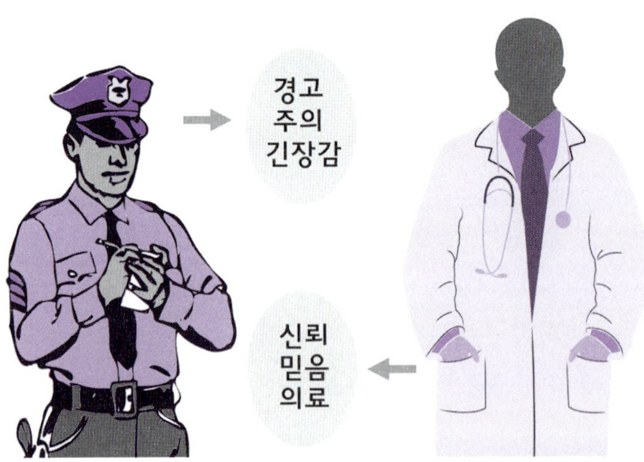

영국의 골프심리학자 칼모리스KARL MORRIS는 골프선수 타이거우즈가 경기의상에서 입은 빨간 셔츠 심리를 이렇게 분석하였다.

"경기에서 다른 선수들에게 강한 위협감과 공격성을 주고 자신에게는 경기의 승리에 대한 메시지를 부여한다."

야구모자나 썬캡 같은 스포티한 가벼운 모자 외에 패도라나 큰 챙모자 같은 화려한 모자를 쓰는 사람들은 대개 지위나 신분을 드러내고자 하는 욕구가 강함을 나타내주는데 과거 모자의 발달배경에서 보면 과거에 급제한 암행어사나 황제 등 고위 직분을 지닌 이들은 두상에 화려한 장식을 하여 신분의 특별함과 지위를 부여하도록 외적 꾸밈을 하였다. 서양에서의 화려하고 큰 왕관도 이를 나타내주는 예이다.

패션이 사람을 두드러지게 부각시켜주는 것 중 하나는 영화나 드라마의 패션코디를 들 수 있다. 영화나 드라마 속 패션은 각 캐릭터들을 돋보이게 하고 특징을 묘사해 주는 중요한 역할을 한다. 더욱이 드라마나 영화의 흥행으로 여주인공들의 패션이 대중화되어 ~머리핀, ~헤어밴드, ~핸드백 등 유행을 창조해 내는 경우가 허다하다. 해피엔딩의 화려한 여주인공이 착용했던 액세서리나 의상이 일반 대중들이 현실적으로 이루지 못하는 꿈이나 행복을 대체해 주는 메시지 역할을 함으로써 대중은 스스로 어느 정도 위안을 얻는다. 그때 상황과 환경 그리고 대상에 맞춰 패션으로 자신의 이미지를 잘 관리하는 사람들일수록 사회적응이 빠르고 승진할 확률이 높다.

패션 심리의 기술

사회 속에서 타인과 더불어 살아가는 데 있어 직장이라는 곳의 삶은 승부와 경쟁이 치열하다 못해 무섭기까지 하다. 위에서 내려찍고 밑에서 치고 올라오고 옆에서 공격하는 아무도 믿을 수도 없는 전쟁터와 같은 아슬아슬한 곳이 직장이다.

단, 직장만이 아니라 학교, 모임, 취미활동까지도 사람들이 집단으로 모여드는 곳은 어디든 그 안에서 적응해야 하고 잘 어울리면서 자기이미지 관리를 해야 한다.

내 관리를 위해 순간적인 이미지 각인효과를 강하게 줄 수 있는 것은 **시각적인 패션이다.**

패션은 또 다른 나의 진면목을 대변해 주는 가면이자 마술이다.

잘 보이려고 행동을 조심하지 않아도 되고 말을 멋지게 하려고 할 필요도 없다.

말과 행동이 아닌 패션으로 나타내는 비밀스러운 심리의 기술이 있다.

어느 정도 패션에 따른 심리의 기술을 익힌다면 어떤 환경과 상대를 만나기 이전에 미리 안전한 준비를 해놓을 수 있을 것이다. 상대방을 리드하고 컨트롤하기 이전에 패션으로 상대를 파악해 보면 큰 도움이 된다.

인간발달단계에서 자아정체성을 확립하는 시기로 보는 청소년기를 예로 들어보자.

과거에서부터 나타난 청소년들의 '유행과 명품 선호 그리고 연예인 모방하기'를 이해하기 위해서는 청소년기의 특징을 보면 된다.

흔히 청소년기를 '질풍노도의 시기a period of storm and stress'로 일컫는데 , 이 용어는 미국의 심리학자 스탠리 홀Granville Stanley Hall이 칭했고 청소년기는 아동시기를 거쳐 성인으로 성장하는 데 과도기로서 자아정체성의 갈등과 혼란을 겪는 매우 예민한 시기이다. 그래서 스탠리 홀은 이와 같이 성장하는 시기에 있어 불같이 거칠고 분노하는 감정의 역동시기를 지나고 있는 청소년기를 거친 파도를 연상하는 의미로 질풍노도의 시기라고 하였다.

성장하는 시기에 있어 불같이 거칠고 분노하는, 감정의 변화가 심한 청소년기의 특징을 질풍노도의 시기로 의미하였다.

청소년기의 심리를 발달학적 관점에서 연구해 온 정신분석학자 에릭 에릭슨E. Erikson은 "인간의 전생애의 각 단계마다 수행해야 하는 발달 과업이 있는데, 그중 청소년기의 최대의 발달 과업은 자아정체감의 확립이다."라고 했다.

그는 청소년들이 '나는 누구인가?'라는 질문을 시작하면서 '나를 찾는 일'을 하는 과정을 거친다고 하였다. 청소년기 과정에서 그들은 남과 자신이 다름을 인식하고 수용하게 되면서 "나는 무엇을 원하는가? 무엇을 하고 싶은가? 무엇을 해야 하는가"라는 질문을 하게 된다. 내가 원하는 것이 무엇인지를 찾게 되면서 나만의 것을 이루기 위해 목표설정을 하고 실행하며 노력하게 된다. 이런 과정을 제대로 거친 청소년들은 안정된 성인기로 접어들고 자신의 목표를 위해 열심히 긍정적으로 살아가게 된다.

더욱이 청소년기의 독특한 특징 중 하나로 꼽자면 자신의 개성과 자아중심성을 추구하는 독립성향이 짙어지면서 내보이는 반항심리를 들 수 있다.

중학교에 올라가기 전까지는 엄마나 어른이 사주신 옷이나 가방을 매고 다니다가 중학생이 되어 또래친구들과 자주 어울리게 되면서 어른이 일방적으로 사준 패션을 거부하기 시작하는 게 바로 이 때문이다. 부모에게 반항하는 나쁜 자녀로서 표출되는 것이 아니라 정신적으로 성숙해지기 위한 과정이며 신체적인 면에서도 부모의 품으로부터 독립된 자아를 형성하려는 한 면의 시각적 행태로 나타내는 것이다.

청소년기로 돌입하면서 아이들은 또래들이 추구하는 패션을 함께 공유하거나 자신들의 로망대상인 연예인이나 유명인들의 패션 취향을 모방하려는 성향을 강하게 띤다. 이는 성인이 되기 위한 자연스러운 청소년기의 가시적 자기 표현으로의 독립성향이며 자아정체성 확립에 대한 표명이다.

패션에 따른 심리의 기술은 다음과 같다.

1. 실제 자신의 신체사이즈보다 큰 옷을 입는 사람

자기과시 욕구가 강하고 사회나 타인에게 인정받고 싶은 욕구도 그만큼 높으며 인정받기 위해 사회 속에서 맡은 바 책임을 다해 열심히 일을 하기도 한다.

대표적인 패션스타일로 뽕이라고 하는 어깨패드가 부착된 자켓을 들 수 있다.

과거 왕족들의 의상들을 보면 어깨가 강조되고 볼륨감이 강한 것도 이런 우월주의의 표출과 강한 권위적 성향을 띰을 보여준다.

2. 화려한 패턴과 강렬한 컬러의 옷을 입는 사람

물질욕구와 자기중심적인 성향이 강하다. 허영심이 있어 실제보다 부풀려 말하는 경향이 짙을 수 있다. 허영심이 강할수록 내면은 공허하고 외로움을 타며 불안정한 심리상태를 지닐 확률이 높다.

3. 눈에 띄지 않는 평범한 옷 위주로 입는 사람

집단소속감이 강하고 무리에서 벗어나는 것을 두려워한다. 체제 순응형이면서 리더십이 미약하고 자신의 의견을 당당히 내세우는 것을 회피한다. 타인 중심적 사고와 생활이 익숙하기 때문에 독립적 자아가 미약할 수 있다.

4. 유행에 민감하고 유행을 좇는 사람

집단중심성향이 강하고 개성이 없고 귀가 얇을 수 있다. 타인의 평가나 판단에 의해 자신의 생각과 결정을 좌우하기도 해 자신만의 주체성이 부족한 편이다.

5. 위와 반대로 유행이나 패션에 무관심한 사람

자기만의 개성이나 고집이 매우 강하고 타인에 대한 배려나 이해 그리고 집단활동에 있어 협조성이 부족하다. 자기중심적 성향으로 인해 관계적인 부분에서 문제가 생길 확률이 높다.

6. 제복이나 유니폼을 좋아하고 자주 착용하는 사람

자신의 직업이나 전문성을 강조하고 내보이고 싶어 하는 심리가 강하고 타인에게 인정받고 싶은 욕구가 강하다. 그리고 자신이 남들과 달리 특별하다고 생각하는 경우가 많다.

7. 편안한 복장을 고집하는 사람

집단의 틀과 규칙에 스트레스를 받으며 강요나 제지받는 것을 싫어한다.

귀차니즘을 지니며 자신의 감정에 따라 제멋대로인 성향을 지닌다.

8. 유명브랜드 의상을 추구하는 사람

인정받고 남에게 보이려고 하는 심리가 강하고 자존심이 강하며 물질이나 학력 등의 배경, 보여지는 부분으로 판단하려는 경향이 짙다.

9. 보이쉬(boyish)나 매니쉬(manish)한 남성스타일을 추구하는 사람

여성의 나약함은 취약점이라 생각하고 남성이 지닌 강인함과 단호함의 분위기를 풍김으로써 여성에 대한 고정관념을 깨려고 하는 페미니즘의 성향을 지닌다.

10. 옷을 입는 기호가 갑자기 바뀐다면 생활과 환경의 갑작스런 변화나 충격, 심리적 변화, 새로운 결심을 하려는 상황일 가능성이 크다. 예를 들어 자연에서 살다가 도시로 취직을 온 사람들은 직장에 맞춰 의상을 구입한다.[2)]

패션이 인상형성에 미치는 영향

외모를 통한 인상형성의 과정은 인상형성의 4단계로 다음과 같이 나뉜다.

(1) 단서의 선택

외모나 의복에서 눈에 띄는 것을 단서로 선택하여 추론한다.

(2) 해석적 추론

선택한 외모 단서에서 핵심적인 개인 성격(핵심특질)을 연상하는 단계이다.

(3) 확장된 추론

후광효과라 불리는 인지적 도약 단계로 외모에 대해 느끼는 개인적 특질을 다른 특질로까지 확대한다.

2) 채워도 채워지지 않는 옷장의 비밀 p24(임윤선)

(4) 예측 행동

상대방에 대한 추론을 바탕으로 그 사람에게 어떻게 대응할지를 준비한다.

대상에 따른 의복의 특성은 의복의 유형과 스타일에 따라 달라지게 된다.

의복 유형은 일반적으로 의복의 품목과 노출이 어느 정도냐에 따라 성격, 가치관 그리고 정숙성과 같은 내적 특성을 그를 통해 추론해 볼 수 있다.

예를 들어 교사 의복 유형은 대체로 일반적인 세미 정장류이며, 전문직 종사자는 기본 정장을 착용한다. 노출의 정도를 통해 알아보는 유형은 다음과 같다.

의상의 노출 정도로 담긴 심리를 알아보면,

노출이 적은 옷을 입은 여성 - 호감, 친절, 따뜻할 것으로 지각

노출이 심한 옷을 입은 여성 - 가볍고 성적 매력을 나타내주고 있으나 지성 등의 그 밖에 부분에서는 높게 평가되지는 않는 경향이 짙다.

다음은 의복 스타일의 예를 들어보도록 한다.

히피스타일은 퇴폐적 분위기를 품어내고 자유와 방종을 나타내주는 반면 보수적이고 딱딱한 의복 스타일은 강한 보수적인 정치 성향을 띠며 방어성을 형성해 준다.

남성복 : 보수적인 스타일 착용 - 지적임

대담한 스타일 착용 - 사회성이 높다고 평가되어지고 있다.

왜냐하면 보수적인 남자 정장은 학력 배경을 포함한 지적인 인상을 자아내기 때문이다. 또한 유행지향적 정장류나 첨단패션은 보기에 외향적 성격으로 지각되는 경우가 강하다.

지각자의 특성으로 보는 패션과 인상형성은 똑같은 사람의 외모도 보는 사람(지

각자)의 관점에 따라 조금씩 또는 많은 차이가 생긴다.

이것은 인상이 형성되는 과정에서 지각하는 사람이 자신만의 배경과 경험을 근거로 한 주관적 인지구조로서 바라보기 때문이다.

다음은 성별에 따른 지각자의 특성을 알아보도록 한다.

- 신체적 매력 : 동성보다는 이성의 신체적 매력에 대해 더 관대하다.

- 성적매력 : 남녀 모두 노출이 심한 의복보다는 중간 정도로 노출된 의복에서 성적 매력을 더 느끼게 된다. 여기서 특히 남성의 경우를 보면 어느 정도의 몸매가 드러나는 옷을 입은 여성에게 더 호의적이지만 너무 노골적인 노출을 한 경우는 더 부정적으로 받아들이게 된다.

※ 여성의 외모를 판단하는 데 중요하게 보는 관점

남성이 여성의 외모를 관찰할 시 여성의 매력, 섹시함, 유혹성, 관능성을 중시하는 편이고 반면 여성이 여성의 외모를 관찰할 시에는 착용자가 입은 옷의 유행성, 사회적 지위에 더 많은 관심을 갖는 편이다.

그 다음 연령에 따라 외모에 대한 지각의 차이를 알아보도록 한다.

사회적으로 적절한 평균 외모란 그 시대나 상황과 매우 밀접한 연관성이 있기 때문에, 연령별로 그에 따른 이상적 외모가 달라질 수밖에 없다.

2세 어린 아이 : 의복과 머리 모양을 중점으로서 전체적으로 남녀를 구분한다.

26개월 된 아이 : 대상의 의복과 메이크업과 헤어까지 지각하게 된다.

5세 된 아이 : 의복에 속한 디테일이나 모양, 색상 등 면밀한 관찰을 통해 지각한다.

노인의 경우 : 좀 더 외모가 단정하고 말쑥한 대상에게 긍정적 인상을 갖는다.

눈에 보이는 의복과 외모로부터 나타난 행동은 타인과의 상호작용에서 30초 이내에 직접적으로 영향을 준다.

무욕증 환자의 심리치료에서 나타난 패션의 변화

대상 : 20대 중반의 고학력과 부유한 가정의 무욕증 여성환자

무욕증(anhedonia)이란?

이전에는 흥미를 느끼던 것을 더 이상 느끼지 못하는 것으로 어떤 것에도 무감각하며 무관심한 상태로 무기력증세가 증폭된다. 동기유발의 일반적인 결여와 귀차니즘이 특징적인 심리 상태이다.

〈Before/ 치료 전 모습〉

이미지

- 천박해 보이고 지저분하며 나이가 많아 보이는 이민여성의 느낌

의상

- 외모에 어울리지 않는 컬러를 매치한다.(청색, 회색, 검정색 혹은 갈색의 옷)
  옷에 전혀 신경 쓰지 않고 동일한 의상을 자주 착용한다.

소품

- 짙은 색의 더럽고 낡은 천 가방

〈2년간 치료 후 모습〉

이미지
- 밝고 활발한 분위기와 깔끔해진 모습과 나이에 맞는 여성 느낌

의상
- 밝은 주홍, 노랑, 하늘색, 연두색 등의 밝은 색상을 위주로 입는다.
의상에 신경 쓰며 패션스타일에 관심을 가지며 매일 갈아입는다.

소품
- 밝은 색의 귀여운 클러치 백

위 자료는 미국의 정신과 전문의 스캇펙Scott Peck의 상담환자 중 패션의 변화된 사례 내용이다.[3)]

시각적 이미지: 첫인상을 좌우하는 '가시적 자기'

30초라는 짧은 시간에 형성되는 첫인상은 한번 심어지면 바뀌기가 쉽지 않다.

첫 대면에서 받은 느낌이 좋지 않다면 굳이 그 사람과의 관계를 유지하려고 노력하지 않게 되는 게 일반적인 현상이다.

사람에 대한 직감적인 반응과 판단은 첫인상이 좌우한다고 볼 수 있다.

인간의 뇌에서 편도체라는 부위는 낯선 이에 대해 만나야 할지 만나지 말아야 할지를 관여하는 역할을 한다. 우리는 대체로 경험을 받아들일 때 특별한 상황을 제외하고는 늘 하던 대로 실행하게 되어 있다.

보통 뇌는 새로운 정보를 싫어하고 일관적이기 때문에 변화를 기피하는 특성을 지닌다. 복숭아를 먹고 알러지가 심해 죽을 뻔한 기억이 있다면 다시는 복숭아를

3) 아직도 가야할 길 p.306~307

먹지 않는 것도 이런 경우에 속한다.

그래서 첫인상으로 일관적인 영향을 받아 상대에 대한 느낌이 오래 남게 되어있다. 이것을 심리학 용어로 초두효과primacy effect라고 일컫는다.

첫인상의 중요함을 설명해 주는 초두효과는 첫인상 형성의 잠재된 잔재기억으로 인해 상대의 큰 실수가 용납되기도 작은 실수가 용서되지 않기도 한다.

어떤 첫인상이 살아가는 데 있어 좋은 효과를 줄까? 당연히 좋은 인상 즉, 긍정적인 인상을 주는 게 최상의 효과를 줄 수 있다.

인상이 좋으면 좀 더 빠른 승진도 가능하고 초기면접에서 붙을 확률도 매우 높다.

타인과 더불어 사는 사회 속에서 이처럼 첫인상이 더욱 큰 영향력을 미친다.

첫인상은 목소리, 말투, 행동, 외모, 패션의 모든 것들이 종합적으로 반영되어 형성된다. 여기서 주체적인 자기가 아닌 것은 옷을 포함한 패션이다. 그 밖의 4가지는 자기 자신이 실제 지니는 영역에 속한다.

이 4가지는 실제 자신이 타고난 것과 오랜 시간 노력하거나 훈련되어서 고착되어진 것들인 반면 패션은 손쉽게 다양하게 변화를 줄 수 있고 시각적으로나 심리적으로 영향을 끼치게 한다. 패션이 주는 영향의 크고 작음은 상대적이긴 하나 얼굴 즉, 신체의 생김새에 민감한 사람만 아니라면 대상에게 미치는 영향력은 매우 크다.

특히 스타일을 중시하거나 패션에 관심이 많은 상대일수록 패션으로 좋은 첫인상을 심어줄 수 있다. 그래서 사람들은 좋은 이미지를 풍기기 위해 큰 돈과 시간을 들여 외관의 변화를 주는 성형수술을 하기도 한다. 그 밖에 언어적 소통을 위한 스피치speech훈련과 사회적 기술을 전문적으로 훈련하는 코칭Coaching 실습을 하기도 한다. 그러나 시간과 경제적인 투자가 부담스러울 수 있어 하다 중도에 포기하는 경우가 더러 생긴다[4].

4) 채워도채워지지않는 옷장의 비밀(임윤선)

사회에서의 시각적 이미지

인간 삶에 있어 이미지의 역할은 매우 중요한 부분을 차지한다.

여기서 시각적 이미지란 프랑스의 사회학자 장 보드리야르Jean Baudrillard의 '시뮬라시옹'에서 말한 바같이 실제 보이는 것이 사실이 아닌 그저 보이는 형태의 이미지를 말해주는데 그가 말한 이미지는 사회적으로 내비치지 않는 진정한 실체를 감추고서 변형하여 반영시키는 것을 뜻한다. 현대사회는 실재와 허구의 이미지가 서로 순환하고 공존하는 가운데 균형이 이뤄지게 된다. 과거에는 보이는 것과 실제 물질 모든 형태에 대해 그저 있는 그대로를 받아들였다.

또한 이미지로서의 시각적 사고Visual Thinking를 중시한 루돌프 아른하임Rudolf Amheim은 연구에서 시지각이 지성과 감성, 부분과 전체, 특수와 보편, 추상과 구체를 동시에 지니는 역할을 한다고 보았으며 시각적 이미지는 예술과 과학 모두에 존재하는 지각과 인식의 기본이 된다고 하였다.

문명이 발달됨에 따라 있는 그대로를 나타내는 형상적 이미지는 점차 완벽함을 추구하는 현대문명에 맞춰 디지털 가상세계를 구축하게 되면서 이제 더 이상 실체에 의존하지 않게 되었다. 미래지향적인 디지털 중심의 현대사회는 인간의 무한한 상상력Imagination이 현실가능하게 하는 시각적 이미지를 만들어 가고 있다.

'시각적 이미지'라는 단어 속에는 대상에 대한 형상이 우리의 마음에 남아 기억된다는 뜻이 담겨있으며, 그 기억이 이미지로 남아 감각기관을 자극한다. 특히 보이는 것에 대한 대상의 기억은 다른 감각기관 - 촉각, 후각, 미각 등을 통한 기억보다 강한 여운을 남긴다. 따라서 사물을 시각적으로 구체화한 모든 이미지는 언어보다도 훨씬 강력하고 정확하다. '현대는 이미지의 소비사회'라고 장 보드리야르Jean Baudrillard:프랑스 사회학자가 주장한 것과 같이 현대사회는 기술의 발달에 따라 시각적 환경이 아주 광범위하고 다양한 형태로 이루어지고 있다. 보드리야르의 시뮬라시옹 관점에서 현대사회는 보여지는 형태의 이미지라고 했듯 모든 사물로부터 형성된 이미지가 인간의 커뮤니케이션을 형성하고 발전시키는 중재자 역할을 하는 것이다. 현대인들에게 있어 시각적 이미지는 그 어떤 방법의 커뮤니케이션 활동보다 더 자기중심적이면서 직접적인 소통으로 활용되어진다. 현대인들은 자신의 존재를 스스로 설계하고 이미지화시키는 적극성을 띠는 자기PR을 하는 인간들이다. 그들에게 시각적 이미지는 자신에 대한 존재를 외부적으로 표명하며 자신이 원하는 또 다른 가시적 자기를 부각하기 위한 창조물이 된다. 그래서 시각적 이미지에 의한 소통과 생산기능은 심미적 기능과 밀접한 연관을 맺고 있음을 나타내 준다. 눈으로 '바라봄'이라는 시각물의 창조는 미적 감각에 대한 만족감을 증가시킬 수 있는 효과적인 방법이 될 수 있다.

휴먼이미지의 에너지와 효과

욕망의 효과 - 디드로(Diderot)

지구상에서 유일무이하게 자기 자신을 스스로 꾸미고 입는 존재는 인간뿐이다.

그 어떤 동물과 식물도 인간처럼 다른 물건으로 자신을 꾸미고 내보일 수 없다.

태초 아담과 이브가 지은 죄에 대한 죄책감과 수치심으로 몸을 가리기 시작했고 그들로 비롯된 원죄로부터 지금까지 인간은 자신의 몸을 가리며 살고 있다.

우리가 사회 속에서 타인과 함께 살아가기 위한 조건들이다.

신체보호를 중심으로 살기 위한 생명유지의 옷을 입어왔던 원시시대에서 유교문화를 중심으로 겸손과 절제를 나타내기 위해 조심스레 가리는 미학의 조선시대까지 그리고 지금은 자신의 존재감을 알리고자 하는 과시적 욕구로의 미학으로 흘러왔다. 한편으로 옷은 수치심을 가리기 위해 또는 정숙하기 위해 몸을 덮는 게 아니라 타인으로부터 자신의 신체에 대한 관심을 끌기 위한 심리적 도구이기도 하다.

인간에게 잠재된 욕망이 지닌 디드로 효과란 무엇인가?

18세기 프랑스의 계몽사상가 드니 디드로Denis Diderot, 1713~1784는 어느날 절친한 친구로부터 멋들어진 진홍색 가운 하나를 선물받게 되는데 그는 선물받은 가운을 서재에 고이 모셔 두게 되었던 게 문제의 시발점이 되었다.

시간이 지날수록 디드로의 눈에는 화려한 가운이 놓인 서재가 가운과 동떨어지게 너무 낡고 초라해 보이기 시작했다. 그래서 디드로는 기존에 있던 서재의 물건들을 하나씩 다른 것으로 교체하기 시작했다.

책상과 의자 등의 기본적인 가구를 비롯하여 벽걸이 장식까지 점차 폭을 넓혀갔다. 선물 받은 화려한 가운 하나에 맞춰 어느덧 디드로의 집안 인테리어는 이전과 다른 스타일로 단장되었다. 하지만 바뀐 것은 그것뿐이 아니었다. 그 선물을 받은 이후로 그는 심리적 변화까지 오게 된 것이다. 안타깝게도 그는 우울증에 시달리게 되었던 것이다. 모든 것이 바뀐 이후 서재에서 느껴지는 세련되고 차가운 분위기가 마음을 편치 않게 했다.

디드로는 아늑했던 옛 서재가 그리웠던 것이다. 이와 같이 새로운 무언가를 갖게 되면 그것을 둘러싼 주변환경도 그것과 어울리는 것으로 맞추려고 하게 되는데 이를 '디드로 효과Diderot Effect'라고 부르게 되었다. 이 디드로 효과는 특히 현대여성들에게 다이어트, 성형, 쇼핑 등 다양한 Toxin독소-중독의 현상으로 나타나고 있다.

런던의 디자이너 핸리 홀랜더Hollander는 패션에 대해 다음과 같이 정의를 내렸다.

"어떤 상황이든 바람직하게 보이는 방식들의 모든 스펙트럼이다."라고 정의하면서 모든 사회의 대중들이 입기를 원하는 것들의 범위는 패션과 함께 한다고도 설명했다. 이것은 오뜨쿠튀르, 모든 형태의 반패션 그리고 의상의 역사에서 시기적으로 패셔너블한 경향 즉, 넌패션까지도 포함함을 의미한다.

이와 같은 홀랜더의 정의는 의상과 외모 그리고 환경에서 인간들에게 큰 영향력을 미치고 있다는 것을 내포해 주고 있다.

또한 의복을 비롯한 패션은 착용한 이가 의도했건 아니건 간에 대상이 주는 메시지를 대신 전달해 주고 있다.

예를 들어 한 여성이 고풍스런 드레스나 꽃무늬 문양의 스웨터를 선호한다면, 그녀의 내면에는 분명 여성스러운 아름다움을 추구하고 있는 것이고 한편으로는 극단적인 보수성 또한 엿볼 수도 있기도 하다.

그리고 늘 편리성을 추구하는 복장을 하는 여성은 자신이 평소 내외적으로 매우 솔직한 성향의 소유자라고 자부할 수도 있다.

그러나 객관적인 타인의 시각과 평가에서는 그녀의 격식을 갖추지 않은 복장이 실례가 되는 행동으로 비춰져 오히려 본인 생각과는 달리 '예의를 갖추지 않는다'라고 예의 없거나 격식 없는 사람 등 부정적인 이미지로 비춰질 우려가 높다.

휴먼이미지 - 패션에는 파워가 있다!

사업과 개인적인 관계에 적합한 의복이 어떤 것인지를 안다는 것은 개인의 사적인 삶과 공적인 삶 모두를 향상시킬 수 있음을 보여준다. 사업을 하는 이들의 복장을 유심히 보면 이를 알 수 있다.

일반적인 패션의 상태를 보면 그 사람이 어떠한 일을 하고 있는지 짐작이 가능하다. 그리고 패션은 유머 감각, 창의성 그리고 성적 본능 등을 표현해 준다.

휴먼이미지를 나타내는 패션은 적극적인 인상을 만드는 동시에 자신에게 좋은 감정을 느끼도록 만들어준다. 그러나 패션은 외모와 능력을 완성시키는 과정의 보조적인 수단이므로 지금 - 여기에 맞춰 효율적으로 투자해야 한다.

대체적으로 의복을 선택할 때에는 자신을 근거로 하여 선택하기보다는 다른 사람이 자신의 옷차림을 보고 어떻게 느낄 것인지를 의식하면서 선택하는 경향이 있다.

미네소타 대학의 마릴린 드 롱Marilin delong과 피오레Pioret는 의복이 어떠한 상징적인 메시지를 주는가를 연구했다.

이 연구결과 스웨터 스타일과 착용자의 개성 간에 강한 상관관계가 있음을 다음과 같이 보여 주었다.

- 얇고 부드러운 직물에 엉덩이를 덮는 길이의 스웨터를 입은 여성은 세련되고 성숙한 이미지로 인식되었다.
- 패턴이나 문양이 있으며, 어두운 색상으로 볼륨감 있게 짠 엉덩이길이의 스웨터는 사교적이고 친근한 느낌을 주었다.
- 정교한 직물에 깊게 파인 브이 네크라인의 스웨터는 로맨틱하고 성적인 이미지를 나타내었다.
- 볼륨감 있는 중간 길이의 스웨터는 이성적이며, 현실적인 사람으로 인식되었다.

외모는 개인 존재에 대한 의식 즉, 타인에게 비춰지는 나의 존재감을 말하고 자아개념은 나를 뜻하는데 여기서 '나'에는 신체를 비롯해 옷, 능력, 집, 가족 등이 포함되어진다. 사람을 만나 상대를 바라볼 때 가장 먼저 보는 것은 외모와 의상이다.

위에서도 말했듯이 옷이란 자아의 확장도구로 외모 자체로만은 자신을 표현할 수 없거나 자신이 생각하기에 외모로만 보여지기에는 미흡할 때 좀 더 상대에게 자신을 어필하기 위한 명찰이 되고 현실적 자기Real self와 이상적 자기Ideal self의 격차를 줄여주는 역할을 한다.

예를 들어 30대 일반 직장인 여성 M을 들어보자.

현실적자기(Real self)

- 지금 현재 그녀모습: 지극히 평범한 30대 직장인

이상적자기(Ideal self)

- 희망하고 상상하는 그녀모습: 성공한 커리어우먼[5)]

사회에서 패션은 자신을 대변해 주는 이름표 역할을 하고 있다.

다양한 직업군을 알려주기도 하고 사회적 지위나 계급 그리고 역할을 나타내주기도 한다. 또 개인의 감정과 개성을 표현해 주는 가시적 자기로서의 역할도 해준다.

그래서 패션은 또 하나의 언어이고 소통의 도구라고 하는데 언어적 기호로서 기표와 기의 두 가지를 지니며 자신의 신분이나 사회적 지위 혹은 감정적 의미를 드러내 준다.

입고 있는 옷은 그 자체가 사회 속에서의 존재감을 알려주고 이미지를 나타내주기 때문에 자신의 직업이 있다면 그 직업에 도움이 되고 에너지를 부여할 수 있는 의상을 잘 선택하는 것이 중요하다. 예를 들어 영업 비즈니스에 종사한다면 만나는 손님들에게 자신의 이미지를 각인해 줄 필요가 있다.

따라서 상대에게 신뢰를 주고 편안한 느낌을 주어 친밀감을 형성할 수 있는 의상

5) 채워도 채워지지 않는 옷장의 비밀, 2015(임윤선)

을 고르는 게 좋은데 대개 영업직의 사람들은 아래 위 동일한 색상으로 한 벌 정장을 입지만 더욱 도움이 되는 의상의 색상 매치는 아래 위 서로 다른 재질과 색상의 콤비 스타일로 입어주는 게 훨씬 좋다.

또 성취동기가 높은 성공의 야망을 지닌 이들은 사업가 유형의 패션을 선호한다는 것을 외국의 연구결과에서 보여주듯 성공하는 이들의 패션은 유행의 흐름과 전혀 무관하게 보여지는데 특징은 부드러운 재질의 의상이 대부분이고 색상은 전혀 튀거나 화려하지 않고 단정하고 깔끔해 보이는 스타일이다.

그리고 외향적이고 사교적 활동을 하는 여성들은 눈에 띄는 강한 색상의 패션스타일을 한다고 하며 자기 확신이 높을수록 타인에게 좋은 이미지를 형성하기 위해 남에게 잘 보이려고 하는 옷을 입지 않는다고 전문가들은 이야기해 준다. 자기 본래의 모습을 인정하고 받아들이는 자존감 높은 사람들일수록 자신의 개성을 당당하게 표출하는 자신만의 옷을 입는 특징이 있고 일반적으로 그들의 패션 감각도 뛰어난 편이다.

셀프 휴먼이미지 테라피 - [Self Box]

- 자존심 → 자기보호기능(우월감 vs 열등감)
- 자존감 → 자기존중기능 ↔ 창의성 'idea' ⇒ "참자기/거짓자기"와 연관
- 자신감 → 자기노출기능 : 내면심리요소

셀프박스 작업을 하기 위해서는 내면에 있는 자존심, 자존감, 자신감과 같은 심리요소들이 있으며, 이 연결성은 예술치료사들뿐 아니라 예술치료 안에서 무조건 알고 넘어가야 하는 연결고리들이다. 모든 치료 프로그램을 계획, 적용, 기획하기 위해서는 매체도구를 사용해야 하는데 이 매체들을 기존에 사용되어진 도구들로만 적용하는 것이 아니라 예술 자체의 모든 것들을 사용해야 한다. 여기서 예술 자체 모든 것들은 인간 삶 그 자체의 동일성을 지니기 때문에 예술이라는 것을 따로 분

리하여 기술적인 분야나 따로 생각하고 골몰해서 탄생되어진 과학과 같이 만들어지는 것이라고 치부하면 안 된다. 그렇기에 예술은 그저 우리의 삶 그 속에서 자연스럽게 연계하여 치료의 도구로서 활용되어져야 함을 강조하는 것이다.

셀프박스는 대상관계심리학과 연결시켜보면 Self 자기심리학, 참자기/거짓자기와 연관성이 매우 깊다. 참자기/거짓자기는 애착관계와 관계가 있는데, 즉 엄마와 나의 관계에서 파생된다. 이것이 곧 인격 장애반사회, 경계성, 의존성, 나르시시즘, 편집증...등등와 연결지어지는데 모두 거짓자기에서 파생되는 것이다.

우리가 만나는 모든 내담자의 문제는 거짓자기에서 시작되는 것인데 사회 속에서 나를 보호해야 하는 기능, 예를 들면 자존심=나르시시즘(완벽주의)에서 확인될 수 있다.

올바른 자아의 형성에 있어 유아 발달과정 중 발달을 촉진하는 기능이 모자관계에서 파생되는데 아이는 태어나면 전능환상(전지전능한 신이라고 생각하는 것)을 갖게 된다. 이는 엄마의 자궁 안에서 외부와 접촉하지 않기 때문에 아이가 그런 환상을 가질 수밖에 없다. 그러다가 세상에 출생하여 엄마와 맞닥뜨려졌을 때, 엄마는 아이에게 거울역할을 하게 된다.

아이는 곧 엄마를 '거울에 비춰진 나'라고 생각하게 되며 이에 따라 엄마는 거울역할을 제대로 수행해 주어야 하는데 그러기 위해서는 엄마의 자기희생이 필요하다. 만약, 엄마가 자기희생을 하지 않고 자기중심적이고 이기적인 엄마일 때 아이를 거짓자기로 만들게 되는 것이다.

예를 들어, 엄마가 무섭기 때문에 엄마에게 잘 보이기 위해 아이가 자기 속마음과는 다른 과도한 예쁜 짓(살기 위한 몸부림)을 하면서 자라게 되면, 결국 '착한아이 콤플렉스'를 가진 아이로 성장하게 된다.

부모가 하라는 대로 말 잘 듣고 아무 탈 없이 착한 자녀로 자라는 아이들에게는 분명 언젠가 문제가 발생하게 됨을 염두에 두어야 한다. 아동이 정상적인 발달단계를 순차적으로 밟아가는 과정에는 어느 정도의 반항기의 행태가 있게 되며 이것은 지극히 자연스러운 성장과정의 단계이다.

만약 아이가 표현도 하지 않고, 표면적으로 아무 탈 없이 잘하기만 한다면 내면에서는 불안함이 생기며 양면적, 이중적이 되며 추후 인격 장애, 사회적으로 매우 냉대하거나 이중적인 성향을 지닌 사람이 될 수 있다.

이런 영향은 희생하지 않는 자기중심적인 엄마들에게서 대개 나타난다. 아이를 자기 맘대로 컨트롤하려고 하거나 아이의 마음과 의사는 아랑곳하지 않고 내 말을 잘 듣는 착한 아이로 훈육하려는 이기적인 엄마로부터 아이는 희생당하게 된다.

눈치가 너무 빠르거나 비위를 잘 맞추고, 가식적이고 이중적인 사람들이 그런 엄마의 양육환경에서 자라났을 가능성이 크다.

이런 잘못된 자아의 대리적인 역할을, 도널드 위니컷이 말하는 '중간대상/중간현상/중간영역' 부분을 치료사가 담당해야 한다.

치료사는 엄마로부터 받은 상처와, 분리가 되지 않은 대상자를 매체로 중간대상/현상/영역부분을 채워주며, 심리적 보호기능 역할을 하는 것이다.

우리는 내담자에게 매체를 사용함에 있어서 이러한 이론적인 부분들을 알고 있어야 한다.

Self box 매체작업에서 자존감의 참자기와 거짓자기는 반대되는 부분인데 그럼 이러한 반대되는 개념들 예를 들면 삶과 죽음, 선과 악, 거짓과 진실, 의식과 무의식 같은 부분을 box로 채워가는 작업이다. box는 담고 보관하고 보호하고 숨기는 기능을 가지고 있다. 이것을 심리적인 부분과 연계하여 보았을 때 비밀, 상징, 통합, 안정 즉 내 안에 스스로 나를 보호하고 싶은 것인데 이것은 나의 내면의 모습이라고 볼 수 있다.

인간에게는 2가지 자아가 있는데 'ME'는 사회적인 나(보여지는 모습), 'I'는 본연의 나이다. 이렇게 인간은 보이는 것과 보이지 않는 것을 사회 속에서 가지고 사는데 이것을 언어가 아닌 시각화, 표면화하여 Self box로 나를 대변하는 작업이다. 즉 box가 내self가 되는 것인데 box는 그 중간 역할을 해주는 것이다.

자존심의 뿌리는 우열감과 열등감에서 시작되는데 이는 상반되는 개념이지만 함께한다. 우월감은 이기적 자기애, 열등감은 콤플렉스로 볼 수 있는데 이것은 거울

역할을 하는 엄마에게서 비롯된 것이다.

도널드 위니컷은 이런 것들에서 참자기 거짓자기를 5가지로 분류하였다. 거짓자기가 심할수록 대인관계 형성이 어렵고 자신의 진실된 모습을 노출하지 않는다.

거짓자기가 강할수록 인격장애경계성 인격장애, 반사회성 인격장애가 될 가능성이 크다. 이들은 양심이 없고 인내와 포용심, 이해의 능력이 떨어지며 감정을 차단하고 아주 이성적으로 모든 문제를 해결하고 매우 냉철한 특징을 지니고 있다.

인간과 자기(Self)

인간이 지니는 자기(self)

정신분석학의 지그문트 프로이트Sigmund Freud는 자아와 자기의 개념을 명확하게 구분하지 않고 사용하였는데 자기와 자아에 대해 구분할 필요가 있다.

프로이트가 말하는 자기라는 개념은 자아의 구조 이론을 함축하여 표현했다.

프로이트 계열에서는 하트만 때에 이르러 자기에 대한 구분이 이루어지기 시작하여 대상관계학자들에 의하여 비로소 자기와 자아를 구분하여 사용하기 시작했다.

칼 구스타브 융Carl Gustav Jung은 자아와 자기를 명확히 구분하고 있다.

자아는 의식의 중심이라고 했고, 자기는 의식과 무의식을 포함한 마음 전체의 중심 기능을 자기라고 한다. 그래서 인간의 개성화는 의식의 중심인 자아가 무의식의 중심 - 자기를 만날 때 이루어진다고 한다. 다시 말해, 자아는 의식의 중심, 자기는 의식과 무의식 총괄적 중심이라 할 수 있다.

1. 심한 거짓자기

자기보호기능이 매우 강하기 때문에 자기중심적이고 타인을 이해하지 않는 성향을 지닌다. 그렇기 때문에 본의 아니게 또는 일부러 사회와 타인에게 피해를 주는 경우가 많이 발생하게 된다.

예를 들면, 사회적으로 물의를 일으키는 살인자가 지니는 반사회성인격장애나 다중인격장애를 들 수 있다. 자신의 이익을 위해서라면 그 어떤 악한 일도 개의치 않고 행하며 타인을 해치게 된다.

2. 약한 거짓자기

자기중심적인 성향이 내제되어있으나, 그것은 자기보호적인 기능이 강하기 때문에 다른 사람들에게 피해를 주지는 않지만 자신을 해하는 경우가 많다.

신체적으로 면역력이 약한 사람들이 많이 있다. 그래서 신체화 증상을 지닌 이들이 많은데 스트레스로 인해 생긴 각종 질병들이 이에 속한다. 사회적으로 물질만능주의와 자본주의가 팽배화되면서 인간을 중심으로 이뤄지는 사회보다는 자본과 물질을 중요시하여 그를 중심으로 인간이 살아가는 사회화가 여기에 큰 영향을 미친다.

3. 보통 거짓자기

사회적 존재로서 자기를 보호하는 기능을 상대에 따라서 조절하는 사람들이다. 자신에게 문제가 생기거나 슬럼프가 왔을 때 치유하려는 노력을 적극적으로 하는 사람들(취미나 운동, 상담 등)이라고 볼 수 있다. 이는 곧 자신이 지닌 극단적 부정정서를 다시금 이성적으로 되돌리려 노력하는 행위이다. 또한 심리적으로도 자신이 우울하다든지 불안함을 느낄 때 이를 해결하고자 하는 의지가 강하고 실행하려고 노력하는 게 이들의 특징이다. 3번부터 자아가 건강한 축에 속한다.

4. 약간 건강한 자아

참자기로서의 자아로 살아가기 위해서 타인과 함께 대화를 하고 상호작용하면서 타인에게 도움을 주려고 노력하는 것이 여기에 속한다.

나의 개인적인 시간과 타인들과 함께하는 시간을 적절하게 수용하는 사람들이라고 볼 수 있다. 이들은 사회적으로 대인관계를 형성하며 타인과의 커뮤니케이션을 이루고 살아간다.

예를 들어 온라인 모임에 참여하면서 그에 그치는 게 아니라 오프라인의 만남까지도 적극적으로 참여하는 자세를 지닌다.

5. 건강한 자아

건강한 자아로 인본주의심리학자 매슬로우Abraham H. Maslow가 말하는 인간 자아형성의 5단계 중 자아실현이라는 가장 높은 5단계에 속한다. 이는 도덕성을 중시하고 선을 추구하여 사회에 기여, 봉사를 많이 하려고 하는 사람들이 대표적이다.

삶의 목표가 뚜렷해지고 목표의식이 생기며 인생에 있어서의 사명감을 갖게 되는 사람들이다. 이들은 사회에서 존경받고 사람들에게 롤모델이 되기도 하는데 대표적으로 간디, 링컨 등이 있고 한국에는 세종대왕과 이순신 같은 인물을 꼽을 수 있다.

쿨리(Cooley: 1864-1929)의 거울이론 "면경적 자기(looking glass self)"

타인이 거울이 되어 그 거울을 통해 나를 판단하고 평가하는 심리

1. 거울을 보듯 타인에게 비친 자신의 모습을 떠올린다.
2. 타인이 나를 어떻게 평가하는지 생각한다.
3. 추측한 타인의 평가에 대한 만족이나 불만족스러운 자기감정을 갖는다.

이러한 면경적 자기는 패션심리학에 중요한 이론적 역할을 하고 타인에게 비춰지는 사회적 자기에 대해 여러모로 패션이 상응하는 매개체가 된다.

집을 나서기 전 옷을 입어보면서 거울에 비친 자신의 모습은 면경적 자기를 떠올리며 옷을 선택하고 입게 된다. 누구를 만나느냐 어딜 가느냐에 따라 의상이 선택되는 것이 바로 이 이유에서 온 것이다.

미드(Mead: 1863-1931)의 이중적 자기-'I'와 'Me' 이론

상징적 상호작용주의 이론의 창시자 미드는 자아를 'I'와 'Me'의 두 가지 측면으로 분류했는데 'I'는 자신의 느끼는 주체적인 자기이고 'Me'는 사회 속에 비춰지는 자기를 나타낸다.

시각적으로 보여주는 사회적 패션은 외부로 내비치는 사회적인 나 즉, 'Me'이고 보이지 않는 내면에서 내가 원하는 패션 본능은 나만이 알고 있는 외부로 보이지 않는 내면적인 나 이것이 바로 미드의 'I'로 보여진다.

미드의 두 가지 자아 'I'와 'Me'는 개인과 사회와의 관계이기도 하고 사회 속에서 살아가는 양면적인 모습의 인간을 말한다.

예를 들면 'Me'- 선자리나 소개팅에서 어쩔 수 없이 입은 여성스런 치마정장
'I' - 빨간 미니 원피스를 입고 싶은 내면의 욕구

"I"

"ME"

미드의 'I'와 'Me' 이론은 앞서 말한 면경적 자기와 분명 연결되는 심리이다.

타인의 시선을 의식할수록 내가 원하는 대로 옷을 입을 수 없다. 그렇기 때문에 실상 내 안에서 본능적으로 끌리고 원하더라도 면경적 자기로서 자신을 다시 바라보고 거기에 순응하는 즉, 사회와 타인들의 판단과 평가를 유추하는 안전한 옷을 선택하게 되는 것이다.

패션언어와 신체 장식설

20세기 중엽 프랑스의 평론가인 롤랑 바르트Roland Barthes는 "패션은 부르주아 신화의 언어이며, 유행은 규칙을 갖고 있는 체계"라고 말했다.

그는 기호학 관점으로 본 언어와 패션의 유사점을 분석하였다.

1. 기표와 기의가 있다.
2. 종적이며 횡적이다.
3. 최소한의 규칙을 지닌다.

4. 오류가 새로운 규칙을 형성해 낸다.
5. 환경에 따라 언어와 유행이 다르게 나타난다.

현실의 의복: 우리의 현실에 있는, 생산된 물질적 특성을 가진 형식
재현된 의복: 패션 잡지나 광고에 제시되는 형식
사용된 의복: 구매되거나 낡아서 소모된 의복

재현된 의복이야말로 우리를 소비자로 만든다.

"의복의 언어는 '시각적 혀visual tongue'라고 묘사되어야 할 것"이라고 패션철학에 대해 노르웨이 철학자 라르스 스벤젠Lars Svendsen이 말한 바 있듯 의복으로 나타내는 가시적 자기로의 몸의 언어는 음악이나 시각적 예술의 언어와도 유사한 특성을 지닌다고 한다.

인류가 복식을 착용하게 된 동기에 대하여 연구해 온 학자들은 인간의 '자기도취증' 즉, 자신의 신체를 아름답고 매력 있게 장식하고, 나타냄으로써 기쁨을 얻고자 하는 욕망을 가장 강하고 근본적인 동기로 보고 있다.

지구상의 수많은 종족 중 의복이 없는 종족은 있어도 신체장식이 없는 종족은 없으며, 인류는 엄청난 신체적 고통을 감수하면서까지 다양한 방법으로 신체를 장식해왔다는 것이 사실이다.

인류가 신체상에 가해오던 장식 방법에는 상흔, 문신, 채색, 제거, 변형 등이 있다.

상흔은 피부에 상처를 만들고 상처부위에 남는 흉터로 신체를 장식하는 방법으로 아프리카나 호주 원주민들 사이에서 많이 애용되었다.

채색을 통한 장식이 어려운, 피부색이 진한 종족에서 주로 사용되었으며 현대인의 쌍꺼풀 성형수술도 크게 보면 이에 속한다.

문명이 극도로 발달된 현대사회에서도 신체장식에 대한 본능적 욕구는 계속 존재하고 있어 상당한 금액이 신체장식을 위한 복식, 화장품, 성형수술, 다이어트 등

에 쓰이고 있는 것을 볼 수 있다.

시대나 문화권에 따라 신체장식방법이나 미의 기준에는 차이가 있으나 신체를 장식하고자 하는 욕구는 동일하다.

신체장식은 기후, 자원, 기술 등에 따라 채색이나 문신과 같이 몸에 직접 장식하는 방법, 장신구로 장식하는 방법, 의복으로 장식하는 방법 등으로 다양하게 이루어져 왔다. 시대와 문화권에 따라서 신체장식방법과 미의 기준에는 차이가 있으나, 신체를 장식하고자 하는 욕구는 지속적으로 이어지고 있으며, 생활의 여유가 있는 현대인에게서 오히려 더 강하게 나타나고 있다.

■ 패션 - 정치

ex) 박근혜 대통령의 후보시절 '레드패션'

: 바지 정장, 브로치, 올림머리 등 → 발로 뛰는 일꾼 이미지 형성

ex) 마오쩌둥, 북한의 김일성의 인민복 → 대중과 정서적 교감

■ 패션 - 경제

ex) 기업의 이미지나 제품의 우수성을 홍보하기 위한 수단으로 직원의 유니폼, 광고의 이미지, 최고 경영자의 패션 등으로 마케팅

■ 패션- 문화

ex) 연예인들의 공항패션

"새로움이야말로 패션을 매혹적으로 만든다"

- 칸트(Kant, Immanuel)

칸트가 말하는 실용적 관점에서 본 패션의 가시적 자기

인간이 자신의 행동을 그보다 나은 인간의 것과 비교하고 그것을 모방하려는 행위는 세상을 살아가는 데 있어 지극히 자연스러운 경향이다.

특히, 인간사회에서 인간이 행하는 모방의 행위는 그 어떤 것보다 자신을 중요한 것으로 드러내고자 하는 존재론의 원칙에 기초하고 있다. 여기서는 패션이라 불리는 것이 바로 존재론에 있어 관심의 대상이 되게 해준다.

만약 외적 꾸밈이 어떠한 내재적 가치 없이 전혀 의미 없이 의도하지 않는다면 그것은 그저 허영의 영역에 속하게 된다. 또한 패션이란 것은 사회가 우리에게 투사하는 단순한 기제들에게 스스로를 복종시키려는 강제성을 띠고 있다는 점에서 보았을 때 패션 그 자체는 무기력하고 어리석음의 영역에 속하게 된다.

패션이라는 것이 사회적으로나 인간 삶으로 긍정적인 가치부여와 영향을 미칠 때에는 몸에 걸치는 가시적 자기에 그 어떤 목표나 목적의식이 강하게 부여된 의미 있는 것이기 때문이다. 예를 들어 대표적으로 전문가들의 유니폼을 들 수 있다. 의사의 가운이나 경찰복 등과 같이 자신의 직업에 대한 사명감과 책임감을 부여해 준다.

※유니폼(Uniform)

라틴어에서 하나를 의미하는 우누스Unus와 형태를 의미하는 포르마Forma의 합성어로 일정한 형식으로 된 의복을 뜻한다. 유니폼은 개인이나 집단의 이미지나 특성을 전달하기 위해 일부러 제작된 의복이다. 대표적인 것으로 군복을 들 수 있다. 유니폼은 소속된 집단의 정체성을 불러일으켜 준다. 그리고 착용한 사람의 심리에도 영향을 미친다. 그래서 유니폼은 개인이 집단의 일부분이라는 것을 나타내기 때문에 개인의 개성을 억압한다는 부정적 측면도 지닌다. 반면 나라를 대표하는 전통

의상도 일종의 유니폼에 속하는데 특정집단사회의 소속감을 높이는 데 효과적이다.

자기 신뢰도 진단
- Self Reliance Inventory

James Campbell Quick, Degra L. Nelson, and Jonathan D. Quick

건강한 삶의 적응력

건강한 삶의 적응력은 주로 두 가지 요인과 관련되어 있는데, 자기 신뢰도와 안정된 지원망Support Network이다. 자기를 신뢰하면서도 필요할 때 다른 사람에게 의지할 수 있는 사람은, 그렇지 않은 사람보다 당면한 변화를 더 잘 관리할 수 있다.

자기 신뢰도의 역할

보울비Bowlby, 1973, 1982, 1988에 의하면, 다른 사람과 유대관계를 맺는 것은 모든 사람들이 보여주는 본능적인 행동이다. 우리가 어릴 적에 맺는 첫번째 유착의 대상은 보통 부모다. 우리는 필요할 때 그들을 기꺼이 이용할 수 있다고 기대한다. 이 중요한 유착의 대상이 육체적, 정신적 요구를 만족시켜 주지 않으면, 우리는 소외, 외로움, 고통 등이 결합된 고립의 불안감을 경험하게 된다. 이런 불안을 어릴 적에 강하게 경험하게 되면, 지속적인 성격상의 특질이 되어 개인의 정상적 발달과 성공적인 관계형성을 가로막는다. 즉 자기 신뢰도가 없어지고, 불안, 분노, 우울과 다양한 건강 장애를 일으키게 된다. 자기 신뢰도의 부족은 "과잉 의존"이나 "역 의존"으로 나타날 수 있다. 과잉 의존적인 사람은 타인에게 고착하면서, 지나치게 관계에 대해 갈망을 한다. 비의존적 사람은 분리되는 것을 지나치게 갈망해서, 타인과 관계를 회피하고 그런 관계의 필요성과 중요성을 부인한다.

한편, 이런 불안을 경험하지 않았거나 극복한 사람은 자기를 신뢰할 수 있게 된다. 자기 신뢰의 속성은 자신의 행복에 대한 책임을 받아들이는 것과 누군가가 필요할 때 나를 도와줄 것이라는 것을 아는 것이다. 자기 신뢰적인 사람들은 세상에서 분리되는 것과 타인과의 결합하고 싶은 욕구 사이의 갈등을 해결한 것이다. 그들은 환경에 따라서 다른 사람과 또는 혼자서, 편안하고 자연스럽게 일을 할 수 있다. 그리고 자신이 시간, 에너지, 지식, 능력 등의 측면에서 한계에 도달한 때를 안다. 이때 다른 사람들에게 의존함으로써 그들의 한계를 극복하고, 효과성과 행복을 추구하게 된다.

자기 신뢰도 진단[6)]

작성안내 : 아래의 20개의 진술 문항은 당신이 집이나 직장, 그리고 삶의 다른 영역에서 어떻게 사람들과 친교를 맺어가는지에 관한 것입니다. 정답이나 오답은 없습니다. 아래 척도를 사용해서 당신의 반응을 가장 잘 묘사한다고 생각되는 숫자에 동그라미를 치십시오.

0-강한 부정 1-부정 2-약간 부정 3-약간 긍정 4-긍정 5-강한 긍정

1. 혼자서 단독으로 일하려고 노력한다. 0 1 2 3 4 5
2. 다른 사람에게 일을 위양하기가 어렵다. 0 1 2 3 4 5
3. 내 일에 대해 안정감을 느끼기 위해 동료나 부하를 가까이 둘 필요가 있다.
   0 1 2 3 4 5
4. 내가 필요로 할 때는 사람들을 항상 찾을 수 있다. 0 1 2 3 4 5
5. 업무시간 중에 다른 사람과 규칙적으로 쉽게 시간을 보낸다.
   0 1 2 3 4 5

6) 본 진단지는 예로 보여드리는 것입니다.

6. 업무에서 친한 관계를 형성하는 것은 나에게 예상에 어긋난 결과를 초래할 것이다.

   0 1 2 3 4 5

7. 집에서 가족과 갈등이 있을 때 매우 걱정스럽다.

   0 1 2 3 4 5

8. 새로운 일을 위해 옛 일과 친구를 떠나는 것은 어렵다.

   0 1 2 3 4 5

9. 적어도 두 사람이 나에 대해 진심으로 관심을 가지고 있는 것으로 신뢰한다.

   0 1 2 3 4 5

10. 내가 일을 올바로 할 수 있는 유일한 사람이다.

    0 1 2 3 4 5

11. 일과시간 후에 혼자서 일하는 것이 편하다. 0 1 2 3 4 5

12. 업무에서 갈등이 있으면 짜증이 나고 일이 잘 되지 않는다.

    0 1 2 3 4 5

13. 친한 관계에 있으면 번잡함을 느끼기 때문에 다른 사람에 의지하는 것은 피한다.

    0 1 2 3 4 5

14. 자주 다른 사람의 동기와 의도가 의심스럽다.

    0 1 2 3 4 5

15. 몇 가지 업무에 있어서는 다른 사람 없이도 효과적으로 일할 수 있다.

    0 1 2 3 4 5

16. 상사로부터 내가 잘 하고 있다는 피드백을 자주 듣는 것을 좋아한다.

    0 1 2 3 4 5

17. 도움을 요청하는 것은 나를 곤궁하게 만들어서 싫다.

    0 1 2 3 4 5

18. 건강하고 행복한 가정을 가지고 있다. 0 1 2 3 4 5
19. 의사결정을 할 때 항상 다른 사람의 의견을 참조한다.
0 1 2 3 4 5
20. 집이나 일터를 떠나 다른 곳으로 가기가 어렵다.
0 1 2 3 4 5

자기 신뢰도 진단 채점 용지

채점 작성 안내

1. 각 문항에 동그라미를 쳤던 숫자를 아래의 적절한 칸에 적으십시오. 그리고 수직으로 각각 더해서 CD소계1, OD소계1에 기록하십시오.

CD	OD
진술문 1 _______	진술문 3 _______
진술문 2 _______	진술문 7 _______
진술문 6 _______	진술문12 _______
진술문10 _______	진술문16 _______
진술문13 _______	진술문19 _______
진술문14 _______	진술문20 _______
진술문17 _______	
CD소계1 _______	OD소계1 _______

2. 각 문항에 동그라미를 쳤던 숫자를 아래의 적절한 칸에 적으십시오. 그리고 수직으로 각각 더해서 CD합계, OD합계에 기록하십시오. 합계를 기록한 후에 표시된 대로 감산해서 방정식을 기입하십시오.

CD계 OD계

CD2	OD2
진술문 5 _______	진술문 4 _______
진술문 9 _______	진술문 8 _______
진술문 18 _______	진술문 11 _______
	진술문 15 _______
CD계 _________	OD계 _______

CD소계2 = (15 - _______) = _______

OD소계2 = (20 -_______) = _______

3. 아래의 적당한 빈칸에 소계를 쓰고 수직으로 더하십시오. 총계 결과가 당신의 CD, OD점수입니다.

CD소계1 _______	OD소계1 _______
CD소계2 _______	OD소계2 _______
CD총계 _______	OD총계 _______

4. 아래 편자 구조에 당신의 점수를 표시하십시오. CD(역 의존성)점수는 편자의 왼편에 X자로 표시하고, OD(과잉 의존성)점수는 오른 편에 표시하십시오. 표시된 점수는 자기 신뢰도와의 근접성 면에서 역 의존성과 과잉 의존성의 정도를 나타냅니다.

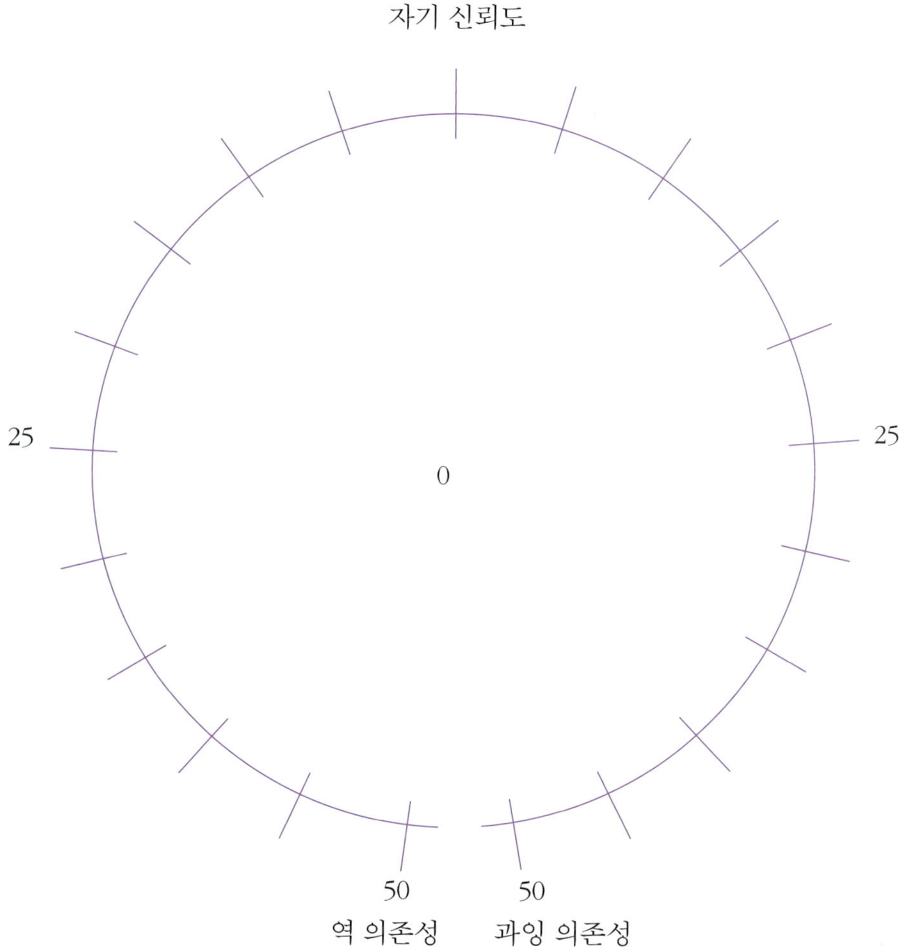

다음 단계

점수를 표시한 후에 지원망 분석 형식의 수령자 양식과 제공자 양식을 작성하십시오. 그리고 지원망 평가 용지와 지원망 행동 계획을 작성하십시오.: 두 형식은 당신이 신뢰도를 향상시키고 지원망을 강하게 하는 계획을 수립하도록 도울 것입니다.

자기 신뢰도 진단 지원망 분석 형식 : 수령자 양식[7]

작성안내 : 개발이 잘 된 지원망에는 많은 지원 자원(의지할 수 있는 사람)이 있습니다. 이 분석 형식은 당신이 지원 자원을 잘 평가하는 것을 돕기 위해 제공되었습니다. 빈 칸에 당신이 지원을 받는 사람(당신에게 지원을 제공하는 사람)의 이름을 적으십시오. 각 빈 칸의 괄호 안에 그 사람과 일주일(원한다면 한 달, 일 년 등)에 상호작용하는 횟수를 적으십시오.

업무 관련 망		비 업무 관련 망	
공식적 조직 관계		가족	________( )
팀장	________( )		________( )
회사 동료	________( )		________( )
	________( )		________( )
	________( )		________( )
부하	________( )	친구	________( )
	________( )		________( )
	________( )		________( )
비공식적 조직 관계			
업무상			
사회적 지인	________( )		________( )
	________( )	종교사회	
	________( )	집단의 회원	________( )
동료			________( )

7) 본 진단지는 예로 보여드리는 것입니다.

(전문협회 등)	________( )		________( )
	________( )		________( )
	________( )		________( )
기타	________( )	기타	________( )

자기 신뢰도 진단 지원망 분석 형식 : 제공자 양식

작성안내 : 개발이 잘 된 지원망에는 당신이 다른 사람을 지원할 수 있는 관계가 많이 있습니다. 이 분석 형식은 제공자로서 지원에 대한 당신의 관계와 역할을 평가하기 위해 제공되었습니다. 빈 칸에 당신이 지원을 주는 사람의 이름을 적으십시오. 각 빈 칸의 괄호 안에 그 사람과 일주일(원한다면 한달, 일년 등)에 상호작용하는 횟수를 적으십시오.

업무 관련 망		비 업무 관련 망	
공식적 조직 관계		가족	________( )
팀장	________( )		________( )
회사 동료	________( )		________( )
	________( )		________( )
	________( )		________( )
부하	________( )	친구	________( )
	________( )		________( )
	________( )		________( )
비공식적 조직 관계			
업무상			

사회적 지인	___________( )		___________( )
	___________( )	종교사회	
	___________( )	집단의 회원	_________( )
동료			___________( )
(전문협회 등)	___________( )		___________( )
	___________( )		___________( )
	___________( )		___________( )
기타	___________( )	기타	___________( )

자기 신뢰도 진단 - 지원망 평가 용지

작성안내 : 지원망 분석 형식의 수령자, 제공자 양식은 당신이 다른 사람에 대해 가진 유착을 이해할 수 있도록 해줄 것입니다. 두 형식을 적은 후에 다음 질문에 대한 답을 적어 보십시오.

1. 이름을 적기 힘들었던 칸은 있습니까? 있다면, 그들은 누구(어떤 관계)였습니까?

2. 어느 양식이 작성하기 쉬웠습니까(수령자 양식 또는 제공자 양식)? 그것은 당신에게 무엇을 의미합니까?

3. 지원의 수령자와 제공자로서 업무망과 비 업무망 사이의 적절한 균형은 어떤 것이라고 생각합니까?

4. 당신의 망에서 필요한 특정 유형의 지원은 무엇입니까?

5. 현재 제공하고 있지 않은 지원 중에서 다른 사람에게 지원하고 싶은 특정 유형의 것은 무엇입니까?

자기 신뢰도 진단 - 행동 계획[8)]

작성안내 : 진단지와 채점 용지, 그리고 지원망 분석 형식과 지원망 평가 용지를 작성한 후에 당신은 지원망에 행동 초점을 두어야 합니다. 자기 신뢰도는 대인적인 주제이기 때문에, 타인과 연결되어 작용하여야 합니다. 다음 문항을 작성해서 당신의 자기 신뢰도와 지원망을 구축할 수 있는 행동계획을 수립하십시오. 이 문항을 작성한 후에 몇 개월에 걸쳐 당신의 진전도를 점검할 수 있는 계획을 세우십시오.

1. 나의 지원망에서 좀 더 깊이 강조하고 개발하고 싶은 관계는?

2. 나의 지원망에서 덜 강조하거나 축소하고 싶은 관계는?

8) 본 진단지는 예로 보여드리는 것입니다.

3. 내 삶에서 관계를 확인하고 개발하고 싶은 영역은?

4. 내 삶에서 가장 중요한 사람들에게 내가 그들과의 관계를 어떻게 느끼는지 알려주기 위해서 할 일은?

셀프 휴먼이미지 테라피의 실제

칭찬 거울

◈ 준비물 : 거울, 꾸미기 재료(꾸미기 자유도구 및 접착제, 가위)

◈ 방법 : 1. 마음에 드는 거울을 선택해서 거울을 본다.

2. 거울 속에 자신의 모습에 대한 느낌을 정리해 본다.

3. 자신에 대해 부정적인지 긍정적인지 파악한 후 자기애가 얼마나 있는지를 생각하는 시간을 가져본다.

4. 다시 거울을 보고 거울 속에 자신에게 좋은 말들을 해본다.

예) "참 이쁘다.", "넌 잘하고 있어!", "멋지다", "훌륭해" 등

5. 앞으로 더욱 자신을 응원하고 지지할 수 있는 긍정의 메시지를 거울에 담아 상징적으로 꾸며본다.
6. 일주일 정도 이상 거울을 가지고 다니면서 거울을 볼 때마다 자신을 응원하고 칭찬하는 시간을 갖는다.

◈효과 : 자기애 증진/ 자신감 향상/ 긍정적 사고 유도[9)]

'칭찬은 고래도 춤추게 한다'는 유명한 말이 있다.

하물며 식물도 긍정적이고 희망적인 말을 들었을 때 더 잘 성장한다는 연구결과도 있다. 에모토 마사루의 '물은 답을 알고 있다'라는 물의 결정체 연구에서도 마찬가지로 물에 갖가지 감정의 말들을 통해 나타나는 결정체들을 확인한 결과 사랑의 따스한 말을 물에 건넸을 때 가장 완벽하고 아름다운 결정체가 형성됨을 보여주었다. 반대로 부정적인 말을 한 물의 얼음 결정은 매우 일그러진 형상으로 나타나 부정적인 언어는 물조차도 망가지게 하는 큰 영향을 준다는 걸 알 수 있다.

하버드 사회심리학과 로버트 로젠탈 교수(1968)는 즉흥적으로 뽑은 학생들에게 가상으로 그들에게 학업에 대한 성취도와 지적능력이 뛰어나다는 칭찬을 하는 실험을 진행했다. 그 결과, 칭찬을 들은 학생들의 성적이 놀랍게도 월등하게 향상되는 결과가 나타나 칭찬이 욕구를 성취시키고 좋은 결과를 부여한다는 것을 보여주었다.

이것은 바로 자신을 긍정적으로 평가해 주는 상대의 기대에 부응하기 위해서 몰입해서 능률을 향상시키는 '피그말리온 효과'가 형성된 것이다.

그리고 외국 언론매체의 보도에 따르면, 칭찬은 구체적일수록 훨씬 좋은 결과로 이끌 수 있다고 하였다.

예를 들어 상대의 패션을 보고 칭찬을 해준다면 "그런 계통의 색상이 잘 어울린

9) 채워도 채워지지 않는 옷장의 비밀(임윤선)

다."거나 "실크 드레스를 입으니 청초해 보인다."는 식으로 칭찬할 부분을 좀 더 디테일하게 명시하는 것이 보다 효과적인 상대의 행동을 유도한다는 것이다.

칭찬이 좋은 것이라는 이유로 사람들에게 그저 예의상 또는 가볍게 칭찬을 남발하게 되면 칭찬의 진정성이 담겨있지 않은 아부성 발언이나 표면상 예의로 상대가 받아들일 확률이 높다. 왜냐하면 가식적인 사회 속에서 이미 참된 칭찬과 거짓 칭찬을 분별할 수 있는 사람들이 꽤 많기 때문이다.

대부분의 사람들이 그리 단순하지 않고 그 말을 곧이곧대로 받아들이진 않는다는 걸 알아야 한다. 일단 상대에게 칭찬을 할 때 무성의하게 아무 말이나 던지지 말고 상황에 적절한 상대의 장점을 찾아내 그 부분을 강조하며 칭찬하는 것이 결과적으로 좋은 반응을 이끌어낸다.

그리고 상대방이 잘 한 일에 대해서는 그 즉시 인정해 주는 칭찬을 전달하는 게 좋다. 또한 상대로부터 도움을 받은 일이 생겼다면 당연히 감사함의 표현과 함께 진심으로 도움이 됐음을 적극 강조하면 상대의 위신을 세워줄 수도 있고 언젠가 나도 그들의 도움을 필요로 하는 상황이 생길 수도 있게 되고 그들이 도와줄 수도 있다. 더군다나 이 사회에서 칭찬이란 일종의 사회적 예의범절에 속하는 것으로 타인과 좋은 관계를 맺고 유지하기 위해서는 필수적인 표현이다. 사회적으로 상대방에게 좋은 말을 건넨다는 것은 상대의 장점을 인정하고 그 사람의 인격을 존중한다는 의미로 전달되기 때문에 그 상대와의 긍정적인 유대관계가 자연스레 형성된다. 나아가서는 조직사회의 균형과 팀웍에 알게 모르게 큰 영향력을 미치게 되고 크게는 국민성까지 연결되어지는 사회에서 필수적인 발전의 밑거름이 된다.

메이크 오버 콜라주

◈ 준비물 : 자신의 사진, 잡지, 도화지, 펜, 풀, 가위

◈ 방법 : 1. 자신의 얼굴이나 상반신 사진프린트를 보고 자신을 느껴본다.

2. 사진에 담긴 자신의 현재 삶과 상태를 살펴본다.
3. 불만스럽거나 변화하고 싶은 자신의 삶을 적어본다.
4. 적은 희망사항에 맞는 스타일과 배경 등을 잡지에서 찾아 도화지에 자신의 사진과 함께 합성하여 꾸며본다.
5. 다 완성한 후 꾸미기 전과 꾸미고 난 후 변한 모습이 어떻게 느껴지고 자신에게 다가오는지를 정리해 본다.
6. 예비적으로 자신을 변화시켜 본 작업이 맘에 드는지 맘에 든다면 앞으로 자신의 변화를 꾀하기 위해 현실적으로 무엇부터 실천해야 하는지 목록을 작성해서 하나씩 당장부터 실행에 옮기고 끝까지 해본다.

◈효과 : 긍정적 자기 메시지 부여/ 스트레스 해소/ 대리적 만족

메이크 오버 꼴라주는 현실에서 할 수 없는 모든 것이 대리적으로 가능한 작업으로 자신의 삶에 불만족스럽거나 틀에서 벗어날 수 없는 각박함을 이 작업을 통해 통쾌하게 해소해 볼 수 있다.

특히 이 작업은 실제 자신의 모습을 변화시키기에 두렵거나 직접적인 변신을 꺼리는 이들에게 안성맞춤의 안전한 예비 작업이 된다. 자신만의 틀이 강하거나 외부로 자신이 표출되는 것을 원치 않는 내향적이거나 방어적인 사람들에게 자신의 가시적 평면 자기인 사진을 사용하여 맘껏 사진 성형을 꼴라주로 자유롭게 해볼 수 있는 특징을 지닌다. 작업 실패의 두려움이 전혀 없으며 맘에 안 들면 다시 하면 된다.

다양한 캐릭터와 복합적으로 믹스시켜 자신을 여러모로 변신시키는 것이 가능하고 평면작업을 통해 미리 자신의 변화를 체크해 보는 안전하고도 편리한 작업이라 할 수 있다.[10)]

10) 채워도 채워지지 않는 옷장의 비밀(임윤선)

메이크 오버 꼴라주와 흡사한 효과를 주는 것으로 포토샵을 들 수 있다. 메이크 오버 꼴라주는 아날로그의 방법이라면 포토샵은 디지털 방법이다. 둘 다 모두 장단점이 있지만, 좀 더 생생한 자기작업과 마인드컨트롤을 위함으로는 아날로그적인 방법으로 실행하는 게 더 효과적이다. 점점 기계화되어가고 생활이 편리하고 간소화되어가는 현대문명시대는 인간에게 다양한 이점을 주는 반면 심리적인 부분에 좋지 않는 영향을 꽤 미치게 된다. 그러한 원인은 대개 움직이지 않고 기계에 의존하게 되는 디지털문명에서부터 오게 된다.

사람은 생각하고 움직여야 제대로 삶을 살아갈 수 있으며 인간관계에 있어서도 인간과의 직접적인 접촉을 통한 소통이 이루어져야만이 원만하고 평화로운 관계를 유지해 나갈 수 있다. 그러나, 안타깝게도 인터넷 문화가 형성되고 점차 기계문명 속에서 살아갈 수밖에 없는 인간사회는 점점 인간과 인간과의 직접적 접촉이 결여돼가고 있는 추세가 되어간다. 몸을 움직이는 시간이 줄어들어가고 생각을 하는 시간은 그에 비해 많아지고 있어 심신의 균형이 깨지게 되면서 각종 다양한 질병들이 초래되고 있는 게 현실이다. 대표적인 신체질병으로는 각종 암들과 원인이 규명되어지지 않는 현대질병들이 있으며 심리질병으로도 우울증의 만연화와 각종 인격장애들이 속속들이 형성되어 사회적으로 물의를 빚고 있다. 과거문명시대에는 문명이 미개하여 생활 속에서의 편리성이나 전문성이 지금에 비해 훨씬 뒤처지고 떨어졌으나 인간관계와 개인적 삶의 만족도는 현재에 비해 매우 높음을 알 수 있다. 이는 인간 대 인간으로서의 잦은 접촉으로 인간적인 교류가 맺어지고 온정과 평화가 맺어졌기 때문이다. 신체적으로나 심리적으로 수많은 문제와 질병들이 만연화되어가면서 학자들과 전문가들은 몸의 움직임과 인간과 인간 간의 접촉이 절실히 필요함을 강조하고 몸과 마음의 건강을 위해 과거 아날로그적인 방법으로 실행하는 치료법들을 제안하고 있다.

아니마/아니무스 콜라주

◈ 준비물 : 나의 얼굴 사진, 반쪽 얼굴종이판, 풀, 가위, 그림도구, 꼴라주 재료

◈ 방법 : 1. 자신의 상반신 사진프린트를 보면서 자신에 대한 여러 가지를 생각한다.

2. 남에게 보이는 나와 보이지 않는 나에 대해 적어본다.
3. 반쪽 얼굴판의 왼쪽 면은 보이지 않는 나, 오른쪽 면은 보이는 나로 반쪽 얼굴 종이판에 자유롭게 표현해 본다.
4. 양쪽 모습을 표현해 본 후 상담자와 함께 양쪽 자신의 표현된 모습을 비교해 가며 이야기해 본다.
5. 타인에게 보이는 나와 보이지 않는 내가 어느 정도 균형을 이루고 있는지 그런 두 가지 자신의 모습에 대한 만족도를 알아보도록 한다.
6. 사회적인 자신의 생활의 만족도를 알아보고 불만족하다면 어떤 부분을 좀 더 균형을 이루도록 해야 하는지 상담자와 함께 대화해 보도록 한다.

◈효과 : 사회적 자기 만족도 체크/ 현실 생활의 만족도 체크/ 문제점 인식 및 해결방안 모색

8장_휴먼이미지 커뮤니케이션에서의 소통전달 피드백

소통이론의 이해

소통은 그 내용과 성격에 따라 정서적 소통, 업무적 소통, 창의적 소통으로 나눌 수 있다.

첫째, **정서적 소통**은

인간관계 및 직장생활의 질과 관련된 감성적 소통으로 상하 간 배려와 이해, 조직 구성원 간의 교류와 공감을 포함하고 있다. 우선 상하 간 정서적 공감을 위해서 특히, 구성원들과 눈높이를 맞추는 것이 필수적이다. 평소 각자의 우월성을 버리고 상대방의 관점에서 이야기를 경청하고 정서적으로 공감하는 것이 필요하다. 제약회사 화이자의 제프 킨들러Jeffrey Kindler 회장은 동전 10개를 왼쪽 바지주머니에 넣고 출근해 직원의 고민이나 이야기를 충분히 들었다고 판단하면 동전 하나를 꺼내 오른쪽 바지주머니로 이동했다는 얘기도 있다.

둘째, **업무적 소통**은

일상적 업무 수행과 직접적으로 관련이 있는 소통으로 업무지시와 보고 피드백 및 타 사업장 간의 이해 등을 포함한다. 영업부서 입장에서는 말한다. "연구소의 개발하는 사람들이 시장의 요구사항을 너무 모른다. 영업이 요구하는 것은 곧 고객의 요구사항임으로 타협이 있을 수 없다." 연구소에서는 "기술적인 어려움이나 개발 여건을 잘 모르고 영업에서는 무리한 일정과 고품질을 요구만 한다."고 주장한다. 반면 생산부서의 입장에서는 말한다. "생산목표는 정해졌는데 중간에 라인을 끊고 필드테스트Field test를 한다면 생산목표 미달 시 연구소가 책임질 수 있느냐?" 반면에 연구소에서는 "필드테스트를 하고, 시제품을 생산하는 것이 내 개인을 위한 일이 아니라 회사의 일인데 왜 협력을 안 해주나" 불평하는 경우가 있다. 직장사회에서 서로 업무에 관련된 부분의 소통과 전문용어를 주고받는 소통이 주를 이루지만 그 안에서도 중요한 부분은 서로 주고받는 소통이 잘되어야 한다는 것이다. 즉, 상대의 이야기를 잘 들어주고 파악하여 그에 준하는 답변과 서로 간에 이해를 요하는 안정적인 소통이 이뤄져야 직무능력과 효율성 부분이 증대될 수 있다. 직무관계에 있어서도 서로 자신의 입장만으로 고수하면서 상대에게 전달하게 되면 원활한 소통은커녕 서로 불쾌감만 쌓이고 언쟁이 일어나 일을 하는 과정에서 지연이 되거나 꼬이게 되어 결과적으로 좋지 않은 성과를 초래하게 되는 위험성이 다분하다.

셋째, **창의적 소통**은

새로운 아이디어의 창출을 촉진하는 소통을 의미하며 아이디어 제안과 센터 간 협업 등을 포함한다. 연구를 기획하고 수행하다 보면 난관에 부딪히고 다른 사람의 전문지식 또는 새로운 아이디어가 필요하다. 그러기 위해서는 자신이 지닌 편견과 틀을 깨야 하는 게 우선이다.

의사소통 수단의 발달 과정

봉수, 파발 → 전화(교환원) → 전화(전자식) → 인터넷/휴대 전화/화상 전화

봉화(봉수제)

봉수대에 불을 지펴 낮에는 연기, 밤에는 횃불로 멀리까지 긴급한 소식 등을 전달하였다.

전서구

편지를 보내는 데 쓸 수 있게 훈련된 비둘기

비둘기가 제 집을 잘 찾아오는 성질을 이용하여 교통이 불편한 지역의 통신이나 군사 목적으로 사용되었다.

파발

기발, 보발로 나눠지며 기발은 말을 타고, 보발은 걸어서 문서를 전달하는 통신수단. 주로 공문을 전달하는 수단이었고, 파발에 사용되어지던 말을 파발마라고 한다.

신호연

연을 날려 통신수단으로 이용하였는데 주로 연의 색깔과 모양 등으로 그 뜻을 전달하였다. 특히 임진왜란 때 이순신 장군이 사용하였다는 기록이 남아 있다.

기타

북 또는 나팔 등의 소리로 뜻을 전달하기도 하였고, 사극에서 가끔 보이듯 화살에다 편지를 묶어서 보내기도 하였다.

의사소통의 방법: 경어법

1. 주체경어법의 예

아빠는 지금 주무시고 계셔 : 계-시-다

아저씨가 지금 아프신가봐 : 아프-시-다

내려오시게 해야지 : 내려오-시-다

2. 객체경어법

객체경어법은 한 문장의 주어의 행위가 미치는 대상, 즉 객체를 언어적으로 대접하여 표현하는 경어법 체계를 말한다. 즉, 객체경어법은 주체와 화자 사이의 높고 낮음 관계에서 성립하는 것이 아니라 객체와 주체와의 대비에서 성립하는 높임법이다. 객체경어법은 주체경어법과 마찬가지로 누구를 존대하느냐 않느냐로만 이분되는 경어법이다. 그러나 주체의 존대 여부는 주체와 화자와의 대비에서 성립하였음에 반해 객체의 존대 여부는 객체와 주체와의 대비에서 성립한다. 객체에 대한 존대는 주체와 대비하여 객체가 존대되어야 한다고 판단될 때 이루어진다. 즉, 화자가 볼 때 객체가 주체와 동등 이상의 존대 인물로 인정되어야 하는 것이다. 객체를 존대하는 방식은 대비되는 주체를 낮추고 객체를 높여서 표현하는 것이다. 말하자면 주체의 겸양과 객체에 대한 존경 표현의 형식을 보인다. 객체경어법은 이처럼 주체와 객체 사이의 존비 관계로 성립되기 때문에 객체의 존대이기보다는 주체의 겸양을 나타내는 겸양법으로 이해하는 길도 있다. 이때의 겸양은 물론 객체에 대한 주체의 겸양이다.

3. 상대경어법

예우의 대상인 청자가 발화의 현장에 있는, 그러면서도 그 청자가 대개 문장 안에는 모습을 드러내지 않는 경어법이다. 무엇보다 이 경어법은 여러 등급으로 갈려 단지 높이느냐 높이지 않느냐로 이분되는 주체경어법이나 객체경어법보다 훨씬 복잡한 경어법이라는 특징을 보인다. 상대경어법을 담당하는 요소는 종결어미로서, 앞의 경어법들을 담당하는 선어말어미가 겨우 하나씩이었던 데 비해 그 어미의 수와 종류가 무척 많다. 또 청자가 예우의 대상이므로 상대경어법은 모든 문장에 적용되지 않을 수 없고, 따라서 그 출현 빈도도 가장 높을 수밖에 없다. 이 경어법은 세 경어법 중 단연 그 비중이 가장 큰 경어법이다.

효과적인 소통의 방법론

효과적인 소통에서 주의해야 할 점

① 경청의 중요성 - 상대방에게 의사전달보다 듣기를 잘해야 한다.

② 타인을 이해하고자 하고 상대방을 신이 준 선물로 귀히 여긴다. 또한 아랫사

람이라고 절대로 무시하지 않도록 한다.

③ 나 자신의 의사소통기법이 변해야 상대방이 변화하고 나의 이웃이 변화된다는 것을 인식하도록 한다. 절대로 상대방의 변화를 먼저 기대하지 말도록 해야 한다.

④ 상대방에게 말을 하기 전에 내가 그런 말을 들으면 어떤 느낌이 들 것인가를 먼저 헤아려 본다. - 역지사지

⑤ 상대방과 입장 바꾸기 - 역지사지를 자주 한다. : 타인의 입장에 서 봐야 자신이 잘 보인다.

⑥ 처음 만났는데 자신의 이야기를 깊이 하는 것도 문제이고 1년 이상 만났는데도 대화가 부족하고, 피상적인 것 또한 문제가 된다. 상대방과 적절히 상황에 맞추어 대화의 양을 조절하도록 한다.

⑦ 문제가 발생했을 때 부정적인 것에 초점을 맞추지 않고 긍정적인 것에 초점을 두고 말해야 한다.

⑧ 상황, 맥락에 맞는 이야기를 하도록 조절한다. 성공한 사람들은 늘 새로운 이야기를 끄집어내어 대화분위기를 활기 있게 만드는 재주를 가지고 있다. 자신의 의견을 명확하게 표현할 줄 아는 사람에게 성공할 기회가 주어질 것이다.

⑨ 말을 잘 한다는 것은 듣는 사람과 상관없이 혼자 떠드는 것이 절대 아니다. 혼자 말하고 혼자 결정내리는 독백식의 이기적 언어는 대화가 아님을 주의해야 한다.

소통의 방법

관심기울이기 : 상대방과 신뢰관계를 형성하는 데 기본적인 것은 관심기울이기이다.

(1) 좋은 자세

상대방의 눈 혹은 눈과 가슴 사이에 초점을 맞춰 온화한 시선으로 바라보며 15도 정도 상체를 앞으로 숙이는 것이 겸손해 보인다.

(2) '예'가 나올 수 있는 긍정적인 대화를 한다.

(3) 구체적으로 대화한다.

확인하기 및 적극적 경청

(1) 다시 말하기

(2) 명료화하기

1) 바꾸어 말하기

2) 요약하기

(3) 구체화하기

(4) 직면하기

(5) 자기노출

(6) 즉시 반응하기 - 공감하기

1) 기본적인 공감의 형식 : ~라고 느끼는군요, ~느끼겠군요.

2) 표면공감 : 상대방의 겉으로 드러나는 감정 상태를 이해해 주는 것

3) 심층공감 : 상대방이 쉽게 표현하지 못하는 속마음을 이해해 주는 것.

초점 맞추기

초점맞추기는 상대방과 대화하는 가운데 상대방의 언어와 비언어적 행동에 초점을 맞추어 나가는 것

질문하기

주의사항

① 이중질문 혹은 너무 많은 질문을 하지 않는다.

② '왜' 라는 질문을 하지 않는다.

나- 메세지(I-Message)와 너- 메세지(YOU-Message)의 소통방법

I-Message화법은 대화 시 상대방에게 내 입장을 설명하는 것이 주안점이며, YOU-Message화법은 대화 시 어떤 결과에 대하여 상대방에게 핑계를 돌리는 것을 말한다. 나-메시지 방법은 신뢰가 돈독한 인간관계에서 상대방의 행동을 수용하기 어렵다고 느낄 때 더욱 효과적이다. 나-메시지 방법은 상대방의 행동으로 인해 자신이 어떻게 느끼고, 경험하고 있는지를 객관적으로 전달하는 의사소통 방법이다. 상대방에 대한 나의 반응을 그 어떤 판단이나 평가없이 상대에게 직접적으로 알려줌으로써 나타나는 상대방의 반응에 대해 나 스스로가 책임을 지는 소통의 방법이 나-메세지 방법이다. 그리고 나-메세지는 일상생활에서 상대방에게 어떻게 말하느냐에 따라

- 그 결과와 상대방의 대응정도가 크게 다르다.
- 연속 발생되는 대인관계에서 항상 상대방에게 핑계를 돌리는 것보다 내 입장을 충분히 설명하여 양해를 구하는 I-Message화법을 사용하는 것이 훨씬 호감 주는 화법이다.

(예) 총알택시 기사를 보고 "기사님! 천천히 가자"고 소리친 것은 핑계를 기사에게 돌린 YOU-Message이고, "아저씨! 나는 부양가족이 있는 사람이오." 라고 한 것은 내 입장을 설명한 I-Message화법이다.

사람은 동물이라 누군가 건드리면 상대방을 공격하려는 본성이 있다.

대화를 할 때 대화를 잘 할 수 있는 기법 중에 우선은 상대방의 말을 경청하고, 공감하고, 그리고 YOU-메시지가 아닌 I-메시지를 전해야 한다.

상대방이 틀렸다고 말하는 것이 아니라 내가 생각하는 바를 전해야 한다.

어떤 일의 옳고 그름을 이야기하고, 불평하기 전에 내가 하고자 하는 최종 목적이 무엇인지를 먼저 정리하고 이야기를 시작해야 한다.

I-메시지는 사람을 변화시키는 역할을 한다.

"이렇게 해라" "저렇게 해라"는 식의 'You-메시지'는 관계를 단절시키고 거부하게 함으로 사람을 변화시킬 수 없다.

"여보! 일찍 들어와요"라는 말을 듣고 늦게 들어오는 남편이 절대로 일찍 들어오는 사람이 되지 않으려 한다.

"여보! 양말 벗으면 세탁기에 넣어요"라는 말을 듣고 매일 양말을 방에 던지던 남편이 세탁기로 가지고 가는 사람이 되지 않는다. 혹 한두 번 갈지는 몰라도 얼마 안 가 또 다시 방으로 집어던지고 '우리 마누라 잔소리 때문에 못 살겠다'라고 생각하기 쉽다.

'I-메시지'는 양심에 호소하는 말이고 선을 두들기는 말이므로 사람의 마음을 변화시키고 사람의 마음을 움직이게 한다.

"여보! 밤에 당신이 없으면 너무 무서워요. 혼자 있을 수 없어요" 이렇게 'I-메시지'로 말하면 이 말은 마음의 선을 두드리기 때문에 '아내가 밤에 혼자 있으면 무서워하는구나'. '내가 일찍 들어와야지' 하고 생각하게 된다.

그러므로 스스로 일찍 오려고 생각하기 시작하는 것이다. 어떤 이는 아내가 잔소리를 늘어놓으면 "여보! 나 지금 너무 피곤해요. 알았으니 이제 그만합시다." 하고 조용히 'I-메시지'를 말하면 대부분 조용해진다.

왜냐하면 '남편이 몹시 피곤해 있구나. 더 이상 힘들게 말아야지' 하고 긍정적 반응을 보이기 때문이다. 그런데 반대로 "잔소리 좀 그만해!" 하고 'You-메시지'를 말하면 "잔소리 안하게 해봐?" 하고 부정적 반응을 가지게 되는 것이다.

두 메세지(DO-Message)와 비 메세지(BE-Message)화법

DO-Message 화법은 어떤 잘못된 행동의 결과에 대해 그 사람의 행동과정을 잘 조사하여 설명하고 잘못에 대하여 스스로 반성을 구하는 것이고, BE-Message 화법은 잘못에 대한 결과를 일방적으로 단정함으로써 상대방으로 하여금 반감을 불러일으키게 하는 화법이다.

(예)

연속 지각자에게 "당신 잘못이다" "당신은 지각 대장이다"라고 단정하면 BE-Message 화법이고 상대방을 먼저 이해하며 연속 지각한 것은 잘못이라는 것을 설명하여 잘못된 점에 대하여 스스로 반성하도록 하는 것은 DO-Message 화법이다.

의사소통의 기술

리더십과 대인 간 의사소통, 대화의 기술

리더십과 의사소통의 중요성

의사소통은 대인관계의 기초일 뿐 아니라 관리나 리더십 기능을 수행하는 데 필요 요소이다.

- 의사소통의 구성요소 : 발신자, 매체, 수신자, 피드백, 잡음

관계에서의 의사소통

- 관계에서의 의사소통의 장애요인 : 잡음

① 지각차이 : 발신자가 메시지를 지각하는 것과 수신자가 지각하는 것의 차이

② 어의적 차이 : 주관적인 해석에 따른 오해. 부적절한 단어 선택이 이유. 같은 말이라도 다른 사람에게는 다른 것을 의미할 수 있음

③ 지위차이 : 상향적 의사소통을 방해하는 문제를 만들어냄.

④ 물리적 장애 : 멀리 떨어져서 대화하는 것같이 사람 간의 공간적 거리 등

효과적 의사소통 기술

① 개방적 의사소통 분위기

② 효과적인 전달 및 자기표현

③ 청취

④ 피드백

적극적 청취기술 : 모든 정보를 받고, 해석하고 이해하는 의미 아님

① 당신 내부의 대화를 멈추어라.

② 자신의 말로 바꿔서 설명해라.

③ 불일치하는 것을 명확히 하라.

소통의 핵심키워드 "경청"

소통의 핵심은 경청이다. 상대의 마음을 헤아려주고 이해하는 것은 소통의 통로를 넓혀주는 명약 중 명약이다. 상대의 마음이 열려야 내 뜻과 의사도 잘 받아들여질 수 있다. 대체로 사람들은 듣기보다 말하기를 좋아한다.

하지만 '소통의 달인'은 무엇보다 상대의 말을 진지하게 듣는 특징을 지닌다.

게다가 적당한 '추임새'는 마음의 문을 여는 데 적절한 도움을 준다.

"아, 그렇구나", "좋은 생각이네", "맞는 말이네"

등으로 상대에 공감을 표시하면 상대 역시 나의 말에 마음을 열어준다. 대화는

감성을 공유하는 것이다.

상대의 말을 중간에 끊지 않는 것은 대화의 기본 매너다.

누군가의 말처럼 상대의 말을 중간에 끊는 것은 무례한 것이고, 상대방 말이 끝나도 내 말을 시작하지 않는 것은 태만한 것이다.

충고를 하면 대체로 상대로부터 긍정적인 반응을 얻지 못하게 된다. 그래서 상대방에게 내 뜻을 전달하거나 설득하기 위해서는 더욱이 어법에 신경을 써야 한다. 특히 명령이나 지시형의 말투는 가급적 삼가도록 주의해야 한다. 대화를 함에 있어서 논리보다 감성이 주로 영향을 미치게 된다. 상대와의 대화에서 적절한 논리를 내세웠지만 감성의 교류가 미약했다면 대화의 기술이 부족함을 나타내주는 것이다. 상대에게 논리적으로만 주장하게 되면 상대는 자존심을 다치게 되거니와 치욕감마저 느낄 수 있어 서로의 관계가 악화될 확률이 높다.

대화의 핵심은 논리보다 감성이다. 충고도 감성이 공유될 때 그 '약효'가 생기는 법이다. 논리는 감성을 이끌어 내는 하나의 도구일 뿐이다.

인정받으려는 것은 인간의 기본 욕구다.

사람이 돈이나 권력, 명예를 추구하는 것도 결국 인정받고 싶은 욕구가 깔려 있다.

누구나 자신의 가치를 인정해 주는 상대에게는 마음을 연다.

상대방에게 어떤 제안을 할 때도 '인정 욕구'를 자극하면 예스Yes 확률이 훨씬 높아진다. 예를 들어 친구에게 노트를 빌려달라고 할 때도 "노트 좀 빌려줘"보다는 "모범생 노트 좀 잠깐 보고 싶은데"라고 말하는 식이다.

인정의 반대는 무시다. 무시는 대화의 통로를 막는다.

사람은 무시당한다는 생각이 드는 순간 마음을 닫는다.

훈계나 충고도 진심이 읽혀야 무시당한다는 느낌을 받지 않는다.

공자는 좋은 벗을 '책선지우責善之友'로 정의한다.

선한 뜻을 가지고, 선한 방법으로 충고하는 친구가 진정한 벗이라는 의미다.

아첨으로 상대방의 비위만을 맞추는 것은 좋은 벗, 좋은 대화가 아니다.

나의 뜻이 잘 전달되고, 나와 상대의 공감영역을 넓히는 것이 소통의 핵심이다.

아낌없이 인정해 주고, 비난은 최대한 삼가야 한다.

감사 · 미안을 표현하라.

감사의 표현은 아끼지 않는 것이 좋다. 감사는 행복을 담는 그릇이다.

감사는 스스로도 행복하고, 상대도 행복하게 만든다.

조그마한 일에도 '감사하다', '고맙다'고 말해라.

그러면 만사가 감사하고 고마워진다.

감사한 마음을 전하는 것이 바로 '전달 기술'의 포인트다.

흔히 이심전심以心傳心이라는 말을 쓴다. 마음이 마음으로 통한다는 뜻이다.

하지만 그 이심전심이 때로 오해를 낳는다. 가까운 사이일수록 '상대가 내 맘을 잘 알겠지' 하는 생각이 든다. 하지만 가까워도 감사함은 수시로 말로 표현해야 한다. '미안'이라는 말도 아끼지 않아야 한다. 때로는 꽉 막힌 마음이 미안이라는 한마디로 열린다. 미안한 일을 미안하다고 말하는 것이 진정한 용기다.

감사와 미안은 소통을 넓혀주는 핵심 도구다.

감사는 마음을 따스하게 데워주고, 미안하다는 말은 마음의 찌꺼기를 없애준다.

세상의 모든 것은 꾸준한 노력으로 그 가치가 높아진다. 대화 · 소통도 마찬가지다.

소통능력은 타고난 재능만이 아니라 배워서 익히는 일종의 기술이기도 하다.

'청산유수' 같은 언변이 대화의 전부는 아니다. 진심이 담기고, 상대의 존재감을 키워주고, 공감을 넓히는 것이 참다운 소통이다.

스스로의 대화 · 소통 기술은 어느 정도인지 한번쯤은 체크를 해봐야 한다.

'말을 잘하는 것은 재능이 아니라 기술이다.' 〈전달의 기술〉 저자 일본교수 사사키 게이치佐々木圭一는 "소통도 일종의 기술이고, 소통은 어떻게 내 뜻을 상대방에게 잘 전달하느냐가 핵심"이라고 강조했다. 이런 소통의 기술은 면접에서 자신을 바라보는 면접관의 마인드를 노NO에서 절대적 느낌표인 예스YES로 바꾸게 하는 능력이기도 하다. 그는 전달의 기술로서 '서프라이즈'를 꼽는다. 신형 자동차를 공개할 때 천을 씌우는 것처럼 서프라이즈는 상대방의 흥미를 유도한다는 것이다. 사람은 깜짝 놀랄 무언가를 보고, 체험하고 싶은 욕구가 있는데 이를 충족시켜 주면 전달력이 훨씬 커진다는 얘기다. 클라이맥스 만들기도 그가 강조하는 전달 노하우다. 원래 사람이 집중할 수 있는 시간은 고작 20분이라고 한다. 수업이나 회의 후반부에 집중력이 떨어지는 것도 이런 이유다. 따라서 상대가 궁금할 만한 것에 대화를 집중하는 것이 전달의 요령이다. 주변만 두드리다 정작 집중력이 떨어질 때 핵심을 꺼내면 초점이 그만큼 흐려진다. 꼭 전하고 싶은 말, 이른바 '강한 말'은 몇 차례 반복하는 것도 도움이 된다. 어떤 말을 반복하면 진심이 전해지고, 강하고 인상적으로 느껴진다. 또한 강조하고 싶은 문장이 있다면 가능한 한 짧게 하라고 조언한다. 그래야 상대방 뇌리에 오래도록 남을 수 있다는 것이다. 이는 글쓰기 기술에서도 마찬가지다. 긴 문장만으로 글이 이어지면 읽는 사람의 집중력이 떨어진다. 중간중간에 짧은 단문으로 매듭을 지어줘야 한다. 적절한 대구법 역시 상대방에게 나의 말을 각인시키는 데 효과가 탁월하다.

대표적인 대구법 문구 '예술은 길고 인생은 짧다'는 명언이 있다.

비효과적인 의사소통

비효과적인 의사소통의 원인

1) 과거의 경험

2) 선입견, 고정관념, 잠재적 의도

3) 물리적 환경

걸림돌 언어

1) 명령, 지시, 요구, 강요

2) 경고, 위협

3) 훈계, 설교

4) 충고, 해결방법 제시

5) 논리적 설득, 논쟁

6) 비판, 비평, 비난, 책임전가 하기

7) 칭찬, 동의

8) 분석, 진단

9) 안심시키기, 동정, 위로

10) 화제 바꾸기, 무반응

11) 비교하기

12) 일반화

13) ~적 사용

14) 너-메시지를 사용하기

15) 과거의 잘못한 일을 들추어내기

16) '미안하다' 사용하기

17) 끼어들기

18) 죄책감, 부담감 갖게 하기

비효과적인 태도유형

1) 도사형

2) 형사형

3) 꽃장수형

4) 판사형

5) 해결사형

9장_휴먼이미지와 커뮤니케이션에서의 Self(자기) PR과 자기컨트롤

Self(자기) PR

사회에서 좋은 휴먼이미지와 타인과의 원활한 커뮤니케이션을 유지하기 위해서는 사회내부에서 자신의 존재를 제대로 알릴 수 있는 Self(자기) PR이 필요하다.

'Self(자기) PR'이란 사회 속에서 자신을 둘러싸고 있는 사람들과 우호적 관계나 필요적 관계를 유지 또는 발전시키려는 일련의 노력과 활동을 의미한다. 이는 곧 사회적 존재로서 타인과의 원만한 '관계 맺기'를 위해 필수적인 요소가 된다. 더욱이 주위에 있는 사람들과 긍정적인 관계를 맺고 유지하며 발전시키기 위한 활동부분으로 행복하기 위한 자기훈련 중 하나다. 일방적으로 자신의 장점이나 긍정적 활동을 알리는 것이 PR이라고 잘못 오인하는 경우가 더러 많이 있다. 진정한 자기PR이란 진정성과 진실에 바탕을 두어야 하며 온전한 인간관계 형성에 기초를 두어야 한다. 또 소통을 통하여 상호 신뢰와 이해를 높이고 서로의 이익과 발전을 도모하는 체계적인 노력이 기본적으로 갖춰져야 하는데 PR의 핵심은 소통에 있다.

Self(자기) PR의 개요서 작성

- 명확한 자기 PR 주제의 선정
- 방향설정 및 확립
- 자신에 대한 이해와 분석
- 목표대상 및 의사결정자에 대한 파악
- 시간 분배

첫 상담 – 면접의 중요 요소

1. 긍정적 이미지 시각과 청각의 조화
2. 패션이미지 강화 - 어떤 대상이냐에 따라 적절한 사전조사를 통해 이미지관리
3. 액세서리는 되도록 단순화하고 강렬한 인상을 주지 않는다.
4. 얼굴을 가리지 않는 헤어스타일을 선택하도록 한다.

5. 좀 더 프로다운 패션이미지를 부여한다.
6. 인간적 감동과 함께 이성적 논리성을 부여한 대화법을 활용한다.
7. 제스처와 표정을 되도록 적절하게 활용한다.

주의점 : 무의식적인 동작에 주의할 것 - 만지작거리기/ 팔짱끼기/ 기우뚱한 자세/ 몸 흔들기/ 머리를 자주 쓸어올리기/ 산만한 느낌을 주는 행위

나쁜 습관의 수정: '에~, 어~, 음'과 같은 어벽을 극복해야 한다.

의미 없는 습관어 사용을 수정해야 한다.(그러니까~, 그래서 등의 반복어 사용)

혼자 말하고 혼자 결정내리는 이기적 말버릇 습관은 빨리 수정되어야 한다.

커뮤니티의 실행

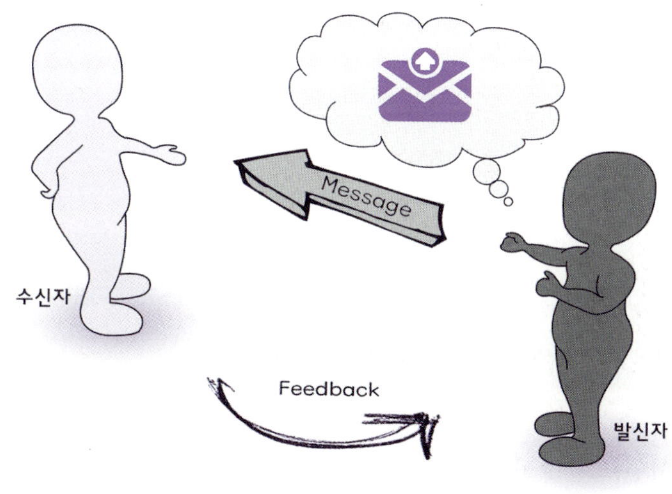

커뮤니케이션의 원리 및 촉진 관계

커뮤니케이션의 원리

커뮤니케이션이 일상적인 회화나 면담과 차별화되어진 확실한 전문성을 띤 원리가 있어야 한다.

① 대상의 모든 행동은 이유와 목적이 있다는 사실에 주목해야 한다. - 관찰능력

만남에서의 대상의 행동 하나 하나가 문제를 이해하고 해결해 주는 데 필요한 자료이다. 대개 커뮤니케이션의 초보자들은 대상이 처음 제시한 문제에만 중점을 두고 이야기하거나 듣고자 한다. 그러나 대상의 이러한 대화 중의 행동에 관해 언급하고 그 의미를 같이 생각해 보는 것이 대상의 심리적 좌표와 관계의 특징을 이해하는 길이며, 그 결과 대상의 문제를 보다 정확히 파악하게 된다.

② 대상의 반응 중 즉각적으로 관찰되는 것뿐만 아니라 관찰될 수 없고 지연된 반응이 있음을 주목하고, 이를 가능한 한 정확히 예측하도록 부여한다.

〈커뮤니케이션 중에 보이는 대상의 반응유형〉

즉각적으로 관찰될 수 있는 반응 -

"말씀이 맞아요! 전 그런 생각을 미처 해보지 못했어요."

즉각적이면서 관찰될 수 없는 반응 -

[마음속으로] "이 사람은 나를 정말 잘 이해하는구나."

지연된 것이면서 관찰될 수 있는 반응 -

[대상이 대화의 내용을 집에 가서 계속 생각하기를]

"아까 말이 맞는 것 같아, 내가 ~하다는 것은 사실이니까."

③ 커뮤니케이션의 최종목표와 중간목표를 구별하여 먼저 중간목표를 달성하도록 노력해야 한다. 최종목표는 대상이 제시하는 여러 가지 '문제'와 직접 관련되고, 서로 합의된 '문제해결의 내용 및 수준'에 따라 다를 수밖에 없음을 인지하도록 한다.

초보자들은 흔히 이러한 상담의 최종목표를 처음부터 달성하려고 애쓰는 데서 좌절감을 많이 겪거나 무리한 노력을 하는 경향이 있음을 주의해야 한다.

전문적인 커뮤니케이션 관계에서 공통적이며 기본적으로 거쳐야 할 중간과정은 서로의 '개방적 신뢰관계'와 '대상의 자각및 자주성 회복'임을 잊지 말도록 한다.

커뮤니케이션의 촉진적 관계

인간관계는 상호작용이며, 또 이 상호작용은 상대방에 대한 지각, 평가 및 태도에 따라 영향을 받기 마련이다.

〈촉진적 관계의 구성요소〉

① 공감적 이해

경청자가 내담자의 말 속에 깔려있는 중요한 감정, 태도, 신념, 가치기준을 포착한다. 대상의 외적인 측면뿐만 아니라 내적인 측면까지 이해하고 알게 되었다는 것을 대상에게 알려주는 것이다(전달과 소통, 커뮤니케이션의 차원). 공감적 이해에서 대상은 '상대가 내가 어떻게 느끼는가를 알고 있다'고 지각을 한다.

② 수용적 존중

대상의 의견에는 동의하지 않을 수 있지만, 대상을 하나의 인격체로서 존중할 수 있다. 거부나 이의는 수용적 행동이 아니라는 생각에서 대상의 말을 덮어놓고 받아들여서는 안 된다. 반대 의견을 전달할 경우엔 부드러운 음성이나 기타 비언어적 단서로서 인격적 수용을 대상에게 전달할 수 있는 방법이 있다. 수용적 존중에서 대상은 '상대가 나를 부드럽게 대하고 현재의 나를 그대로 받아들이고 있다'고 지각하게 된다.

③ 일관적 성실

경청자는 자신의 가치관과 신념이 무엇이며 자기의 태도와 가치관이 대상에게 어떤 영향을 주고 있는지 항상 예민하게 파악해야 한다. 부정적인 반응을 가져오리라는 예측 아래 거짓말을 하거나 사실을 회피하는 것은 솔직히 말해 주는 것보다 더 나쁜 부정적 결과를 가져온다는 것을 명심해야 한다. 일관적 성실에서 대상은 '경청자는 위선적이 아니고, 항상 순수하게 나를 대할 것이다.'라고 지각을 한다.

④ 전문적 능력

흔히 커뮤니케이션의 효과는 경청자가 자기를 도와줄 수 있는 사람이라는 희망이나 믿음을 대상이 가지느냐의 여부에 따라 많이 좌우된다.

"내가 너를 도울 수 있다고 생각한다." "우선 당신의 문제를 좀 더 자세히 알아야겠고 그런 후에 당신을 충분히 도울 수 있을 겁니다." 라는 말을 시작으로 해서 대상에게 전문성을 보여줄 수 있다. 경청자의 전문적 능력을 확인한 대상은 '이 사람은 내 문제를 도와줄 수 있는 능력과 방법을 갖추고 있다.'고 지각한다.

〈촉진적 관계의 목표〉

촉진적 관계는 커뮤니케이션 과정을 발전시키고 대상의 문제해결을 돕기 위해 우선 달성해야 할 직접적인 목표이다.

일단 이 관계가 성립된 후에는 다음의 사항을 검토함으로써 커뮤니케이션을 효과적으로 이끌어 갈 수 있다.

① 지금까지의 커뮤니케이션 과정에서 대상이 무엇을 얻고자 했는가?

② 무엇이 대상으로 하여금 도움을 청하게 만들었는가?

③ 어떤 책략이 대상의 환경을 변화시키는 데 가장 적합한가?

④ 커뮤니케이션의 최종목표와 관련지어 볼 때 대상이 이제부터 무엇을 해야 하고 실천해야 할 것인가?

〈촉진적 관계를 평가하는 기준〉

① 나는 대상이 말한 것을 이해했는가?

② 내가 이해했다는 것을 대상이 알아차렸는가?

③ 나는 대상의 문제를 그의 관점에서 충분히 보았는가?

④ 대상은 내가 수용적으로 대하고 있었음을 느꼈는가?

⑤ 나는 대상에게 따뜻하고 관심있게 대했으며 그것을 행동으로 나타냈는가?

⑥ 대상은 내가 따뜻한 관심을 나타낸 것을 정확히 전달받았는가?

⑦ 대상에게 말하기를 꺼리는 것이 있는가?
있다면 그것이 커뮤니케이션 관계에서 무엇을 의미한다고 생각하는가?

⑧ 어떤 측면에서 대상의 가치관, 신념, 의견 등이 나와 다른가?
그러한 차이 때문에 내가 수용적으로 대하는 데에 지장이 있었는가?

⑨ 대화하는 동안 나 자신에게 솔직했고 대상을 성실하게 대했다고 볼 수 있는가?

⑩ 나는 적절한 때에 전문적인 태도로 대상에게 도움을 주었는가?
그리고 자기를 도울 수 있는 전문적인 상대로서 대상이 나를 받아들였는가?

휴먼이미지와 커뮤니케이션에서의 자기컨트롤

휴먼이미지 커뮤니케이션이 잘 이뤄지기 위해서는 안전한 관리와 올바른 실행이 필요하다. 더욱이 점차 직접적인 소통이 아닌 디지털 미디어를 통한 간접적 소통이 일상화되어가는 SNS시대에서 오는 소통의 오류가 급속히 확대되어 가고 있어 문제가 심화되는 추세이다.

인간관계를 중시하고 집단을 중심으로 '정'과 '효' 그리고 '예'를 지키며 살아왔던 한국도 더 이상은 안전국이나 평화로운 조용한 나라가 아니게 되었다.

인터넷 강국이 되었고 SNS의 소통이 일상이 되어버린 한국은 어느새 '나'중심의 개인주의적 사고를 형성하게 되었고 한국사회문화심리특성으로 전통을 이어오던 '한'과 '화'의 억눌린 부정심리기제가 보이지 않는 익명으로 SNS 악성댓글로 판을 치고 있는 악상황이 도래되기까지 하였다.

디지털 문명이 시작되면서 국내 인터넷보급과 발달은 기존의 삶의 패러다임을 변화시켰다. 현실적 세상의 공간이 아닌 가상의 사이버공간이라는 새로운 환경이 이뤄지면서 내부에서 또 다른 가시적 자기로서의 나라는 존재를 만들어낸다.

실제적이고 실체의 나라는 존재에서 익명과 가상의 또 다른 내부 욕망을 펼치는 가상의 나라는 존재를 창조하는 사이버세계가 현실 속에서 공존하게 된다.

타인과의 교류가 언제 어느때고 이뤄진다는 시공간의 한계를 넘나들 수 있는 편리성과 무한한 관계성을 지니고 있지만 인간관계에 있어 다양한 문제를 파생하고 있다. 심각한 건 범죄율과 관계의 상처가 증폭되고 있다는 점이다.

여기서, 심리학적 관점에서 페르소나 'Persona'를 이야기하지 않을 수 없다.

페르소나는 자신의 본 실체 모습이 아닌 사회적으로 내보이는 또는 보여주기를 원하는 또 다른 사회적인 나의 모습을 말하고 인격이라는 것의 가면을 쓴 것이라고 의미하고 있다. 집단 사회 속에서 타인들과 어울려 살아야 하는 인간의 의무는 본능적인 나의 모습을 억압하고 제어하며 살아가야 하는 제약을 갖는다. 화가 난다고 해서 아무 때나 화를 낼 수 없고, 느낌이나 감정적으로 상대가 맘에 안들고 싫다고 해서 상대에게 그 감정 그대로를 표현해서도 안되는 게 사회적 관계에서의 약속이다. 이러한 윤리적인 부분과 이성적인 것에 의해 인간의 욕구는 억눌려 있게 되는데 억눌려진 욕구들을 어느 정도 해소하지 못하거나 방치하게 되면 수많은 심신의 문제가 다시금 파생되는 악순환을 겪게 된다.

현실 속에서 심리학으로 말하는 사회적인 인격가면이 페르소나라면, 사이버공간에서의 가면은 닉네임, 아바타나 아이디 등이 있다.

인간의 현실세계 속에서 이뤄지는 관계에서도 문제가 많아 해결되지 못하는 미해결과제가 많은 지금, 설상가상으로 가상의 사이버세계에서 벌어지는 소통의 오류가 확대되어지고 있어 문제의 심화를 야기하고 있다.

현실세계이던 가상세계이던 간에 어디서든 제대로 자신을 인지하고 세상을 바라본다면 문제를 최소화할 수 있는 예방책이 된다.

페르소나는 사회에서 살아가기 위해 형성된 인격의 가면으로 역할을 수행하고 있지만 실상 페르소나의 발달 과정은 다음과 같다.

Person - 사람

↓

Persona - 외적인격

↓

Personal - 개인

↓

Personality - 인격

현대에 들어서는 인격이라는 Personality가 성격이라는 character로 사용되어지기도 한다. 성격이라는 용어가 존재하기 이전에 형성되어진 인격이라는 것은 인간의 심리를 연구하기 이전에 사용되어졌고 진화된 인간은 인간이 지니는 심리를 궁금해하고 연구하기 시작하면서 인간들의 성향분류를 나누기 시작했다.

또 다른 용어로서 심리학에서는 인격과 성격 이외 기질이라는 용어도 사용하고 있다. 인간은 누구나 개개인의 독특한 성질 즉, 개성을 지니는데 나와 똑같은 타인은 세상에 존재할 수 없다. 이 사실을 알면서도 인간은 타인이 나와 같기를 또는 유사한 사람들을 만나기를 소망하고 타인과 관계를 밀접히 맺는 과정에서 이러한 기대감으로 인해 기대에 못미치거나 자신과 너무나 다른 상대를 이해하지 못해 끝끝내 헤어지는 상실감을 가지게 된다. 그것에 그치는 것이 아니라 서로 상처를 주게 되는데 상처가 깊고 꼬이다보면 서로에게 피해까지도 입히게 되는 악연을 형성하게 된다. 급기야는 나라와 나라의 큰 전쟁으로까지 번지는 현상마저도 일어나게 된다. 인간과 인간의 관계를 안정되게 형성하고 평화롭게 유지하기 위해서는 기본적인 인간의 성격에 대한 이해가 필요하며 나와 다른 타인들과의 관계에 대한 훈련 또한 어느 정도는 필요하다.

성격과 커뮤니케이션 그리고 심리학

성격의 본질

성격은 일상생활 속에서 자주 통용되는 부분으로 성격이 좋다, 성격에 문제가 있다. 성격이 강하다, 성격이 변했다, 성격을 고치고 싶다, 성격이 맞는다 등이 그 예들이다. 이처럼 성격이라는 말이 빈번하게 사용되고 있다는 것은 그만큼 사람들이 자신은 물론 타인의 성격에 대해 많은 관심을 가지고 있음을 보여주는 것이라 할 수 있다.

그렇다면, 사람들이 성격에 대해 관심을 갖는 이유는 무엇인가?

가장 큰 이유는 자신이나 타인의 성격에 대해 알게 되면, 향후 발생하는 다양한 문제들에 직면하였을 때 효과적으로 대처할 수 있기 때문이다. 자신의 성격에 관한 정보는 어떤 직장을 선택할 것인지, 어떤 배우자를 선택할 것인지와 같은 의사결정 상황에서 좋은 이정표 역할을 할 수 있으며, 타인에 관한 성격 정보는 상대방에 대한 보다 깊은 이해를 도움으로써 상대와의 사이에서 발생할 수 있는 불필요한 오해나 다툼을 방지할 수 있다.

성격은 어떻게 정의할 수 있는가?

성격에 대한 정의는 성격의 어떤 면에 초점을 맞추느냐에 따라 서로 다르게 정의되기 때문에 성격이 무엇인지를 한마디로 정의내리기는 어렵다(Allport는 성격과 관련하여 어원학, 신학, 철학, 법학, 사회학, 심리학 분야에서 50여 가지의 상이한 의미를 찾아냈다.).

따라서 성격에 대한 정의를 내리기에 앞서 우선 성격에 관한 다양한 정의들 간의 공통점을 살펴봄으로써 성격을 정의하는 데 도움을 얻을 수 있을 것이다.

성격의 특성

여러 성격 연구자들이 성격을 정의하는 데 있어 공통적으로 강조하는 성격의 특성은 두 가지가 있다.

1) 행동의 독특성

성격은 한 개인이 다른 사람과는 구별되는 점을 일컫는 말이다.

만약 어떤 상황에서 모든 사람이 동일하게 행동한다면, 그러한 외적 행동을 기초해 나타나는 행동이라고 생각하지 않으며 그러한 행동을 기초로 타인의 성격을 추론하지 않는다.

2) 안정성과 일관성

성격은 시간과 공간의 변화에 따라 매 순간 바뀌는 것이 아니고, 어느 정도 안정적으로 일관되게 나타나야 한다. 평소 조용하던 친구가 어느 날 술을 먹고 길을 가다가 지나가는 행인과 사소한 시비로 인해 싸움을 하게 되었다고 가정해 보자. 우리는 이러한 단편적인 사건만을 가지고 친구가 공격적인 성향을 가졌다고는 말하지 않으며, 친구의 공격적 행동이 성격에 의해서 유발되었다고 생각하기보다는 상황적인 요인에 의해 발생되었다고 생각하게 된다.

이처럼 성격이란 시간과 공간의 변화에도 불구하고 어느 정도 안정적이고 일관되게 나타나야 하는 특성 때문에 우리가 타인의 성격을 파악하기 위해서는 어느 정도의 시간이 요구된다.

성격이론

1) 성격이론의 분류

성격이론personality theory은 개인들이 보이는 행동방식의 차이를 묘사하거나 설명하려는 체계적인 이론이라 할 수 있으며 크게 두 분류로 나눌 수 있다. 가장 많이 쓰이는 것으로 특성이론character theory이 있는데, 이는 다시 유형론과 특질론으로 나뉘어진다. 또 다른 하나는 성격이 어떻게 형성되고 어떻게 발달하며, 그러한 성격이 생활하는 데 어떤 기능을 하는지를 이해하고자 하는 과정이론processing theory이다. 과정이론에는 무의식과 어린 시절의 경험을 강조하는 정신분석, 개인과 환경의 상호작용을 강조하는 행동주의적 관점의 이론, 개인의 주관적 경험과 자기실현을 강조하는 인본주의 이론 등이 있다.

2) 특성이론(character theory)

- 유형이론(typology)

최초의 유형이론은 히포크라테스Hippocrates의 체액론이다. 히포크라테스는 사람의 체액을 혈액, 점액, 흑담즙, 담즙으로 구분하고, 그중 어느 체액이 신체 내에서 우세한가에 따라 성격이 결정된다고 주장하였다. 또 체질심리학자 크레치머Kretschemer는 체형에 따라 사람을 쇠약형, 비만형, 투사형, 이상발육형의 네 범주로 나누고 각 체격에 따라 성격이 결정된다고 보았다.

쇠약형은 갸날프고 마른 사람들로 정신분열증에 걸릴 성향이 많고 비만형은 둥글고 키가 작은 사람들은 조울증에 걸릴 성향이 많은 것으로 보았다. 투사형은 강하고 근육이 발달된 사람으로 조울증보다 정신분열증의 경향이 다소 많으며 이상발육형은 신체발달이 균형이 잡히지 않은 형으로 투사형과 유사한 성향을 보인다고 주장하였다. 이후 1945년에 셀던Sheldon은 크레치머의 연구를 발전시켜 내배엽형, 중배엽형, 외배엽형의 세 가지 차원에서 개인의 점수를 평정하여 유형화시킬 수 있다는 체형론을 주장하였다.

- 특질이론(trait theory)

특질이론은 어느 두 사람도 완전히 동일한 성격을 가질 수 없다는 가정에 기초한다. 한 개인은 시간과 장소에 따라 비교적 일관되지만, 타인과는 서로 다른 성격 특징들을 갖는다고 본다.

외향성-내향성

신경증적 경향성

정신병적 경향성

앞에서 살펴본 특성이론은 사람의 성격을 묘사하고 분류하는 데 유용하지만, 성격이 어떻게 형성되고 형성된 성격이 어떤 의미를 갖는지는 제대로 설명하지 못한다. 이러한 측면에 초점을 맞춰 이루어지는 연구들이 성격의 과정이론이다. 과정이론에는 크게 정신분석이론, 행동주의이론, 인본주의이론 등이 있다.

정신분석이론

프로이트Freud는 19세기말 비엔나에서 신경과 수련을 받았다. 수련과정에서 그는 부분마비, 진전, 청각상실과 같은 신체적인 증상을 호소하는 환자를 치료하면서 이러한 신체증상은 정서적 혼란 때문에 생긴다는 것을 알았다. 그 당시에는 이러한 증후군을 히스테리hysteria라고 부르고 있었다. 그의 정신분석이론은 많은 환자들을 치료한 경험축적의 결과에서 나왔다. 그의 정신분석이론은 주로 초기 아동기경험, 무의식적 동기와 갈등, 성적, 공격적 충동이라는 개념을 가지고 인간의 성격, 동기 및 심리장애를 중심으로 설명해 준다.

- 성격구조: 프로이트는 성격을 이드, 자아, 초자아의 세 가지 구조로 구분하고 행동은 세 구조가 상호 작용한 결과라고 보았다.

  - 이드(id)
  - 자아(ego)
  - 초자아(superego)

분석심리학

융Jung은 프로이트의 애제자였으나, 성에 집착한 프로이트의 개념을 받아들이기 어려워 결국 결별하였고 그의 새로운 심리학적 접근은 분석심리학으로서 동양철학과 종교의 영향을 많이 받은 심리학자이다. 하지만 그도 프로이트의 이론 중 성격의 무의식적 결정인을 강조하였고 프로이트가 개인의 꿈을 중심으로 무의식을 연구했다면, 융은 폭을 넓힌 집단무의식을 중심으로 연구한 심리학이라 볼 수 있다. 그는 한 집단은 서로 동일한 집단무의식을 공유하고 있다고 했는데 집단무의식은

"인류 진화의 모든 정신적 유산을 포함한다."라고까지 주장하였으며, 이러한 기억 흔적을 원형archetype이라고 불렀다.

원형이란 실제적인 개인적 경험이 아니고 의미가 있는 정서적 이미지images나 보편적 사고유형을 말한다. 이러한 원형 이미지와 사고는 꿈에서 자주 나타나고 예술, 문학, 종교에서 상징적으로 표현된다. 문화가 전혀 다름에도 불구하고 상징이 유사한 것은 인간이 공유한 원형 때문일 수 있다. 예컨대, 통합된 전체성을 상징하는 만다라mandala는 여러 문화권에서 찾아볼 수 있다.

개인심리학

개인심리학으로 성격에 대한 접근을 한 심리학자는 아들러dler이다. 그는 융과 마찬가지로 프로이트가 지나치게 성을 강조한다고 비판하면서 동기의 근원은 성이 아니라 우월성 추구라고 하였다. 우월성 추구란 누구를 지배하거나 높은 지위를 추구하는 것이 아니라 자기 자신을 향상시키며 도전을 극복하기 위한 보편적인 욕구이다. 그리고 어린 아동은 나이 많은 아동이나 성인들에 비해 나약하고 무력하기 때문에 열등감을 경험하게 마련이고 이런 초기의 열등감 때문에 새로운 기술을 익히고 재능을 개발하도록 동기화된다고 한다. 따라서 우월성 추구는 성적인 만족보다 더 중요한 생의 목표이다. Adler는 모든 사람은 보상compensation을 통해 열등감을 극복하기 위해 노력한다고 하였다.

행동주의 이론

행동주의 심리학의 대표적 학자는 스키너Skinner를 들 수 있다. 그는 하버드대학에서 주로 쥐나 비둘기와 같은 동물학습을 연구 실험한 학자다. 그의 조작적 조건형성 이론은 성격연구에 있어 매우 큰 영향을 미쳤다. 또한 스키너는 프로이트의 이드, 자아, 초자아와 같은 보이지 않는 성격구조는 관찰할 수 없기 때문에 인정하지 않는다고 주장하였다. 그의 연구는 지극히 개인적이면서도 관찰할 수 없는 인지과정을 고려하지 않는 반면에 외적 환경이 행동을 어떻게 조성하는가에 초점을 맞추었다. 더욱이 그는 행동의 일관성을 반응경향성으로 설명하려고 하였다. 즉, 사람들은 경험을 통해 안정된 반응경향성을 획득하기 때문에 일관성 있게 행동한다는 것이다. 이러한 반응경향성은 새로운 경험에 따라 변할 수 있으나 행동의 일관성을 유지할 정도로 지속적이다.

인본주의 이론

인간중심의 대표적인 심리학자로 로저스Rogers를 꼽을 수 있다. 그는 인간의 성장잠재력을 강조한 선구자이다. 이러한 입장을 취한 사람들은 감수성훈련, 직면집단encounter group 및 개인적 성장을 촉진시킬 수 있는 여러 방법을 통한 자기실현을 강조하고 있다. 로저스는 성격구조의 구성개념을 자기self라고 하였다.

자기개념self-concept이란 자기 자신의 독특하고 고유한 성질 및 전형적인 행동에 대한 신념의 총체를 말한다. 자기개념은 자기 자신에 대한 하나의 정신적 사진이다.

또한 그는 자기개념의 주관적 성질을 강조했다.

그러나 자기개념은 자신의 주관적 경험과 완전히 일치하지 않을 수도 있다.

대부분의 사람들은 긍정적인 자기개념을 가지기 위해 자신의 경험을 왜곡시키는 경향이 있다.

매슬로우(Maslow)의 자기실현이론

Rogers와 인간중심 이론학자로서 크게 공헌한 이로 매슬로우Maslow를 꼽을 수 있다. 그는 인간의 본성을 긍정적으로 보고 자기실현을 기술하여 성격이론에 영향을 미친 학자다.

그는 인간의 욕구는 위계적으로 조직화되어 있고 하위욕구가 먼저 충족되어야 상위욕구가 활성화될 수 있다고 주장하였다. 그뿐만 아니라 인간은 자신의 잠재력을 최대로 발휘하려는 자기실현을 추구한다고 가정하였다.

기본적인 인간의 성격과 심리적 이론에 대해 위에서 훑어보았을 때, 많은 학자들이 무엇을 중요시하고 지금까지도 아니 미래에도 끝없이 연구하는 게 무엇일까?

그것은 인간이라는 것이며 인간에 대해 파고들고 연구한다는 것은 타인과 함께 사는 세상 속에서 평화를 유지하고 행복을 추구하려 하기 때문일 것이다.

휴먼이미지 커뮤니케이션도 마찬가지이다.

인간이 중심이 되며 보이는 외적 이미지로서 나를 알리고 나라는 존재를 부여하며 살아있음을 느끼려 한다면 가식이 아닌 진실된 소통이어야 할 것이며 타인과 원만한 소통을 이루고 살기 위해서는 제대로 된 소통의 방법과 표현이 필요하다.

많은 이들이 잘못된 소통을 하고 있으며 그로 인한 수많은 오해와 사건들이 일어나고 있다. 타인이 변화되기를 바라고 나를 알아주기를 바라는 것보다 내가 그들을 먼저 이해하고 나를 먼저 다스릴 줄 아는 시도를 해보는 것이 훨씬 타인과의 관계를 위해서는 현명한 처사라는 것은 과거에서 현재까지 수많은 학자들이나 명인들이 알려준 조언들이다.

다음은 나 자신을 컨트롤하기 위해서 무엇이 필요한지를 제시하고 그 방법들을 이미 과거에 시도했던 유명인들의 사례를 들어 나열한 것이다.

자기컨트롤(Self control)의 방법론 : 반복의 중요성

당신은 눈을 뜨면 가장 먼저 무엇을 하는가?

어떤 이는 물을 마신다고 할 것이고, 시간을 확인한다고도 할 것이며, 또 다른 누군가는 화장실로 간다고 할 것이다. 이렇게 작은 행동 하나까지도 인간은 모두 다르다. 이렇게 인간은 행위의 반복으로 인해 습관이 형성되고, 일상은 이러한 패턴으로 거의 매일 반복된다.

'반복'이란 인간이 삶을 살아감에 있어서 매우 중요한 요소이다. 삶에 반복이 없다면 발달이나 발전은 있을 수 없다. 태어난 아기가 지금의 내가 되기까지에는 수

많은 반복훈련이 있기 때문이다. 그러나 이러한 반복이 너무 강해도 집착이나 강박, 스트레스, 편집증이 생기는 등 질환이 된다. 따라서 반복에는 완벽한 적절함, 즉 중용적인 반복이 필요하다. 모든 심신의 치료도 마찬가지이다. 치료가 이루어지려면 잘못된 삶의 패턴을 올바른 패턴으로 바꾸어 놓으라고 전문의들이 주의를 준다. 예를 들면, 신체질병의 원인인 담배를 끊으라던지, 술을 절제하라는 주의들은 생활 속 과도하거나 잘못된 습관으로부터 수정을 요하게 된다. 정신적인 부분에서도 특히, 중독적인 면에서 절제나 중단을 권유한다, 이렇듯 회복을 위해서는 올바른 행동의 적절한 반복이 이루어져야 하는 것이다.

반복은 인간이 생존하기 위한 절대적 법칙이다. 예를 들어 우리가 건강할 때 숨쉬기를 반복하는 것은 당연한 일이지만 중병에 걸려 생사가 오락가락 하는 환자들은 숨 쉬는 것조차 어렵다. 이렇게 반복해서 숨을 쉰다는 것이 어려운 사람은 수명이 다해 간다는 의미가 들어있다. 숨쉬기의 반복이 가능하다는 것은 살아있는 것이며 곧 생명의 움직임이 존재한다는 것이다. 아침에 눈을 뜨고 씻고 먹고 일하고 자는 하루의 일상도 다람쥐 쳇바퀴 돌 듯 반복이다.

그 어떤 활동도 마찬가지로 지루할 정도로 반복적으로 계속해야 한계를 극복하고 차별화된 힘이 나타난다. 반복은 세월이 되고 쌓인 세월은 깊은 내공과 함께 빛을 발하게 된다. 대표적인 예가 한 가지만 꾸준히 해온 장인들을 들 수 있다.

대부분 조금하다가 "역시 안돼!" "이렇게 바쁜데 혁신할 시간이 없어" "돈 벌고 나서 해야지"라고 포기해 버린다.

그러나 포기하거나 자기 합리화를 하자마자 미래에 돈을 벌어주는 혁신은 중지되고 반복의 힘으로 버티는 생존경쟁의 대열에서 낙오되는 순간이 되어버린다.

화투를 보면 비광에 그려져 있는 사람에 대한 일화가 있다.

그는 오노 도후라는 유명한 일본의 서예가로서 반복의 성공 사례이다.

오노 도후는 어렸을 때부터 서예가가 되고 싶어 하루도 빠짐없이 스승을 찾아가 지도를 받았으나 아무리 잘해도 스승은 '잘했다'라는 칭찬 한마디도 해주지 않았다고 한다. 그리고 몇 해가 지나고 오노 도후는 서예를 포기하고 스승의 집을 나선다.

부슬부슬 처량하게 비가 내리는 가운데 발걸음을 옮기던 오노 도후는 마침 개구리 한 마리가 버드나무에 뛰어오르려 하는 것을 보고 발걸음을 멈추었다. 개구리가 뛰다 실패하기를 거듭 되풀이하는 것을 보고는 '포기하겠지...'라고 생각했다. 그러나 개구리는 그의 추론과 달리 펄쩍 뛰어 버드나무에 오르고야 말았다. 그때 오노 도후는 가슴이 꽉 차오르는 것을 느끼고선 다시 결심을 했다.

'나도 저 개구리처럼 끝내 이루고야 말겠다!' 그때부터 천천히 서두르지 않고 매일 반복의 연습으로 정진하여, 급기야는 일본 최초의 서예가로서 추앙을 받게 된다.

독일의 심리학자의 연구결과에 의하면, 배운 것을 실행에 옮기지 않는 사람은 무려 95%나 되며, 그 때문에 성공할 확률이 5% 밖에 되지 않는다고 한다.

배운 후에 그대로 방치해 두면 기억은 1시간만에 56%, 하루가 지나면 74%를 망각한다는 데이터 결과도 있다. 이에 대한 예방은 끊임없는 반복과 꾸준한 실천뿐이다.

반복은 지루함이 아니라 천재를 만든다. 끝없는 연습이 대가를 만들고 지루한 반복이 천재를 만들게 되는 것이다.

"나는 그저 천 번을 연습했을 뿐이다. 그런데 사람들이 나를 보고 천재라고 부른다."

유명한 이탈리아의 바이올린 연주가 니콜라 파가니니의 말이다

위인들의 반복생활

▷ 율곡 이이

논어, 중용, 대학, 맹자를 아홉 번씩 반복하여 읽고도 또 다른 고전인 시경을 읽었다.

▷서애 류성룡

18세 때 맹자를 읽기 위해 암자에 틀어 박혀 스무 번도 넘게 읽어 모두 외우고 이듬해 춘추를 서른 번 넘게 읽어 문장 짓는 법을 깨우쳤다.

▷라이프니츠는 이치를 터득할 때까지 반복하여 읽는 것이 자신의 천재성의 원천이라고 주장하였다.

반복 독서 : 천재들의 독서에서 공통적으로 나타나는 현상이자 천재들이 가장 강조한 독서법

▷ 공자 : 주역의 이치를 깨닫기 위해 죽간을 묶은 가죽 끈이 세 번이나 떨어질 때까지 반복하여 읽음

▷ 주자 : "다른 사람이 한 번 읽어서 알면 나는 백 번을 읽고, 다른 사람이 열 번 읽어서 알면 나는 천 번을 읽는다."

적절한 반복의 효과

자기 통제와 절제에 성공하여 올바른 패턴으로의 적절한 반복이 이루어졌을 때 어떤 효과가 있을까? 예컨대, 핸드폰 게임에 빠져있는 사람이 그것을 절제하는 일을 반복했을 때, 큰 성취감과 만족감을 느낄 것이다. 반대로, 이러한 반복에 실패한다면 무언가 뒤떨어지고 도태되는 느낌, 불안감과 우울감을 느끼게 된다. 이렇게 적당한 반복은 자존감, 자기애를 높여주는 긍정적 효과가 있다.

반복의 덫에 잘못 걸린 이들

잭슨폴락, 고흐, 프리다칼로, 마돈나 등 많은 예술가들은 예술을 통해 자신의 부정적인 감정을 승화하려는 노력을 반복했지만, 결국 그들의 삶은 불행으로 마감한다. 그 이유는 무엇일까. 많은 작가들이 자신의 작업 속에서는 안정감을 갖고 만족하며 안주한다. 하지만 이러한 자기 통제를 삶으로 연결시키지 못하며, 작업의 덫

에 빠진다. 건강한 삶을 위해서 예술가들은 적당한 반복적 생활 속에서 살며, 예술 작업에 들어왔어야 한다. 하지만 불행한 삶을 산 예술가들의 경우, 작업에만 몰입하여 과잉 반복을 하고, 일상생활은 나태하거나 혼란한 경우가 많았다. 자신의 규칙적인 삶이 없이 작업에만 과도한 반복을 했던 작가들은 결국 자신이 작업을 하지 못하는 상황이 되면 극단적 선택을 하며 자멸하게 된다.

쇼펜하우어와 자타불이(自他不二): 나와 타자는 다르지 않다.- 동일시

우리나라는 10년째 OECD 국가 중 자살률 1위라는 불명예를 안고 있다. 그 원인 중 하나는 '나'를 남들과는 다른 개성을 지닌 개별체로 인정하지 않고, 남들과 비슷하게 닮고 싶어 하는 한국인의 정서에서 기인한다. 한국인들은 끊임없이 남들과 비교하다보니 자존감이 낮다. 하지만 개인이 모두 다른 개별체라는 것을 인정한다면 자존심이 상할 일은 없을 것이다.

빨간 사과를 보면 어떤 생각이 드는가? '맛있다', '백설공주', '먹음직스럽다' 등 모두 다른 생각을 한다. 이렇게 하나의 사물에 있어서도 모두 다른 판단을 내리는 것으로 볼 때 모두 같은 생각을 하지 않음을 알 수 있다. 인간은 독립적인 존재이고, 개별체이다. '나'라는 존재는 유일무이한, 소중한 사람인 것이다. 이것을 사회에 비춰 말한다면, 나는 남들보다 못한 것이 아니라, 나는 남들과 다른 것이다.

19세기 불교경전을 최초로 접한 서양의 철학자 쇼펜하우어가 불교를 철학적으로 해석하여 "삶이란 것이 머리로 이해되는 게 아니라 부딪히는 것이다."라는 인생론을 펼쳐 내었다. 그의 철학에는 지금의 예술치료와 심리상담의 바탕이 되었다고 해도 과언이 아닐 정도로 심도 깊은 심리치유의 방향을 제시해 주고 있다. 그는 인간의 본질은 이성이 아니라 '의지' 즉, 인간이 의지하는 대로 세상은 보고 판단한다는 표상으로서의 의지론을 주장했다. 그리고 인간의 삶 그 자체는 고통이고 고난이라는 것은 지당한 사실이며 인간은 사실 그대로를 받아들이는 것이 현명한 삶의 방법이라고 제시했다. 또한 인간관계에 있어서도 지혜로운 관계론을 알려주었는데 그것은 불교의 자타불이와 흡사한 의미를 지닌다. 자타불이(自他不二)란 자기와 타자가 서로 다르지 않다는 의미를 뜻한다.

인간 그 자체는 모두 다르다. 심지어 하나의 개인을 자세히 들여다봐도 다르다. 나 하나도 몸의 좌, 우가 같지 않으며, 내 몸과 마음이 같지 않다. 내 마음 또한 양가 감정으로 인해 다를 수 있다.

다르다는 것을 올바로 인식하지 않는다면 자신에 대한 올바른 이해 없이 남들과 똑같이 행동하게 되고, 매너리즘에 빠질 수 있다. 여기서 쇼펜하우어가 말하는 불교의 자타불이의 행위는 자신의 입장만을 고수하며 자신의 관점에서만 타인을 바라보면 서로 간에 어그러진 관계를 회복할 수 없을 뿐더러 삶의 관계가 모두 힘들어지게 됨을 알려주는 것이다.

매너리즘이란 무엇인가? 매너리즘의 사전적 정의는 항상 틀에 박힌 일정한 방식이나 태도를 취하는 것이다. 결국 '반복'의 문제인 것이다. 매너리즘을 극복하는 것은 자기 통제, 자기 절제와 관련이 있다.

자기 통제와 절제 : 성공사례

바우마이스터Roy F. Baumeister와 같은 사회심리학자들이 삶에서 행복추구와 긍정적 결과를 불러오는 개인적 특성을 구분지을 때 발견된 공통요소를 자기통제(self-control)능력으로 꼽았다. 자기통제란 영어로 셀프컨트롤이란 말로 스스로 자신을 통제하는 심리와 행위로 세상에서 가장 어려운 일이다. 자기 통제력이 삶에 어떤 영향을 미치는지에 관한 꽤 흥미로운 연구가 있다. 뉴질랜드에서 실행한 관찰연구로 뉴질랜드 아이들 천여 명을 대상으로 그들이 태어나서 32세가 되는 해까지 오랜 기간 관찰했다. 연구 결과 자기 통제력이 강한 아이들은 성인이 되어서도 심신의 상태가 매우 양호했으며 사회적으로도 꽤 성공한 부류에 속했다고 한다. 그와 반면, 자기통제가 미약한 아이들은 성인이 되어 경제적으로 빈약하고 게으르며, 알콜중독에 걸리거나 마약 중독에 걸린 경우도 꽤 있었다고 한다. 반면 자기 절제가 뛰어난 아이들은 안정된 결혼 생활을 하고, 부모가 모두 있는 가정에서 자녀를 키우는 비율이 높았다. 게다가 자기통제력이 미약한 아이들은 범죄의 성향이 다소 강하다는 우려도 나왔다. 자기를 통제하고 절제한다는 것은 끊임없는 의식적인 노력이 필요하며 오랜 인내를 요구한다. 사람들은 보통 어떤 문제나 좌절이 닥쳤을 때, 스스로 해결을 하기 위해 무언가 실행해야 한다는 판단을 내리게 된다. 예를 들어, 먹고 싶은 것을 마음껏 먹으며 지내다가 체중이 불어났을 때 체중조절을 위해 다이어트를 해야 겠다고 생각하고, 쇼핑을 과도하게 해서 다음 달 결제일이 닥쳤을 때 앞으로 쇼핑을 자제해야 겠다는 결심을 한다던지, 게임에 빠져들었다가 막상 시험을 잘못 치러 성적이 엉망이 되면 게임을 끊겠다는 결심을 하기도 한다. 혹은 자신의 마음에 들지 않는 성격 때문에 대인 관계, 사회생활 등이 어려움을 겪을 때, 이를 고쳐야겠다고 다짐할 수도 있다. 그런데 이러한 식욕, 쾌락을 추구하고 싶은 욕구, 고치고 싶은 성격 등을 통제하고 절제한다는 것은 그리 쉬운 일이 아니다. 문제에서 벗어나 변화하기 위해서 필요한 것은 올바른 행위의 꾸준한 반복이다. 자신의 욕구를 억누르고 반복적으로 자기 통제와 절제를 실천하는 것이 필요하다.

여기에 자기 절제와 통제에 성공한 여러 사례들이 있다. 이들의 사례를 살펴보고, 어떻게 자기 통제와 절제가 가능할 수 있는지 그 요인에 대하여 알아보고자 한다.

철저히 절제적이고 규칙적인 생활의 철학자 칸트의 산책치유

임마누엘 칸트Immanuel Kant는 비판 철학으로 잘 알려진 세계적인 철학가이다. 그는 수공업자였던 아버지 게오르크 칸트와 어머니 안나 레기나와의 사이에서 11명의 아이들 중 넷째로 태어난다. 그는 왜소한 체구에 어릴 때부터 타고나게 병약했으며, 기질적인 우울증도 지닌 예민한 성격의 소유자다. 그런데 그는 자신만의 절제되고 규칙적인 생활을 함으로써 그 당시 의학이 발달되지 않은 열악한 시절에 80세까지 오래도록 살아간 철학자이다. 칸트는 누구든지 자신의 건강을 유지하기 위해 자신에게 필요한 것들을 스스로 찾아내야 한다고 했다. 칸트가 실행한 생활의 절제와 규칙은 기본적으로 알맞은 식사량을 정해 꾸준히 지켰으며, 매일 일정한 시간의 산책을 했는데, 그밖에도 규칙적인 생활을 지켰다고 한다. 게다가 취침시간과 기상시간, 식사시간, 일하는 시간과 준비시간, 자신만의 여유시간 등을 꼭 지키려고 했다고 한다. 왜소하고 병약했던 그가 오랫동안 장수하며 살 수 있었던 이유에 대해서는 수많은 전문가들이 그의 절제된 식습관과 산책을 꼽았다. 현대사회에서 과학과 의학이 발달됨과 함께 질병 또한 진화되어 다양한 현대 질병을 낳고 있어 건강하게 사는 방법으로서 빨리 걷기나 산책 그리고 운동을 권장하고 있다. 칸트가 선택한 규칙적인 산책은 어떤 효과를 지니고 있을까? 걷는 행위는 인간이 의식적으로 걸어야 하는 행위 자체에 집중해야 하기 때문에 머릿속의 많은 생각을 내려놓아야만 한다. 그 시간은 걷는 것에 신경을 써서 다른 복잡한 생각을 할 겨를이 없다. 일반적으로 오고가면서 걷는 행위와 운동의 걷는 행위는 조금 다른 차원이 있다. 평상시 걸음은 규칙적인 발걸음과 자세를 갖추지 않는 반면 운동으로의 걸음은 규칙적인 빠르기와 호흡 그리고 바른 자세와 복장을 권장한다. 그리고 운동으로서의 걷기에 가방이나 핸드폰, 책 같은 부수적인 액세서리는 착용하거나 들지 않는다. 걷는 동안은 오로지 신체감각과 균형에 중점을 두고 허리를 펴고 정면을 바라보며 씩씩하게 발걸음을 옮겨야 한다. 또 하나 다른 점은 걷는 장소이다. 운동 시 걷는 장소는 대체로 공원이나 숲같은 자연 속이다. 물론 실내 헬스클럽같은 곳도 있으나 웬만하면 자연 속에서 걷는 게 좋다고 한다. 복잡하고 빠른 기계문명에 지친 사람들은 점차 심리적으로 불안해지고 병폐화되어가고 있다. 이에 자연 속에서 걷기란 불안한 심리를 감소하고 우울함도 개선된다는 반가운 연구결과들이 나오고 있다. 국내 가정의학회는 걷는 운동이 인간이 하는 운동에서 가장 안전하면서도 효과적인 운동요법이라고 추천한 바 있다. 걷기 운동의 효과로는 혈액순환을 최고로 꼽으며, 근력강화와 뇌혈관질환 및 심장질환 예방에 매우 좋다고 한다. 게다가 걷기운동은 알츠하이머와 같은 무서운 노화질환 예방에도 큰 도움이 되고 있어 노인층에게 많이 권장하고 있는 운동요법이다. 걷는다는 행위 과정 자체는 다양한 신체감각을 두루두루 움직이게 하는 것으로 보는 시각, 지나다니며 맡는 공기와 향기의 후각, 균형감각, 들리는 다양한 소리 감지의 청각, 팔다리의 움직임과 접촉의 촉각 등 온몸의 감각이 동원되는 총체적인 운동으로 뇌의 기능이 활발히 움직이게 되어 뇌의 퇴행을 늦추게 된다고 전문가들이 설명해 주고 있다. 일반적으로 뛰는 유산소 운동이 가장 빠르게 다이어트와 건강에 큰 영향을 골고루 주는 운동이라고 알고 있지만 사실 빠르게 걷는 운동이 가장 효과적이라고 전문가들은 추천한다. 걷는 운동도 제대로 하고 있는지 아닌지를 체크해 보면 좋겠다. 일단, 누군가와 함께 대화를 나누면서 걷는 건 운동이 아니라고 하며, 부수적으로 핸드폰을 만지작거리면서 걷거나 무언가를 먹거나 하는 행위를 하며 걷는 것도 운동이 아니며, 다 걷고 나서 땀이 나지 않고 힘이 들지 않는다면 제대로 된 걷기운동을 하지 않은 것으로 치부된다. 하지만 걷는 데 있어 좀 더 자신에게 심리적인 유익함을 증진시켜주기 위해서는 자신에게 긍정적 메시지를 주는 말들이나 신앙이 있다면 신앙에 관한 글귀들, 도움이 되는 명언들을 반복적으로 읊조려 자신에게 좋은 영향을 심어주는 게 운동함에 있어 심신의 균형을 더해 줄 수 있다. 올바른 걷기 운동은 규칙적이고 반복적인 시간과 주기를 형성해야 하는데 주 3회 30분 이상 걷기로 정해놓는 게 기본이라고 한다. 그리고 방법도 항상 일정하게 지켜야 하는데 알맞은 보폭과 양팔 움직임도 함께 하면 칼로리 소모가 증진되어 체중조절에 도움이 된다고 한다.

제각기 자신의 체질과 체형에 맞는 운동법을 찾아 꾸준히 자신의 건강과 행복을 위해 하는 것은 어떠한가?

- 나는 어떤 운동을 할 수 있는가? 없는가? 한번 분류해 보도록 하자.

- 최소한 일주일에 3일 이상 할 수 있는 나만의 운동법을 선택한다면?

- 만약 걷기운동을 하면서 자신에게 주는 메시지를 정해본다면?

남들이 하거나 보기 좋은 운동을 하는 것이 아니라
간단한 스트레칭이라도
나 자신에게 맞는 운동법을 찾는 게 우선이다.

신체적 한계를 자신만의 방법으로 극복한 이들

박지성은 한국을 대표로 하는 축구계의 '산소탱크'로 신화적인 인물로 꼽힌다. 하지만 그에게는 어릴 때부터 남모를 자신의 콤플렉스가 있었는데, 학창 시절 축구하는 내내 왜소한 체격과 평발 때문에 힘들어했다고 한다. 자신의 신체 조건이 다른 선수들에 비해 걸림돌이 된다는 것을 누구보다도 잘 알고 있기에 어떤 선수들보다도 혹독하고 힘든 훈련을 꾸준히 인내를 갖고 반복했다고 한다. 그는 자신이 쓴 저서에서 이렇게 말한다.

"다른 친구들이 멋진 드리블과 슈팅을 연습할 때 나는 짧은 거리의 패스를 정확하게 하기 위해 연습했고 남들이 싫어하는 단거리 훈련을 수없이 반복했다. 친구들은 매일 같은 훈련을 되풀이하는 나를 보며 답답해했으나 나 스스로 느끼기에는 어느 것 하나도 완성된 것이 없었다. 사실 나라고 반복되는 훈련이 좋기만 한 것은 아니었다. 훈련이 계속되고 몸이 피곤해지면 '오늘은 하루쯤 쉬면 안 될까?' 하는 생각이 간혹 들기도 했다. 왜냐하면 나도 그저 한 인간이기에."

힘이 들고 몸이 고단해 포기하고 싶을 때마다 욕구를 절제해 가며 끊임없는 훈련을 했다고 한다. 그래서 결국 그는 자기 통제와 절제에 성공한 축구인이 되었다.

이와 같이 칸트나 박지성과 같은 예를 봐서도 자기 통제Self-Control는 건강하지 못한 신체를 건강하게 유지할 수 있도록 도왔고, 소극적인 성향을 적극적으로 이끌어주었으며, 선천적으로 지닌 신체적 결함을 보완해 주었다. 삶의 긍정적인 변화를 이끌었던 자기 통제는 '자신에 대한 정확한 이해'와 '구체적인 실천 목표' 그리고 '반복을 통한 내재화 과정'과 같은 3요소가 어우러졌기에 성공할 수 있었다.

많은 전문가들은 자기통제함에 있어서도 올바른 자기이해가 선행되지 않고서는 원만한 대인관계와 진정한 자아실현 및 자아성장을 기대할 수 없다고 한다. 자기 통제와 절제에 성공한 인물들은 이러한 자기 자신에 대한 깊은 이해가 있었기 때문에 자신의 모습 중 무엇이 문제이고 바뀌어야 하는지도 알 수 있지 않았을까 한다.

자신에 대한 이해를 바탕으로, 안 좋은 습관이나 모습을 발견했다면 변화하기 위한 구체적인 실천 목표를 세워야 한다. 구체적인 실천 목표를 세우는 것의 중요성을 일깨워주는 사례가 있다. 미국의 정치가 그리고 자수성가의 대표적인 인물로서 꼽히는 벤저민 프랭클린Benjamin Franklin이 말년에 쓴 자서전에 자신이 20대 때 세운 원대한 계획에 대해 이렇게 언급했다.

"나는 도덕과 완벽주의에 이르기 위해 고되고 철저한 목표를 세우고 살아갔다. 되도록 잘못을 저지르지 않고 살아가려고 했다. 그런데 하나의 잘못을 저지르지 않으려 애쓰다 보면 그와 다른 실수를 저질러 스스로 섬뜩했다. 습관은 무의식의 틈새를 파고들었으며, 성향이 논리보다 강하게 작용하는 경우가 생김을 알게 되었다."

습관과 성향으로 비롯된 취약점들을 극복하기 위해 그는 좀 더 구체적인 목록작성과 실천 방법을 정했다고 한다. 먼저 리스트를 만들어 자기주입식 명령의 방식으로 각각의 간략한 목표를 적었다. 예를 들어 '모든 물건은 제자리에 둔다. 음식을 배부르도록 먹지말 것'. 그는 그가 만든 리스트에 대한 체크리스트까지 만들어 꼼꼼하게 실행해 나갔다고 한다. 이렇게 구체적인 실천 방법을 수립하고 꾸준히 반복적으로 행동하는 노력의 성과가 자기 통제와 절제를 가능하도록 만들어주었다. 세워놓은 틀의 구체적인 행동 목표를 꾸준히 실천하여 반복하게 되면 어느새 통제와 절제가 필요 없는 또 다른 새로운 습관이 내재화되어 삶에 자리잡게 된다. 이것은 인지행동치료에서 가장 핵심적으로 치료목표로 꼽는 요인이기도 하다. 이와 같이 자기 통제와 절제에 성공한 인물들의 사례를 살펴보고, 자기통제와 절제가 성공하기 위해 필요한 요인들에 대해 살펴보았다. 칸트와 박지성 외에도 수많은 이들이 자신의 삶에서 자기통제를 통한 꾸준한 행위의 반복 끝에 변화된 안정적 삶을 일궈내었다. 위의 사례에서 사용한 자기절제와 자기통제 방법들이 중용적인 것인가를 한번 살펴보도록 하자. 여기서 주의해야 할 점은 반복적 훈련이 보상, 물질이나 돈, 보이는 것으로 만족을 얻는 것이 되면 안 된다는 점이다. 그것은 진정한 행복을 위한 훈련이 아니다. 중용적인 반복은 물질과 대가, 보상을 필요로 하지 않는다. 이 보상은 자신이 행하고, 자신의 삶 속에서 자연스럽게 따라오는 것이 되어야 한다. 무조건적인 것이 아니라 따라와도 좋고 안와도 좋은 것이 되어야 한다. 이것이 바로 '비움과 내려놓음'의 철학으로부터 비롯되게 된다. 이러한 중용적 반복이 자연스러워지면 통찰능력 또한 함께 향상된다. 통찰능력은 직관과 밀접한 상관관계를 지니는데 이는 좀 더 영적으로 예지할 수 있는 능력이 높아지는 것을 알려준다. 올바른 자기 반복훈련이 되면, 영적 성장 또한 가능케 해준다.

- 나만의 구체적 목록작성과 실천방법에 대해 생각해 보는 시간을 가져보자.
- 어떤 리스트들이 있는지 나열해 본다.
- 나열된 리스트들이 자신의 삶 속에서 실행되기에 실현가능한지 여부를 살핀다.
- 리스트들의 공통점을 찾아본다. 가장 큰 핵심의 목표설정을 하기 위함이다.
- 리스트들이 내 자신의 진정한 삶의 행복을 추구하기 위함인지 살펴본다.
- 맞다면, 스스로 실행하기에 용납이 된다면 꾸준히 3개월 매일 정한 규칙대로 실행해 보도록 하며 체크리스트를 작성하여 매일 기재해 보도록 한다.

저자소개

임윤선

한양대학교 이학박사 예술치료 전공

현) 한양교육대학원 예술치교육학과 겸임교수

한양대학교 사회교육원 미술심리지도사과정 및 심리상담사 주임교수

한양대학교 신경정신과 예술치료 슈퍼바이저

서울 다나정신과 오감치료 슈퍼바이저

서울 지혜정신과 감각치료 및 패션치료 슈퍼바이저

한국예술치료교육학회 부회장

일본예술요법학회(JSPEA) 회원

전) 인천카톨릭대학 전통종교미술학과 겸임교수

저서) 2003/ 마음을 열어주는 미술치료

2010/ 미술치료여행노트

2013/ 한국인의 힐링코드

2014/ 채워도 채워지지 않는 옷장의 비밀 - 미친 존재감의 심리

휴먼이미지 & 커뮤니케이션

— 몸과 마음 그리고 소통의 심리학 —

초판 1쇄 인쇄 2016년 7월 11일
초판 1쇄 발행 2016년 7월 15일

지 은 이 | 임윤선
펴 낸 이 | 김기섭
책임편집 | 엄지연
펴 낸 곳 | 창지사 www.changjisa.com
08589 서울시 금천구 가산디지털1로 83(가산동 345-13) 파트너스타워1차 9층
전화 (02) 719-2211~3
팩스 (02) 701-9386
등 록 | 1977년 4월 28일 · 제1-421호

ISBN 978-89-426-0889-8 (93180)

값 18,000원

「이 도서의 국립중앙도서관 출판예정도서목록(CIP)은 서지정보유통지원시스템 홈페이지(http://seoji.nl.go.kr)와 국가자료공동목록시스템(http://www.nl.go.kr/kolisnet)에서 이용하실 수 있습니다.(CIP제어번호: CIP2016016482)」